SAMMLUNG TUSCULUM

Artemis Winkler

Sammlung Tusculum
Herausgegeben von
Karl Bayer, Manfred Fuhrmann,
Rainer Nickel

M. TULLIUS CICERO

TOPICA

DIE KUNST,
RICHTIG ZU ARGUMENTIEREN

Lateinisch und deutsch

Herausgegeben, übersetzt und erläutert
von
Karl Bayer

ARTEMIS & WINKLER

Die Deutsche Bibliothek – CIP-Einheitsaufnahme

Cicero, Marcus Tullius
Topica: Die Kunst, richtig zu argumentieren;
lateinisch – deutsch / M. Tullius Cicero.
Hrsg., übers. und erl. von Karl Bayer
München; Zürich: Artemis und Winkler, 1993
(Sammlung Tusculum)
ISBN 3-7608-1677-0
NE: Bayer, Karl [Hrsg.]

Artemis & Winkler Verlag,
© 1993 Artemis Verlags GmbH, München.
Alle Rechte, einschließlich derjenigen des aus-
zugsweisen Abdrucks sowie der photomechanischen
und elektronischen Wiedergabe, vorbehalten.
Satz: Gerber Satz GmbH, München
Druck und Bindung: Pustet, Regensburg
Printed in Germany

INHALT

TOPICA

Maiores nos res scribere ingressos, C. Trebati, et
his libris, quos brevi tempore satis multos edidi-
mus, digniores e cursu ipso revocavit voluntas tua.
cum enim mecum in Tusculano esses et in bibliotheca separatim uterque nostrum ad suum studium
libellos, quos vellet, evolveret, incidisti in Aristotelis Topica quaedam, quae sunt ab illo pluribus
libris explicata. qua inscriptione commotus continuo a me librorum eorum sententiam requisisti;
quam cum tibi exposuissem, disciplinam inveniendorum argumentorum, ut sine ullo errore ad ea
ratione et via perveniremus, ab Aristotele inven-
tam illis libris contineri, verecunde tu quidem ut
omnia, sed tamen facile ut cernerem te ardere studio, mecum, ut tibi illa traderem, egisti. cum autem ego te non tam vitandi laboris mei causa quam
quod tua id interesse arbitrarer, vel ut eos per te
ipse legeres vel ut totam rationem a doctissimo
quodam rhetore acciperes, hortatus essem, utrumque, ut ex te audiebam, es expertus. sed a libris te
obscuritas reiecit; rhetor autem ille magnus haec,
ut opinor, Aristotelia se ignorare respondit. quod
quidem minime sum admiratus, eum philosophum
rhetori non esse cognitum, qui ab ipsis philosophis
praeter admodum paucos ignoretur; quibus eo minus ignoscendum est, quod non modo rebus eis,
quae ab illo dictae et inventae sunt, adlici debue-

TOPICA

Ich hatte mich darangemacht, mein lieber Gaius Trebatius,
über gewichtigere Dinge zu schreiben, die besser zu den
Büchern passen sollten, die ich in kurzer Zeit in ziemlich
großer Zahl herausgebracht habe: Da rief mich dein Wunsch
aus vollem Lauf zurück. Als du nämlich bei mir in meinem
Tusculanum warst und sich in der Bibliothek jeder von uns
nach seinem Interesse die Bücher vornahm, die er wollte, da
gerietest du an die sog. Topika des Aristoteles, einen Gegenstand, den dieser in mehreren Büchern dargestellt hat. Von
diesem Buchtitel fasziniert, fragtest du mich sogleich nach
dem Inhalt dieser Bücher; | als ich ihn dir erläuterte, daß
diese Bücher nämlich ein von Aristoteles entdecktes Verfahren enthalten, das es ermöglicht, Argumentationsgesichts-
punkte so zu finden, daß man ohne jeden Irrweg planmäßig
zu ihnen gelangt, da batest du, ich solle sie dir übersetzen –
sicherlich sehr taktvoll, wie es eben deine Art ist, aber doch
so, daß ich deinen brennenden Eifer leicht erkennen konnte.
Weniger um mir eine Mühe zu ersparen, als vielmehr, weil
ich das für in deinem wohlverstandenen Interesse liegend
erachtete, empfahl ich dir, diese Bücher entweder selbst zu
lesen oder dir das gesamte System von einem bestimmten,
sehr gelehrten Rhetoriklehrer vermitteln zu lassen; wie ich
von dir hörte, probiertest du daraufhin beide Wege auch
wirklich aus. | Doch von der eigenen Lektüre schreckte dich
die schwere Verständlichkeit dieser Bücher ab; jener große
Rhetor aber gab dir vermutlich die Auskunft, Aristotelisches
kenne er nicht. Ich konnte mich darüber freilich nicht im
mindesten wundern, daß einem Rhetor der Philosoph unbe-
kannt ist, von dem sogar zünftige Philosophen, ganz wenige
ausgenommen, keinen Schimmer haben; ihnen darf man das
um so weniger durchgehen lassen, als sie eigentlich nicht nur
von den Gegenständen, über die jener gehandelt und (von

runt, sed dicendi quoque incredibili quadam cum
copia tum etiam suavitate. non potui igitur tibi
saepius hoc roganti et tamen verenti, ne mihi gravis esses – facile enim id cernebam –, debere diu-
tius, ne ipsi iuris interpreti fieri videretur iniuria.
etenim cum tu mihi meisque multa saepe scripsisses, veritus sum, ne, si ego gravarer, aut ingratum
id aut superbum videretur. sed dum fuimus una, tu
optimus es testis, quam fuerim occupatus; ut autem a te discessi in Graeciam proficiscens, cum
opera mea nec res publica nec amici uterentur nec
honeste inter arma versari possem, ne si tuto quidem id mihi liceret, ut veni Veliam tuaque et tuos
vidi, admonitus huius aeris alieni nolui deesse ne
tacitae quidem flagitationi tuae. itaque haec, cum
mecum libros non haberem, memoria repetita in
ipsa navigatione conscripsi tibique ex itinere misi,
ut mea diligentia mandatorum tuorum te quoque,
etsi admonitore non eges, ad memoriam nostrarum rerum excitarem.

Sed iam tempus est ad id, quod instituimus, accedere.

Cum omnis ratio diligens disserendi duas habeat
partis, unam inveniendi, alteram iudicandi, utrius-
que princeps, ut mihi quidem videtur, Aristoteles
fuit. Stoici autem in altera elaboraverunt; iudicandi enim vias diligenter persecuti sunt ea scientia,
quam διαλεκτικὴν appellant, inveniendi vero ar-

den Erkenntnissen,) die er gefunden hat, hätten angelockt werden müssen, sondern auch von der geradezu unglaublichen Fülle und Anmut seines Stils. | Da du nun noch öfter darum batest und doch auch wieder Bedenken hattest, mir zur Last zu fallen – leicht konnte ich das erkennen –, durfte ich dir die erbetene Auskunft nicht länger schuldig bleiben, wollte ich nicht den Eindruck entstehen lassen, ausgerechnet einem Rechtsexperten widerfahre ein Unrecht. Denn da du mir und den Meinen oftmals mit Schriftsätzen aushalfst, befürchtete ich, mein Verhalten könnte, wenn ich weiterhin Umstände machte, undankbar und hochnäsig wirken. Doch du bist ja selbst der beste Zeuge, wie eingespannt ich in den Tagen war, die wir zusammen verbrachten; | als ich nun bei meinem Aufbruch nach Griechenland (weder der Staat noch meine Freunde nahmen ja meine Dienste in Anspruch, und ich konnte mich nicht mit guter Manier zwischen den Fronten aufhalten, selbst wenn mir das gefahrlos möglich wäre) mich von dir verabschiedet hatte, kam ich nach Velia und suchte dort dein Haus und die Deinen auf; dadurch an diese Schuld erinnert, wollte ich mich deiner Forderung, so unausgesprochen sie auch geblieben war, nicht weiter entziehen. So schreibe ich dir denn auf meiner Seereise, da ich keine Bücher bei mir habe, meine Gedanken im folgenden aus dem Kopf nieder und sende sie dir von unterwegs, damit die Sorgfalt, mit der ich deine Aufträge erledige, auch dich, wiewohl du keines Mahners bedarfst, dazu bestimme, mein Anliegen im Auge zu behalten.

Doch nun ist es höchste Zeit, zu der Sache zu kommen, die ich mir vorgenommen habe.

Weil jede sorgfältige Methode des Erörterns zwei Teile umfaßt, den des Auffindens (von Argumenten) und den des Bewertens, war, wie mir wenigstens scheint, Aristoteles auf beiden Gebieten die erste Autorität. Die Stoiker vergruben sich nur in den zweiten Teil; sie verfolgten nämlich sorgfältig die Methoden des Urteilens auf dem Wissensgebiet, das sie ‚Dialektik‘ nennen; die des Auffindens aber, welche

tem, quae τοπικὴ dicitur, quae et ad usum potior
erat et ordine naturae certe prior, totam relique-
runt. nos autem, quoniam in utraque summa utilitas est et utramque, si erit otium, persequi cogitamus, ab ea, quae prior est, ordiemur. ut igitur
earum rerum, quae absconditae sunt, demonstrato
et notato loco facilis inventio est, sic, cum pervestigare argumentum aliquod volumus, locos nosse
debemus; sic enim appellatae ab Aristotele sunt
eae quasi sedes, e quibus argumenta promuntur.
itaque licet definire locum esse argumenti sedem,
argumentum autem rationem, quae rei dubiae faciat fidem. sed ex his locis, in quibus argumenta
inclusa sunt, alii in eo ipso, de quo agitur, haerent,
alii adsumuntur extrinsecus. in ipso tum ex toto,
tum ex partibus eius, tum ex nota, tum ex eis
rebus, quae quodam modo adfectae sunt ad id, de
quo quaeritur. extrinsecus autem ea ducuntur,
quae absunt longeque disiuncta sunt.

Sed ad id totum, de quo disseritur, tum definitio
adhibetur, quae quasi involutum evolvit id, de quo
quaeritur; eius argumenti talis est formula:

Ius civile est aequitas constituta eis, qui eiusdem
civitatis sunt, ad res suas obtinendas;
eius autem aequitatis utilis est cognitio;
utilis ergo est iuris civilis scientia.

tum partium enumeratio, quae tractatur hoc
modo:

‚Topik' genannt wird, für die Praxis wichtiger wäre und der
natürlichen Reihenfolge nach sicher zuerst kommen sollte,
ließen sie völlig links liegen. | Ich aber werde, da ja in beiden
Teilen größter Nutzen steckt und ich beide, wenn sich künf-
tig einmal die nötige Muße einstellt, weiter auszuarbeiten
gedenke, mit dem Teil beginnen, der der erste ist. Wie also
das Auffinden von Dingen, die im verborgenen liegen, dann
leicht ist, wenn die Stelle (*locus*) gezeigt und bezeichnet ist,
so müssen wir, wenn wir irgendein Argument aufspüren
wollen, erst einmal die ‚Stellen' (*loci*) kennen; so nämlich
sind diese – man könnte sagen ‚Sitze' (*sedes*) – von Aristoteles genannt worden, aus denen man die Argumente hervor-
holt. | Deshalb ist es erlaubt, ‚Stelle' (*locus*) als ‚Sitz eines
Arguments' (*argumentum*) zu definieren, ‚Argument' aber
als ein ‚Mittel, das einer strittigen Sache Glaubwürdigkeit
verschafft'. Von den ‚Stellen' aber, in denen die Argumente
eingeschlossen liegen, stecken die einen in dem Gegenstande
selbst (*in eo ipso*), um den es geht, die andern werden von
außen (*extrinsecus*) herangeholt. Im Gegenstand selbst ergeben sie sich bald aus dem Ganzen (*ex toto*), bald aus dessen
Teilen (*ex partibus*), bald aus der Etymologie (*ex nota*), bald
aus den Dingen, die in gewisser Weise zu dem Untersu-
chungsgegenstand in Beziehung stehen (*res adfectae*). Von
außen her (*extrinsecus*) aber werden die herangezogen, die
fernliegen und weit getrennt sind.

Auf dieses Ganze aber, über das gehandelt wird, läßt sich
bald eine Definition (*definitio*) anwenden, die den gleichsam
eingehüllten Gegenstand der Untersuchung enthüllt; für
dieses Argument lautet die Musterformel so:

> Die Rechtsordnung für Bürger ist ein System gleichen Rechts, das
> zum Schutz der Interessen der Mitglieder der gleichen Bürger-
> schaft eingerichtet ist;
> die Kenntnis dieser Rechtsgleichheit ist nützlich;
> folglich ist auch die Kenntnis der Rechtsordnung für Bürger
> nützlich;

bald (läßt sich) eine Aufzählung der Teile (*partium enumeratio*) (anwenden), die folgendermaßen gehandhabt wird:

Si neque censu nec vindicta nec testamento liber
factus est, non est liber;
neque ulla est earum rerum;
non est igitur liber.

tum notatio, cum ex verbi vi argumentum aliquod
elicitur hoc modo:

> Cum lex assiduo vindicem assiduum esse iu-
> beat, locupletem iubet locupleti;
> is est enim assiduus, ut ait L. Aelius, appellatus
> ab asse dando.

Ducuntur etiam argumenta ex eis rebus, quae   III
quodam modo adfectae sunt ad id, de quo quaeri-   11
tur. sed hoc genus in pluris partis distributum est:
nam alia coniugata appellamus, alia ex genere, alia
ex forma, alia ex similitudine, alia ex differentia,
alia ex contrario, alia ex adiunctis, alia ex antecedentibus, alia ex consequentibus, alia ex repugnantibus, alia ex causis, alia ex effectis, alia ex comparatione maiorum aut parium aut minorum.

Coniugata dicuntur, quae sunt ex verbis generis   12
eiusdem. eiusdem autem generis verba sunt, quae
orta ab uno varie commutantur, ut

> sapiens, sapienter, sapientia.

haec verborum coniugatio συζυγία dicitur, ex qua
huius modi est argumentum:

Wenn einer weder durch die Aufnahme in die Steuerliste noch
durch Gerichtsbeschluß noch durch Testament zu einem Freien
gemacht wurde, ist er nicht frei;
nun trifft aber ⟨auf ihn⟩ nichts davon zu;
folglich ist er auch kein freier Bürger;

weiterhin eine Etymologie (*notatio*), wenn aus einer Wort-
bedeutung irgendein Argument herausgelockt wird, etwa
auf folgende Weise:

Wenn ein Gesetz fordert, daß der Rechtsbeistand für einen ansäs-
sigen Steuerpflichtigen ein ansässiger Steuerpflichtiger sei, fordert
es einen Begüterten ⟨als Beistand⟩ für einen Begüterten;
dieser nämlich ist, wie Lucius Aelius sagt, nach seiner Zahlungs-
fähigkeit (*assiduus* von *assem dare*) so benannt.

Argumente werden auch von Sachverhalten hergeleitet,
die in einer gewissen Beziehung zum Gegenstand der Untersuchung stehen. Diese Art ist in mehrere Teile untergliedert:
Die einen nennen wir nämlich ‚nach der Verwandtschaft‘
(*coniugata*), andere ‚nach der Gattung‘ (*ex genere*), andere
‚nach der Art‘ (*ex forma*), andere ‚nach der Ähnlichkeit‘ (*ex
similitudine*), andere ‚nach der Verschiedenheit‘ (*ex differentia*), andere ‚nach dem Gegensatz‘ (*ex contrario*), andere
‚nach der Analogie‘ (*ex adiunctis*), andere ‚nach den Voraussetzungen‘ (*ex antecedentibus*), andere ‚nach den Folgen‘ (*ex
consequentibus*), andere ‚nach der Unvereinbarkeit‘ (*ex repugnantibus*), andere ‚nach den Ursachen‘ (*ex causis*), andere
‚nach den Wirkungen‘ (*ex effectis*) und wieder andere ‚nach
der Vergleichbarkeit‘ (*ex comparatione*), nämlich mit Größerem, Gleichem oder Kleinerem.
‚Verwandt‘ (*coniugata*) werden die Bezeichnungen genannt,
die aus Wörtern derselben Art genommen sind; von derselben Art aber sind Wörter, die, aus dem gleichen Wortstamm
erwachsen, auf verschiedene Weise abgewandelt werden, wie
z. B.

sapiens, sapienter, sapientia (weise, ⟨wohl⟩weislich, Weisheit).

Eine solche Verbindung von Wörtern wird (griechisch)
‚*syzygia*‘ (Zusammenspannung) genannt; daraus läßt sich ein
Argument folgender Art gewinnen:

Si compascuus ager est,
ius est compascere.

A genere sic ducitur: 13

> Quoniam argentum omne mulieri legatum est,
> non potest ea pecunia, quae numerata domi
> relicta est, non esse legata;
> forma enim a genere, quoad suum nomen reti-
> net, numquam seiungitur;
> numerata autem pecunia nomen argenti retinet;
> legata igitur videtur.

A forma generis, quam interdum, quo planius ac-   14
cipiatur, partem licet nominare, hoc modo:

> Si ita Fabiae pecunia legata est a viro, si ei viro
> materfamilias esset, si ea in manum non conve-
> nerat, nihil debetur.
> genus enim est uxor; eius duae formae: una ma-
> trumfamilias, altera earum, quae tantum modo
> uxores habentur.
> qua in parte cum fuerit Fabia, legatum ei non
> videtur.

A similitudine hoc modo: 15
> Si aedes eae corruerunt vitiumve faciunt, qua-
> rum usus fructus legatus est, heres restituere
> non debet nec reficere, non magis quam servum
> restituere, si is, cuius usus fructus legatus esset,
> deperisset.

A differentia: 16
> Non, si uxori vir legavit argentum omne, quod
> suum esset, idcirco, quae in nominibus fuerunt,
> legata sunt.
> multum enim differt, in arca positum sit argen-
> tum an in tabulis.

Wenn ein Grundstück Gemeindeweide ist,
besteht ein Recht, es gemeinsam zu beweiden.

Von der Gattung (*a genere*) wird ein Argument so hergeleitet:

> Da das Silber (*argentum*) alles dieser Frau vermacht ist, kann es
> nicht sein, daß das Silbergeld, das zu Hause bar in der Kasse liegt,
> nicht mitvermacht ist;
> denn die Erscheinungsform (*forma*) läßt sich niemals von der
> Gattung (*genus*) trennen, solange diese ihren Namen beibehält;
> Bargeld aber behält den (Gattungs-)Namen *argentum* bei;
> folglich hat das Bargeld als Bestandteil des Vermächtnisses zu
> gelten.

Nach der Art (*a forma*) der Gattung, die man bisweilen,
damit es klarer verstanden wird, als ‚Teil‘ bezeichnen darf,
auf folgende Weise:

> Wenn der Fabia von ihrem Mann Geld vermacht ist mit der Maß-
> gabe „wenn sie diesem Manne *materfamilias* ist", wird ihr nichts
> geschuldet, wenn sie mit ihm keine Manus-Ehe eingegangen war.
> Gattung ist nämlich der Begriff ‚Ehefrau‘; von ihr gibt es jedoch
> zwei Arten: Die eine stellt die der *matresfamilias* dar (das sind
> diejenigen, welche eine Manus-Ehe geschlossen haben), die
> andere die Art derer, die nur als *uxores* (in Usus-Ehe) zu gelten
> haben.
> Da Fabia zu dieser letzteren Gruppe gehörte, hat sie als nicht mit
> einem Vermächtnis bedacht zu gelten.

Nach der Ähnlichkeit (*a similitudine*) auf folgende Weise:

> Wenn ein Haus, dessen Nießbrauch Gegenstand eines Vermächt-
> nisses ist, einstürzt oder sonst Schaden nimmt, braucht der Erbe
> es ebensowenig wiederherzustellen oder zu renovieren, wie er
> einen Sklaven ersetzen muß, wenn derjenige, dessen Nießbrauch
> Gegenstand eines Vermächtnisses war, ums Leben gekommen ist.

Nach der Verschiedenheit (*a differentia*):

> Wenn ein Mann seiner Frau alles Silbergeld vermacht hat, das sein
> Eigentum war, sind deshalb noch keineswegs die Forderungen
> mitvermacht, die der Mann gegen Dritte hatte.
> Es bedeutet nämlich einen großen Unterschied, ob Geld bar in
> der Kasse liegt oder nur als Schuldforderung im Kassabuch ver-
> zeichnet ist.

Ex contrario autem sic: 17
  Non debet ea mulier, cui vir bonorum suorum
  usum fructum legavit cellis vinariis et oleariis
  plenis relictis, putare id ad se pertinere.
  usus enim, non abusus, legatus est.

Ab adiunctis: IV
  Si ea mulier testamentum fecit, quae se capite   18
  numquam deminuit, non videtur ex edicto praetoris secundum eas tabulas possessio dari.
  adiungitur enim, ut secundum servorum, secundum exulum, secundum puerulorum tabulas
  possessio videatur ex edicto dari.

Ab antecedentibus autem et consequentibus et   19
repugnantibus hoc modo:

Ab antecedentibus:
  Si viri culpa factum est divortium,
  etsi mulier nuntium remisit,
  tamen pro liberis manere nihil oportet.

A consequentibus: 20
  Si mulier, cum fuisset nupta cum eo, quicum
  conubium non esset, nuntium remisit:
  quoniam, qui nati sunt, patrem non sequuntur,
  pro liberis manere nihil oportet.

A repugnantibus: 21
  Si paterfamilias uxori ancillarum usum fructum
  legavit a filio neque a secundo herede legavit,
  mortuo filio mulier usum fructum non amittet.
  quod enim semel testamento alicui datum est, id
  ab eo invito, cui datum est, auferri non potest.
  repugnat enim recte accipere et invitum reddere.

Aus dem Gegensatz (*ex contrario*) aber so:

Es braucht die Frau, der ihr Mann den Nießbrauch an seinen Gütern vermacht und die Wein- und Ölkeller gefüllt hinterlassen hat, sich nicht einzubilden, daß sie über diese Lagerbestände frei verfügen könne.

Es ist nämlich nur (mäßiger) Gebrauch (*usus*) für den eigenen Bedarf eingeräumt, nicht aber (unmäßiger) Verbrauch (*abusus*).

Von der Analogie (*ab adiunctis*) her:

Wenn die Frau ein Testament gemacht hat, die in ihrer bürgerlichen Rechtsstellung nie eine Schmälerung erfahren hat, darf ihr Besitz nicht nach dem Prätorenedikt aufgrund ihrer schriftlichen testamentarischen Verfügung übertragen werden.

Andernfalls würde dies dazu führen, daß aufgrund schriftlicher testamentarischer Verfügung von Sklaven, Verbannten und Kindern Besitz nach dem (Prätoren-)Edikt übertragen werden müßte.

Von den Voraussetzungen aber, von den Folgen und von der Unvereinbarkeit her auf diese Weise:

(Zunächst) von den Voraussetzungen (*ab antecedentibus*) her:

Wenn es durch Schuld des Mannes zu einer Scheidung kam,
ist es, auch wenn die Frau den Scheidungsboten schickte,
doch Rechtens, daß für (den Unterhalt der) Kinder nichts (von der Mitgift einbehalten) bleibt.

Von den Folgen (*a consequentibus*) her:

Wenn die Frau, die mit einem Mann verheiratet war, mit dem sie eine Ehegemeinschaft nicht eingehen konnte, den Scheidungsboten schickte,
ist es, da ja die Kinder, die aus diesem Verhältnis hervorgegangen sind, nicht dem Vater folgen, Rechtens, daß (der Mann von der Mitgift) nichts für die Kinder einbehalten darf.

Von der Unvereinbarkeit (*a repugnantibus*) her:

Wenn der *paterfamilias* seiner Frau den Nießbrauch der Mägde vom Sohn und nicht vom Nacherben her vermacht hat, wird die Frau nach dem Tod des Sohnes den Nießbrauch nicht verlieren.

Denn was einem einmal durch Testament gegeben worden ist, kann nicht gegen den Willen dessen, dem es gegeben wurde, wieder weggenommen werden. Denn ‚rechtmäßig erhalten‘ und ‚unfreiwillig wieder hergeben‘ sind unvereinbare Begriffe.

Ab efficientibus causis hoc modo: 22

    Omnibus est ius parietem directum ad parietem communem adiungere vel solidum vel fornicatum.

    at qui in pariete communi demoliendo damni infecti promiserit, non debebit praestare, quod fornix viti fecerit.

    non enim eius vitio, qui demolitus est, damnum factum est, sed eius operis vitio, quod ita aedificatum est, ut suspendi non posset.

Ab effectis rebus hoc modo: 23

    Cum mulier viro in manum convenit,

    omnia, quae mulieris fuerunt, viri fiunt dotis nomine.

Ex comparatione autem omnia valent, quae sunt huius modi:

Quod in re maiore valet, valet in minore,

    ut, si in urbe fines non reguntur, nec aqua in urbe arceatur.

Item contra:

Quod in minore valet, valeat in maiore.

Licet idem exemplum convertere.

Item:

Quod in re pari valet, valeat in hac, quae par est, ut:

    Quoniam usus auctoritas fundi biennium est, sit etiam aedium.

    at in lege aedes non appellantur et sunt ceterarum rerum, quarum annuus est usus.

Von den Ursachen (*ab efficientibus causis*) her auf folgende Weise:

Alle haben das Recht, eine Wand rechtwinklig an die gemeinsame Hausmauer anzubauen, in massiver Ausführung wie in Form eines Gewölbes.

Wer aber beim Abriß der gemeinsamen Hausmauer verspricht, etwa auftretenden Schaden ungeschehen zu machen, wird keine Leistung erbringen müssen für das, was das Gewölbe an Schaden nimmt.

Denn der Schaden ist nicht durch den Fehler dessen, der (die gemeinsame Hausmauer) abgebrochen hat, verursacht worden, sondern durch einen Mangel des Bauwerks, das so errichtet wurde, daß seine Bogenkonstruktion nicht tragfähig war.

Von den Wirkungen (*ab effectis rebus*) her auf folgende Weise:

Wenn eine Frau mit einem Mann eine Manus-Ehe eingeht, wird alles, was Eigentum der Frau war, unter der Bezeichnung ‚Mitgift‘ Eigentum des Mannes.

Vom Vergleich (*ex comparatione*) her aber gilt alles, was von folgender Art ist:

Was im Größeren (*in re maiore*) gilt, muß auch im Kleineren (*in re minore*) gelten,

so daß, wenn in einer Stadt keine Grundstücksgrenzen abgesteckt sind, in ihr auch die (Regen-)Wassereinleitung nicht verwehrt werden kann.

Ebenso umgekehrt:

Was im Kleineren (*in minore*) gilt, muß auch im Größeren (*in maiore*) gelten.

Man kann hierfür dasselbe Beispiel (entsprechend) umdrehen.

Ebenso:

Was in gleicher Sache (*in re pari*) gilt, muß auch in der Sache gelten, die gleich ist, z. B.

Weil das Wirksamwerden des Gebrauchs eines Grundstücks für zwei Jahre festgesetzt ist, soll sie bezüglich der Gebäude ebensolange währen.

Nun werden aber im Gesetz die Gebäude nicht eigens erwähnt; sie gehören somit zu den ‚übrigen Dingen‘, deren Ersitzungsfrist auf ein Jahr begrenzt ist.

valeat aequitas, quae paribus in causis paria iura
desiderat.

Quae autem adsumuntur extrinsecus, ea maxi-   24
me ex auctoritate ducuntur. itaque Graeci talis argumentationes ἀτέχνους vocant, id est artis exper-
tis, ut si ita respondeas:

Quoniam P. Scaevola id solum esse ambitus
aedium dixerit, quod parietis communis tegendi
causa tectum proiceretur, ex quo tecto in eius
aedis, qui protexisset, aqua deflueret, id tibi ius
videri.

His igitur locis, qui sunt expositi, ad omne argu-   25
mentum reperiendum tamquam elementis quibusdam significatio et demonstratio datur. utrum igitur hactenus satis est? tibi quidem tam acuto et
tam occupato puto. sed quoniam avidum homi-   V
nem ad has discendi epulas recepi, sic accipiam, ut
reliquiarum sit potius aliquid, quam te hinc patiar
non satiatum discedere.

Quando ergo unusquisque eorum locorum,   26
quos exposui, sua quaedam habet membra, ea
quam subtilissime persequamur, et primum de
ipsa definitione dicatur.

Definitio est oratio, quae, id, quod definitur,
explicat, quid sit. definitionum autem duo genera
prima: unum earum rerum, quae sunt; alterum
earum, quae intelleguntur. esse ea dico, quae cerni   27
tangive possunt, ut fundum aedes, parietem stillicidium, mancipium pecudem, supellectilem penus
et cetera; quo ex genere quaedam interdum vobis
definienda sunt. non esse rursus ea dico, quae tangi demonstrarive non possunt, cerni tamen animo

Es muß da aber Gleichbehandlung gelten, da gleiche Verhältnisse gleiches Recht verlangen.

Was aber von außen (*extrinsecus*) herangezogen wird, das wird meistens aus einer Autorität abgeleitet. Deshalb nennen die Griechen solche Argumentationen ‚atechnus‘, d. h. kunstlos; wenn du also folgende Rechtsauskunft erteilst:

Weil (eine Autorität wie) Publius Scaevola den Hausbereich so weit reichen läßt, wie das zum Schutz einer gemeinsamen Hausmauer angebrachte Dach vorkragt, mit der Maßgabe freilich, daß das Regenwasser in das Atrium dessen abfließt, der das Dach überstehen ließ, muß dir dies als Recht gelten.

Durch die dargestellten Topoi (*loci*) wird zu jedem Argument, das es zu finden gilt, gleichsam anhand erster Grundbegriffe (bereits) ein deutlicher Fingerzeig geboten. Ist's also bis hierher schon genug? Für dich als einen scharfsinnigen Mann mit wenig Zeit meines Erachtens ja. | Aber da ich nun schon einmal einen hungrigen Menschen zu diesem Gastmahl des Lernens empfangen habe, will ich mich seiner auch so annehmen, daß er lieber zu üppig bewirtet wird, als daß ich ihn ungesättigt ziehen lasse.

Da also ein jeder der Topoi, die ich vorgestellt habe, sozusagen nur ihm allein eigentümliche Glieder hat, will ich diese möglichst gründlich weiterverfolgen, und so sei zuerst von der Definition (*definitio*) als solcher die Rede!

Definition ist ein Satz, der das, was definiert wird, bezüglich seines Begriffs (*quid sit*) erklärt. Von den Definitionen gibt es aber zwei Hauptarten: Die eine betrifft Dinge, die wirklich existieren, die andere solche, die nur vorgestellt werden. | Als wirklich existierend bezeichne ich Konkreta, die man sehen und anfassen kann, wie z. B. ein Grundstück und ein Haus, eine Wand und eine Dachrinne, einen Sklaven und ein Haustier, Hausrat und Küchenvorrat usw.; von dieser Art müßt ihr (Juristen) bisweilen etwas definieren. Als nur vorgestellt hingegen bezeichne ich Abstrakta, die man nicht anfassen oder herzeigen kann, die aber dennoch mit dem geistigen Auge wahrgenommen und erkannt werden

atque intellegi possunt, ut si usus capionem, si tutelam, si gentem, si agnationem definias, quarum
rerum nullum subest corpus, est tamen quaedam
conformatio insignita et impressa intellegentia,
quam notionem voco. ea saepe in argumentando
definitione explicanda est.

Atque etiam definitiones aliae sunt partitionum,   28
aliae divisionum; partitionum, cum res ea, quae
proposita est, quasi in membra discerpitur, ut,

> si quis ius civile dicat id esse, quod in legibus,
> senatus consultis, rebus iudicatis, iuris perito-
> rum auctoritate, edictis magistratuum, more,
> aequitate consistat.

Divisionum autem definitio formas omnis com-
plectitur, quae sub eo genere sunt, quod definitur
hoc modo:

> Abalienatio est eius rei, quae mancipi est, aut
> traditio alteri nexu aut in iure cessio, inter quos
> ea iure civili fieri possunt.

Sunt etiam alia genera definitionum, sed ad huius   VI
libri institutum illa nihil pertinent; tantum est dicendum, qui sit definitionis modus. sic igitur vete-   29
res praecipiunt:

> Cum sumpseris ea, quae sint ei rei, quam defini-
> re velis, cum aliis communia, usque eo persequi,
> dum proprium efficiatur, quod nullam in aliam
> rem transferri possit.

Ut haec:

> Hereditas est pecunia.
> Commune adhuc; multa enim genera pecuniae.
> adde, quod sequitur: quae morte alicuius ad
> quempiam pervenit.

können, wie z. B. wenn man Eigentumsersitzung, Vormundschaft, Abstammung, Verwandtschaft definieren will,
Benennungen, denen nichts Materielles zugrunde liegt, von
denen uns aber doch eine Art von Vorstellung eingezeichnet
und eine Idee eingeprägt ist, die ich ‚Begriff‘ (*notio*) nenne.
Ein solcher Begriff muß beim Argumentieren oftmals durch
eine Definition geklärt werden.

Von den Definitionen bestehen die einen aus bloßen Auflistungen (*partitiones*), die andern aus analysierenden Auf-
gliederungen (*divisiones*); zu den Auflistungen zählen sie,
wenn die vorgegebene Sache gleichsam in ihre Bestandteile
zerlegt wird,

> wenn also z. B. einer sagt, die Rechtsordnung für Bürger sei die
> Rechtsmasse, die in Gesetzen, Senatsbeschlüssen, Gerichtsent-
> scheidungen, Gutachten von Rechtsgelehrten, Magistratsedikten,
> in Sitte und billigem Ermessen bestehe.

Die aus einer Aufgliederung bestehende Definition umfaßt
hingegen alle Arten, die unter die Gattung fallen, die definiert wird, nach folgendem Muster:

> Veräußerung ist bei einer Sache, die beschränkt verkehrsfähig ist,
> entweder die Übergabe an einen anderen gegen Selbstverpfän-
> dung oder die Abtretung vor Gericht, zwischen Personen, bei
> denen das nach der Rechtsordnung so geschehen kann.

Es gibt noch weitere Arten von Definitionen, doch haben
diese keinen Bezug zum Thema meines Buches; hier muß
das Definitionsverfahren nur prinzipiell erläutert werden. |
So also lehren die Alten:

> Wenn man von dem ausgeht, was der Sache, die man definieren
> will, mit einer anderen gemeinsam ist, muß man weitergehen, bis
> das Eigentümliche herausgearbeitet ist, das sich auf keine andere
> Sache übertragen läßt.

Wie z. B.

> Erbschaft ist Vermögen.
> Dies ist noch ein gemeinsames Merkmal; denn es gibt viele Arten
> von Vermögenswerten.
> Füge folgendes hinzu: ... das durch jemands Tod an jemand ge-
> langt.

Nondum est definitio; multis enim modis sine
hereditate teneri pecuniae mortuorum possunt.
unum adde verbum: iure;
iam a communitate res disiuncta videbitur, ut sit
explicata definitio sic: Hereditas est pecunia,
quae morte alicuius ad quempiam pervenit iure.
Nondum est satis. adde: nec ea aut legata testamento aut possessione retenta.
Confectum est.

Itemque:
   Gentiles sunt, inter se qui eodem nomine sunt.
   Non est satis.
   Qui ab ingenuis oriundi sunt.
   Ne id quidem satis est.
   Quorum maiorum nemo servitutem servivit.
   Abest etiam nunc.
   Qui capite non sunt deminuti.
   Hoc fortasse satis est. nihil enim video Scaevo-
   lam pontificem ad hanc definitionem addidisse.

atque haec ratio valet in utroque genere definitionum, sive id, quod est, sive id, quod intellegitur, definiendum est.
   Partitionum et divisionum genus quale esset, 30
ostendimus; sed quid inter se differant, planius
dicendum est.

   In partitione quasi membra sunt, ut corporis caput umeri, manus latera, crura pedes et cetera; in VII
divisione formae sunt, quas Graeci εἴδη vocant,
nostri, si qui haec forte tractant, species appellant,

Noch ist das keine Definition; denn auf vielerlei Weise können Vermögensteile den Verstorbenen auch ohne erbrechtlichen Anspruch in Besitz gehalten werden.
Ein einziges Wort füge noch hinzu: ... auf dem Rechtswege.
Nunmehr wird die Sache als von jeder Gemeinsamkeit (mit andern) getrennt erscheinen, so daß die entwickelte Definition folgendermaßen lauten könnte: Erbschaft ist Vermögen, das durch den Tod einer Person auf dem Rechtsweg an eine andere Person gelangt.
Es reicht aber immer noch nicht aus; füge noch hinzu: ... und nicht in einem Testament als Legat oder aufgrund eines Besitzanspruchs zurückbehalten ist.
Fertig!

Ebenso:
Mitglieder eines Sippenverbandes sind diejenigen untereinander, die den gleichen Gentilnamen tragen.
Das reicht nicht aus.
... die von Freigeborenen herstammen.
Auch das reicht noch nicht.
... von deren Vorfahren keiner ein Sklave war.
Auch jetzt fehlt noch etwas.
... und die in ihrer bürgerlichen Rechtsstellung keine Einbuße erlitten haben.
Das ist vielleicht ausreichend. Denn ich sehe, daß der Pontifex Scaevola zu dieser Definition nichts hinzugefügt hat.

Und dieses Verfahren gilt bei beiden Arten von Begriffsbestimmungen, sei es, daß ein Konkretum, sei es, daß ein Abstraktum zu definieren ist.
Ich habe nun gezeigt, wie die Gattung der auflistenden und wie die der analysierenden Definition aussieht; doch worin sie sich voneinander unterscheiden, bleibt noch näher auszuführen.
Bei der auflistenden Definition geht es gleichsam um Bestandteile, wie beim Körper um Kopf, Schultern, Hände, Seiten, Beine, Füße und das übrige; | bei der analysierenden Definition hingegen um die Arten, die die Griechen ‚eide‘ nennen, unsere Autoren aber, wenn sie solches einmal

non pessime id quidem, sed inutiliter ad mutandos casus in dicendo. nolim enim, ne si Latine quidem dici possit, ‚specierum‘ et ‚speciebus‘ dicere; et saepe his casibus utendum est; at ‚formis‘ et ‚formarum‘ velim. cum autem utroque verbo idem significetur, commoditatem in dicendo non arbitror neglegendam.

Genus et formam definiunt hoc modo: genus est   31
notio ad pluris differentias pertinens; forma est notio, cuius differentia ad caput generis et quasi fontem referri potest. notionem appello, quod Graeci tum ἔννοιαν tum πϱόληψιν. ea est insita et animo praecepta cuiusque formae cognitio, enodationis indigens. formae sunt eae, in quas genus sine ullius praetermissione dividitur, ut

si quis ius in legem morem aequitatem dividat.

formas qui putat idem esse quod partis, confundit artem et similitudine quadam conturbatus non satis acute, quae sunt secernenda, distinguit.

Saepe etiam definiunt et oratores et poetae per   32
translationem verbi ex similitudine cum quadam suavitate. sed ego a vestris exemplis nisi necessario non recedam. solebat igitur Aquilius conlega et familiaris meus, cum de litoribus ageretur, quae omnia publica esse vultis, quaerentibus eis, quos ad id pertinebat, quid esset litus, ita definire:

qua fluctus eluderet;

behandeln, als *species* bezeichnen, recht treffend zwar, aber
unhandlich, wenn man sie beim Sprechen deklinieren muß.
Ich möchte nämlich, selbst wenn man sich im Lateinischen
so ausdrücken könnte, nicht gerne die Formen *specierum*
und *speciebus* in den Mund nehmen, und dieser Kasus muß
man sich doch oft bedienen; *formis* und *formarum* ließe ich
mir dagegen gefallen. Da aber mit beiden Wörtern dasselbe
bezeichnet wird, sollte man, wie ich meine, die Bequemlich-
keit bei der Verwendung nicht gering veranschlagen.

Die Begriffe ,Gattung' und ,Art' definiert man auf folgende Weise: Gattung ist der Begriff, der sich auf mehrere
unterscheidende Merkmale bezieht; Art ist der Begriff, dessen unterscheidendes Merkmal sich auf die Haupteigen-
schaft der Gattung, also gewissermaßen auf deren Quelle
zurückführen läßt. Als ,Begriff' (*notio*) bezeichne ich hierbei
das, was die Griechen bald ,*ennoia*', bald ,*prolepsis*' nennen.
Das ist eine eingepflanzte und von der Seele eines jeden im
voraus erfaßte Vorstellung, die der Bewußtmachung harrt.
,Arten' sind also Einteilungselemente, in die eine ,Gattung'
ohne Auslassung irgendeines Teils aufgegliedert wird, z. B.

wenn einer das Recht in Gesetz, Sitte und billiges Ermessen un-
terteilt.

Wer aber meint, die Arten seien dasselbe wie die Teile (*partes*), der bringt Verwirrung in das System und unterscheidet,
durch eine gewisse Ähnlichkeit verwirrt, nicht scharf genug,
was auseinandergehalten werden muß.

Oft definieren Redner und Dichter auch mittels einer
Metapher (*translatio*) aufgrund einer Ähnlichkeit, die mit
einer gewissen Gefälligkeit des Ausdrucks einhergeht. Ich
aber werde mich von euren Beispielen nicht ohne Not entfernen. Es pflegte also mein Kollege und Freund Aquilius,
wenn es um den Begriff ,Strand' ging (nach eurer Vorstellung sollten alle Strände öffentlicher Besitz sein) und Leute,
die das betraf, ihn fragten, was unter ,Strand' zu verstehen
sei, ihn so zu definieren: Das sei die Zone,

an der die Flut spielend herausplätschert.

hoc est, quasi qui adulescentiam ‚florem aetatis‘,
senectutem ‚occasum vitae‘ velit definire; trans-
latione enim utens discedebat a verbis propriis
rerum ac suis.

Quod ad definitiones attinet, hactenus; reliqua   **VIII**
videamus!

33

Partitione tum sic utendum est, nullam ut partem relinquas; ut si partiri velis tutelas, inscienter
facias, si ullam praetermittas. at si stipulationum
aut iudiciorum formulas partiare, non est vitiosum
in re infinita praetermittere aliquid. quod quidem
in divisione vitiosum est. formarum enim certus
est numerus, quae cuique generi subiciantur; partium distributio saepe est infinitior, tamquam ri-   34
vorum a fonte diductio. itaque in oratoriis artibus
quaestionis genere proposito, quot eius formae
sint, subiungitur absolute. at cum de ornamentis
verborum sententiarumve praecipitur, quae vocant
σχήματα, non fit idem. res est enim infinitior, ut
ex hoc quoque intellegatur, quid velimus inter partitionem et divisionem interesse. quamquam enim
vocabula prope idem valere videbantur, tamen,
quia res differebant, nomina rerum distare voluerunt.

Multa etiam ex notatione sumuntur. ea est au-   35
tem, cum ex vi nominis argumentum elicitur;
quam Graeci ἐτυμολογίαν appellant, id est verbum ex verbo ‚veriloquium‘; nos autem novitatem

Das ist so, wie wenn einer z. B. ‚Jugend‘ als ‚Blüte des Lebens‘ definieren wollte oder ‚Alter‘ als ‚Abend des Lebens‘; indem er nämlich eine Metapher verwendete, entfernte er sich von den allein zutreffenden Benennungen für die Dinge.

Soweit es die (analysierenden) Definitionen anbetrifft, mag es hiermit sein Bewenden haben; nun wollen wir das weitere betrachten!

Von einer auflistenden Definition (*partitio*) muß man so Gebrauch machen, daß man keinen Teil ausläßt; wenn man z. B. den Begriff ‚Vormundschaftsverhältnisse‘ in dieser Weise definieren will, handelte man ohne gehörige Sachkenntnis, wenn man irgendeinen ihrer Teile überginge. Wenn man jedoch die Formeln für Obligationsverbürgungen oder Formularprozesse einteilen möchte, ist es nicht fehlerhaft, bei einer so uferlosen Materie etwas zu überspringen. Bei der analysierenden Definition (*divisio*) wäre dies ein Fehler. Denn von den ‚Arten‘ gibt es nur eine begrenzte Anzahl, die jeder ‚Gattung‘ zu subsumieren ist; die Gliederung in Teile hingegen ist oftmals zu unbegrenzt, gleichsam wie die Ableitung von Bewässerungsgräben aus einer Quelle. | Daher wird in den Lehrbüchern der Rhetorik, wenn die Gattung ‚Untersuchung‘ (*quaestio*) drankommt, sogleich genau angegeben, wie viele ‚Arten‘ es davon gibt. Handelt man aber von den Schmuckmitteln für Wörter und Sätze, welche die Griechen ‚*schemata*‘ nennen, so geschieht das nicht. Das Gebiet ist nämlich zu unbegrenzt, so daß man auch hieraus erkennen kann, welchen Unterschied ich zwischen *partitio* und *divisio* beachtet sehen will. Obwohl nämlich die beiden Wörter nahezu dasselbe zu bezeichnen scheinen, wollten (die Alten) doch, daß zwischen den Bezeichnungen ein Unterschied gemacht werde, da sich ja auch die dahinterstehenden Dinge unterscheiden.

Viele Argumente lassen sich auch aus der Etymologie (*notatio*) gewinnen. Sie liegt vor, wenn aus der Bedeutung eines Wortes ein Argument hervorgelockt wird; die Griechen nennen das ‚*etymologia*‘, was wörtlich mit *veriloquium*

verbi non satis apti fugientes genus hoc notatio-
nem appellamus, quia sunt verba rerum notae. itaque hoc quidem Aristoteles σύμβολον appellat,
quod Latine est ‚nota‘. sed cum intellegitur, quid
significetur, minus laborandum est de nomine.

Multa igitur in disputando notatione eliciuntur
ex verbo, ut cum quaeritur,

    postliminium quid sit –

non dico, quae sint postlimini; nam id caderet in
partitionem, quae talis est:
    Postliminio redeunt haec:
    homo navis, mulus clitellarius, equus equa,
    quae frenos recipere solet –;
sed cum ipsius postlimini vis quaeritur, et verbum
ipsum notatur; in quo Servius noster, ut opinor,
nihil putat esse notandum nisi ‚post‘, et ‚liminium‘
illud productionem esse verbi vult, ut in ‚finitimo‘,
‚legitimo‘, ‚aeditimo‘ non plus esse ‚timum‘ quam
in meditullio ‚tullium‘; Scaevola autem P. filius
iunctum putat esse verbum, ut sit in eo et ‚post‘ et
‚limen‘; ut, quae a nobis alienata, cum ad hostem
pervenerint, ex suo tamquam limine exierint, hinc
ea cum redierint post ad idem limen, postliminio
redisse videantur.

Quo genere etiam Mancini causa defendi potest,
postliminio redisse; deditum non esse, quoniam

36

37

(Wahraussage) zu übersetzen wäre. Ich vermeide aber diese
Neuschöpfung eines nicht hinreichend geeigneten Wortes
und nenne diese Gattung lieber *notatio*, weil Wörter
Bezeichnungen (*notae*) für Dinge sind. Deshalb spricht Aristoteles von ,*symbolon*', dem im Lateinischen das Wort *nota*
entspricht. Wenn man aber versteht, was mit einer Bezeichnung gemeint ist, braucht man sich wegen der Terminologie
keine sonderliche Mühe zu machen.

Viele Argumente lassen sich also bei der Erörterung durch
die Etymologie aus einem Wort herausholen, z. B. wenn die
Frage lautet,

> was ,Rückkehrrecht' (*postliminium*) sei. –

Ich sage nicht, was zum ,Rückkehrrecht' gehört; denn das
fiele in die Zuständigkeit der *partitio*, die so aussieht:

> Aufgrund des Rückkehrrechtes kehren zurück:
> ein Mensch, ein Schiff, ein Maultier, ein Saumtier, eine an Zügel
> gewöhnte Stute, –

sondern (spreche von dem Fall, daß) nach der Bedeutung des
Wortes *postliminium* als solchen gefragt und das Wort als
solches etymologisch erläutert wird; hieran, meint unser
Servius, wie ich glaube, sei (etymologisch) nur *post* zu erklären, und jenes -*liminium* will er als bloßes Suffix angesehen
wissen, wie in den Wörtern *finitimus, legitimus, aeditimus*
-*timus* nicht mehr bedeute als -*tullium* in dem Wort *meditul-
lium* (Mittelpunkt, Binnenland). | Scaevola aber, der Sohn
des Publius (Scaevola), vermutet, es handle sich um ein
Kompositum der Art, daß in ihm *post* und *limen* enthalten
sind, so daß also Dinge, die uns entzogen waren, weil sie in
Feindeshand fielen, gleichsam aus ihrem (angestammten)
Aufenthaltsort (*limen*) sich entfernt haben und dann, wenn
sie später (*post*) wieder hierher an ihren Platz (*ad idem
limen*) zurückgekommen sind, ganz offensichtlich durch das
postliminium zurückgekehrt sind.
Mit dieser Konstruktion läßt sich auch der Fall des Mancinus rechtfertigen, (wenn man nämlich sagt,) er sei nach dem
Rückkehrrecht heimgekehrt; ausgeliefert sei er nicht wor-

non sit receptus; nam neque deditionem neque donationem sine acceptione intellegi posse.

Sequitur is locus, qui constat ex eis rebus, quae quodam modo adfectae sunt ad id, de quo ambigitur; quem modo dixi in plures partes distributum.

IX
38

Cuius est primus locus ex coniugatione, quam Graeci συζυγίαν vocant, finitimus notationi, de qua modo dictum est; ut,

si aquam pluviam eam modo intellegeremus, quam imbri conlectam videremus, veniret Mucius, qui, quia coniugata verba essent ‚pluvia‘ et ‚pluendo‘, diceret omnem aquam oportere arceri, quae pluendo crevisset.

Cum autem a genere ducetur argumentum, non erit necesse id usque a capite arcessere. saepe etiam citra licet, dummodo supra sit, quod sumitur, quam id, ad quod sumitur, ut

39

aqua pluvia ultimo genere ea est, quae de caelo veniens crescit imbri;
sed propiore, in quo quasi ius arcendi continetur, nocens:
eius generis formae loci vitio et manu nocens, quarum altera iubetur ab arbitro coerceri, altera non iubetur.

Commode etiam tractatur haec argumentatio, quae ex genere sumitur, cum ex toto partis persequare hoc modo:

40

den, weil er (von den Numantinern) nicht angenommen wurde; denn weder Auslieferung noch Schenkung ergäben ohne Annahme einen Sinn.

Es folgt der Argumentationstypus, der aus Sachverhalten besteht, die zu dem, wonach man fragt, irgendwie in Beziehung stehen (*res quodam modo adfectae*); von diesem Typus sagte ich schon (§ 11), daß er in mehrere Teile gegliedert ist.

Sein erster Topos besteht (in der Feststellung) einer Verwandtschaft (*coniugatio*), welche die Griechen ‚*syzygia*‘ nennen; sie steht dem Begriff ‚Etymologie‘ (*notatio*) nahe, über den gerade (§ 10) gehandelt wurde; so daß,

wenn wir unter ‚Regenwasser‘ ausschließlich das Wasser verstünden, das wir vom Regen (unmittelbar) angesammelt sehen, Mucius daherkäme und sagte, da *pluvia* (Regen) und *pluendo* (durch Regnen) verwandte Wörter (*verba coniugata*) sind, dürfe alles Wasser ferngehalten werden, das durch Regnen zusätzlich anfällt.

Wenn man aber das Argument von der Gattung (*a genere*) herleitet, wird es nicht nötig sein, es von der Spitze der Begriffspyramide herbeizuholen. Oft ist es auch zulässig, weiter unten anzusetzen, sofern nur das, was man nimmt, höheren Ranges ist als das, wozu man es hernimmt; so ist z. B.

Regenwasser, wenn man ganz hoch ansetzt, das, ‚was vom Himmel kommend durch Regen anwächst‘, näherliegend aber (und darin liegt gewissermaßen schon die Berechtigung, es fernzuhalten, eingeschlossen) ‚etwas Schaden Anrichtendes‘. Von dieser Gattung (*genus*) gibt es die Arten (*formae*) ‚durch Mängel der Geländebeschaffenheit (schadend)‘ und ‚durch Eingriffe von Menschenhand schadend‘; hiervon ist die letztgenannte Schadensursache auf Weisung eines Schiedsmanns abzustellen, erstere nicht.

Zweckmäßigerweise wird dieser Argumentationstypus, der aus der Gattung (*ex genere*) genommen ist, auch dann eingesetzt, wenn man vom Ganzen (*ex toto*) zu den Teilen (*partes*) weitergeht, und zwar auf folgende Weise:

Si dolus malus est, cum aliud agitur, aliud simulatur, enumerare licet, quibus id modis fiat,
deinde in eorum aliquem id, quod arguas dolo
malo factum, includere;
quod genus argumenti in primis firmum videri
solet.

Similitudo sequitur, quae late patet, sed oratoribus et philosophis magis quam vobis. etsi enim
omnes loci sunt omnium disputationum ad argumenta suppeditanda, tamen aliis disputationibus
abundantius occurrunt, aliis angustius. itaque genera tibi nota sint; ubi autem eis utare, quaestiones
ipsae te admonebunt.

X
41

Sunt enim similitudines, quae ex pluribus conla-
tionibus perveniunt, quo volunt, hoc modo:
Si tutor fidem praestare debet, si socius, si cui
mandaris, si qui fiduciam acceperit,
debet etiam procurator.

42

Haec ex pluribus perveniens, quo vult, appellatur
inductio, quae Graece ἐπαγωγὴ nominatur, qua
plurimum est usus in sermonibus Socrates.

Alterum similitudinis genus conlatione sumitur,
cum una res uni, par pari comparatur hoc modo:

43

Quemadmodum, si in urbe de finibus controversia est, quia fines magis agrorum videntur
esse quam urbis, finibus regundis adigere arbitrum non possis,
sic, si aqua pluvia in urbe nocet, quoniam res
tota magis agrorum est, aquae pluviae arcendae
adigere arbitrum non possis.

Wenn es Arglist (*dolus malus*) ist, etwas anderes zu tun, als man vorgibt, ist es zulässig aufzuzählen, auf welche verschiedene Weisen arglistig gehandelt wird, und sodann in eine davon das einzubeziehen, wovon man behauptet, es sei arglistig geschehen.

Dieser Argumentationstypus scheint besonders wirksam zu sein.

Es folgt (der Argumentationstypus der) Ähnlichkeit (*similitudo*); er erstreckt sich weit, eignet sich aber mehr für Redner und Philosophen als für euch (Rechtsgelehrte). Denn wenn auch alle Topoi sich jeder Art von Erörterung zuordnen lassen, um Argumente herbeizuschaffen, bieten sie sich doch für manche Erörterungen reichlicher an, für andere spärlicher. Deshalb sollten dir die verschiedenen Arten geläufig sein; wo du sie aber benutzen kannst, das müssen dir die Fälle selbst sagen.

Es gibt nämlich Ähnlichkeiten, die (erst) über mehrere Vergleichsstufen an ihr Ziel gelangen, nach folgender Art:

Wenn ein Vormund nach Treu und Glauben handeln muß, wenn der Geschäftspartner, wenn der, dem man etwas anvertraut hat, wenn der, der ein Gut auf Treu und Glauben entgegengenommen hat,

dann muß auch der Geschäftsführer zu seinem Worte stehen.

Dieses Analogieverfahren, das über mehrere Stufen zu seinem Ergebnis gelangt, nennt man ‚Induktion‘, Griechisch ‚*epagoge*‘; Sokrates hat es in seinen Gesprächen viel verwendet.

Eine andere Art von Analogieschlüssen wird aus dem Vergleich (*conlatio*) gewonnen, wenn nämlich eine Sache mit einer andern, eine gleiche mit einer gleichen, verglichen wird, auf folgende Weise;

Wie man dann, wenn in einer Stadt ein Streit um Grundstücksgrenzen entsteht, keinen Schiedsmann für die Grenzfestlegung beiziehen kann, weil mit ‚Grenzen‘ mehr die Flurgrenzen gemeint zu sein scheinen als die Grundstücksgrenzen in der Stadt, so kann man auch, wenn Regenwasser in der Stadt Schaden anrichtet, keinen Schiedsmann zur Abwehr des Regenwassers

Ex eodem similitudinis loco etiam exempla su-　　44
muntur, ut Crassus in causa Curiana exemplis
plurimis usus est ⟨agens de eo⟩, qui testamento sic
heredes instituisset, ut,

> si filius natus esset in decem mensibus isque
> mortuus, priusquam in suam tutelam venisset,
> ⟨secundus heres⟩ hereditatem obtinuisset.

Quae commemoratio exemplorum valuit eaque
vos in respondendo uti multum soletis. ficta etiam　　45
exempla similitudinis habent vim; sed ea oratoria
magis sunt quam vestra; quamquam uti etiam vos
soletis, sed hoc modo:

> Finge mancipio aliquem dedisse id, quod man-
> cipio dari non potest. num idcirco id eius fac-
> tum est, qui accepit? aut num is, qui mancipio
> dedit, ob eam rem se ulla re obligavit?

In hoc genere oratoribus concessum est, ut muta
etiam loquantur, ut mortui ab inferis excitentur, ut
aliquid, quod fieri nullo modo possit, augendae rei
gratia dicatur, quae ὑπερβολὴ ⟨Graece⟩ dicitur,
aut minuendae, multa alia mirabilia. sed latior est
campus illorum. eisdem tamen ex locis, ut ante
dixi, et in maximis et in minimis quaestionibus
argumenta ducuntur.

Sequitur similitudinem differentia rei maxime　　XI
contraria superiori; sed est eiusdem dissimile et　　46
simile invenire. eius generis haec sunt:

berufen, weil die ganze Sache doch mehr eine Frage der Flur-
grenzenregelung ist.

Aus demselben Analogiemuster lassen sich auch Beispiele
(*exempla*) anführen; so hat z. B. (Lucius Licinius) Crassus in
dem Prozeß des (Manius) Curius (*causa Curiana*) sehr viele
Beispiele verwendet, als er in einem Fall auftrat, in dem ein
Erblasser seine Erben durch Testament so bestimmt hatte,

> daß im Falle, es würde ihm binnen zehn Monaten ein Sohn gebo-
> ren, dieser aber stürbe, ehe er mündig würde, (M'. Curius als)
> Nacherbe das Erbe erhalten solle.

Diese Erwähnung von Beispielen tat in diesem Falle ihre
Wirkung, und ihr (Juristen) pflegt bei euren Rechtsauskünf-
ten davon viel Gebrauch zu machen. | Sogar erfundene Ana-
logiefälle machen Eindruck; doch sind das mehr die Prakti-
ken von Rednern als die von euch (Rechtsgelehrten). Indes
macht auch ihr regelmäßig Gebrauch davon, freilich in folgender Weise:

> Nimm an, es habe jemand etwas förmlich übereignet, was so
> nicht übereignet werden kann. Ist die Sache so zum Eigentum
> dessen geworden, der sie angenommen hat? Oder ist der Verkäu-
> fer damit irgendeine Verpflichtung eingegangen?

Bei dieser Art von Argumentation ist es den Rednern zuge-
standen, daß auch stumme Dinge zu Wort kommen, daß
Tote aus der Unterwelt heraufzitiert werden, daß etwas, was
unmöglich geschehen kann, zum Aufbauschen eines Sach-
verhalts gesagt wird – man nennt das (im Griechischen)
‚*hyperbole*‘ – oder auch zum Herunterspielen, und viele
andere Wunderdinge. Die Redner verfügen da über ein
ziemlich weites Feld. Dennoch werden, wie ich oben (§ 41)
sagte, aus denselben Topoi in den wichtigsten wie in den
nebensächlichsten Rechtsfällen Argumente bezogen.

Auf den Typus ‚Ähnlichkeit‘ folgt der des ‚Unterschieds‘
(*differentia*), der dem vorigen im höchsten Grade entgegengesetzt ist; man darf aber vom gleichen Kopf schon verlangen, daß er Unähnliches wie Ähnliches findet. Von solcher
Art ist folgendes:

Non, quemadmodum, quod mulieri debeas,
recte ipsi mulieri sine tutore auctore solvas,
item, quod pupillo aut pupillae debeas, recte
possis eodem modo solvere.

Deinceps locus est, qui a contrario dicitur. con-   47
trariorum autem genera plura: unum eorum, quae
in eodem genere plurimum differunt, ut

> sapientia stultitia.

eodem autem genere dicuntur, quibus propositis
occurrunt tamquam e regione quaedam contraria,
ut

> celeritati tarditas, non debilitas.

ex quibus contrariis argumenta talia exsistunt:

> Si stultitiam fugimus, sapientiam sequamur et
> bonitatem, si malitiam.

haec, quae ex eodem genere contraria sunt, appellantur adversa.

Sunt enim alia contraria, quae privantia licet   48
appellemus Latine, Graeci appellant στερητικά.
praeposito enim ,in' privatur verbum ea vi, quam
haberet, si ,in' praepositum non fuisset, ut

> dignitas indignitas,
> humanitas inhumanitas,

et cetera generis eiusdem, quorum tractatio est
eadem quae superiorum, quae adversa dixi.

Nam alia quoque sunt contrariorum genera,   49
velut ea, quae cum aliquo conferuntur, ut

> duplum simplum, multa pauca,
> longum breve, maius minus.

Zwar ist es Rechtens, daß du das, was du einer Frau schuldest, dieser Frau ohne Einschaltung eines Vormunds zurückbezahlst; nicht aber ist es zulässig, Schulden einem Mündel (männlichen oder weiblichen Geschlechts) auf dieselbe Weise zurückzuerstatten.

Hierauf folgt der Argumentationstypus, der ‚vom Gegensatz her' (*e contrario*) heißt. Hiervon gibt es mehrere Arten; eine betrifft Dinge, die sich innerhalb derselben Gattung aufs stärkste unterscheiden, wie z. B.

Weisheit – Torheit.

Zur selben Gattung aber werden Begriffe gezählt, denen, wenn man sie vorbringt, Entgegengesetztes sozusagen direkt entspricht, wie z. B.

Schnelligkeit – Langsamkeit, nicht aber Schwäche.

Aus solchen Gegensätzen ergeben sich Argumente folgender Art:

Wenn wir die Torheit meiden, wollen wir der Weisheit folgen, und der Güte, wenn wir die Bosheit meiden!

Diese Begriffe, die innerhalb derselben Gattung einander entgegengesetzt sind, nennt man (zueinander) in konträrem Gegensatz stehend (*adversa*).

Es gibt nämlich auch noch andere Gegensätze, die man Lateinisch *privantia* (privative, ‚beraubende') nennen darf; die Griechen bezeichnen sie als ‚*steretika*'. Durch Anfügung des Präfixes *in-* wird ein Wort nämlich der Bedeutung beraubt, die es hätte, wenn das Präfix *in-* nicht vorne angefügt wäre, wie z. B.

dignitas – indignitas (Würde – Würdelosigkeit),
humanitas – inhumanitas (Menschlichkeit – Unmenschlichkeit)

und weiteres von dieser Art; ihre Anwendung ist dieselbe wie die der oben angeführten (Beispiele), die ich als ‚in konträrem Gegensatz stehend' bezeichnet habe.

Denn es gibt auch noch andere Arten von Gegensätzen, wie z. B. das, was mit etwas (anderem) verglichen wird (also relative Gegensätze), z. B.

Doppeltes – Einfaches, Vieles – Weniges;
lang – kurz, größer – kleiner.

Sunt etiam illa valde contraria, quae appellantur
negantia; ea ἀποφατικὰ Graece, contraria aientibus:

Si hoc est, illud non est.

quid enim opus exemplo est? tantum intellegatur
in argumento quaerendo contrariis omnibus contraria non convenire.

Ab adiunctis autem posui equidem exemplum   50
paulo ante, multa adiungi, quae suscipienda essent,
si statuissemus

ex edicto secundum eas tabulas possessionem
dari, quas is instituisset, cui testamenti factio
nulla esset.

sed locus hic magis ad coniecturales causas, quae
versantur in iudiciis, valet, cum quaeritur,

quid aut sit aut evenerit aut futurum sit
aut quid omnino fieri possit.

Ac loci quidem ipsius forma talis est. admonet   **XII**
autem hic locus, ut quaeratur, quid ante rem, quid   51
cum re, quid post rem evenerit. „Nihil hoc ad ius;
ad Ciceronem", inquiebat Gallus noster, si quis ad
eum tale quid rettulerat, ut de facto quaereretur. tu
tamen patiere nullum a me artis institutae locum
praeteriri; ne, si nihil, nisi quod ad te pertineat,
scribendum putabis, nimium te amare videare. est
igitur magna ex parte locus hic oratorius non modo non iuris consultorum, sed ne philosophorum
quidem.

In starkem Gegensatz stehen aber auch jene Begriffe, die *negantia* (kontradiktorisch: ‚verneinende') genannt werden – Griechisch heißen sie ‚*apophatika*' –; (dieser Fall liegt vor,) wenn zwei Sätze Gegensätzliches aussagen:

Wenn dies ist, ist jenes nicht.

Doch wozu bedarf es da eines Beispiels? Man muß bei der Suche nach einem Argument nur begreifen, daß sich Gegensätzliches mit keiner Art von Gegensätzlichem vertragen kann.

Für ‚Analogiefälle' (*adiuncta*) habe ich schon kurz vorher das Beispiel dafür gebracht (§ 18), daß viele Analogiefälle auftreten können, auf die man sich einlassen müßte, wenn man feststellte,

daß ein Besitz aufgrund des (Prätoren-)Edikts den Testamentsbestimmungen folgend übertragen wird, die einer getroffen hat, dem das Recht, ein Testament zu errichten, nicht zustand.

Doch dieser Typus wirkt eher bei den Prozeßfällen vor Gericht, die es mit Mutmaßungen zu tun haben (*causae coniecturales*); wenn nämlich gefragt wird,

was ist oder geschehen ist oder geschehen wird oder überhaupt geschehen könnte.

So sieht zwar die Form des Topos an sich aus. Doch mahnt uns dieser Topos, daß zu fragen ist, was vor einem Ereignis, was zugleich mit ihm und was erst nach diesem Ereignis eingetreten ist. „Nichts hat das mit dem Recht zu tun, nur mit Cicero!" pflegte unser Freund Gallus zu sagen, wenn ihm einer mit so etwas daherkam, daß nämlich nach einem individuellen Sachverhalt gefragt wurde. Du aber wirst es dennoch ertragen, daß ich bei meinem Lehrgang keinen Argumentationstypus übergehe; andernfalls könnte, wenn du nur das für aufzeichnungswürdig hältst, was dich unmittelbar angeht, der Eindruck entstehen, du seiest im Übermaß egoistisch. Es ist also dieser Argumentationstypus zum großen Teil rhetorischer Art und somit kein Gegenstand für Rechtsgelehrte, ja nicht einmal für Philosophen.

Ante rem enim quaeruntur, quae talia sunt: 52

apparatus conloquia locus constitutum convivium;

cum re autem:
pedum crepitus, corporum umbrae,
et si quid eius modi;

at post rem:
pallor rubor titubatio,
si qua alia signa conturbationis et conscientiae,
praeterea restinctus ignis, gladius cruentus ceteraque, quae suspicionem facti possunt movere.

Deinceps est locus dialecticorum proprius ex 53
consequentibus et antecedentibus et repugnantibus, ⟨qui etiam ab adiunctis longe diversus est⟩.
nam adiuncta, de quibus paulo ante dictum est,
non semper eveniunt, consequentia autem semper.
ea enim dico consequentia, quae rem necessario
consequuntur; itemque et antecedentia et repugnantia. quidquid enim sequitur quamque rem, id
cohaeret cum re necessario; et quidquid repugnat,
id eius modi est, ut cohaerere numquam possit.

Cum tripertito igitur distribuatur locus hic, in XIII
consecutionem antecessionem repugnantiam, reperiendi argumenti locus simplex est, tractandi
triplex. nam quid interest, cum hoc sumpseris,

pecuniam numeratam mulieri deberi,
cui sit argentum omne legatum,

utrum hoc modo concludas argumentum:

Si pecunia signata argentum est, legata est mulieri; est autem pecunia signata argentum;
legata igitur est;

Zum Komplex ‚vor dem Ereignis liegend' (*ante rem*) werden Fakten ermittelt, die von folgender Art sind:

Vorbereitungen, Unterredungen, Treffpunkt, Verabredung zu einem Gastgelage;

als mit dem Ereignis zusammenfallend (*cum re*) aber:

Geräusch von Füßen, Schatten von Gestalten,
und wenn es sonst noch etwas von dieser Art gibt;

nach dem Ereignis (*post rem*) aber:

Blässe, Schamröte, Unsicherheit,
und wenn es noch irgendwelche anderen Zeichen von Verstörung und schlechtem Gewissen gibt; außerdem gelöschtes Feuer, ein blutiges Schwert und die übrigen Dinge, die einen Tatverdacht erregen können.

Daran schließt sich ein Argumentationsmuster, für den die Logiker zuständig sind: der aus Folgen, Voraussetzungen und Widersprüchen. Er ist auch von dem der Analogiefälle grundverschieden. Analogien, über die vor kurzem (§ 50) gehandelt wurde, treten nämlich nicht immer auf, auseinander Folgendes jedoch immer. ‚Folge' nenne ich das, was auf eine Sache mit Notwendigkeit folgt; und entsprechend ‚Voraussetzung' und ‚Widerspruch'. Denn alles, was auf die jeweilige Sache folgt, hängt mit ihr notwendigerweise zusammen; und was immer zu ihr in Widerspruch steht, kann mit ihr niemals zu tun haben.

Während also dieses unser Argumentationsmuster in drei Teile gegliedert ist, nämlich in Folge, Voraussetzung und Widerspruch, ist der Topos der Argumentfindung einfach, der der Anwendung (wiederum) dreifach. Denn wenn du von der Annahme ausgehst,

daß einer Frau, der alles Silber (*argentum*) vermacht wurde,
(auch) das Bargeld in der Kasse (*pecunia numerata*) geschuldet wird,

was macht es da schon für einen Unterschied, ob du das Argument auf folgende Weise zu einem Schluß verwendest:

Wenn geprägtes Geld Silber ist, ist es dieser Frau vermacht.
Nun ist aber geprägtes Geld Silber.
Folglich ist es ihr vermacht. –

an illo modo:

    Si numerata pecunia non est legata, non est
numerata pecunia argentum;

    est autem numerata pecunia argentum;

    legata igitur est;

an illo modo:

    Non et legatum argentum est et non est legata
numerata pecunia;

    legatum autem argentum est;

    legata igitur numerata pecunia est.

appellant autem dialectici eam conclusionem argu-   54
menti, in qua, cum primum adsumpseris, conse-
quitur id, quod adnexum est, primum conclusionis
modum;

cum id, quod adnexum est, negaris, ut id quoque,
cui fuerit adnexum, negandum sit, secundus is
appellatur concludendi modus;

cum autem aliqua coniuncta negaris ⟨et his alia
negatio rursus adiungitur⟩ et ex eis primum sumpseris, ut, quod relinquitur, tollendum sit, is tertius
appellatur conclusionis modus.

    Ex hoc illa rhetorum ex contrariis conclusa,   55
quae ipsi ἐνθυμήματα appellant; non quin omnis
sententia proprio nomine ἐνθύμημα dicatur, sed,
ut Homerus propter excellentiam commune
poetarum nomen efficit apud Graecos suum, sic,
cum omnis sententia ἐνθύμημα dicatur, quia videtur ea, quae ex contrariis conficitur, acutissima,
sola proprie nomen commune possedit.

oder auf jene Weise:
Wenn das bare Geld nicht vermacht ist, ist bares Geld kein Silber.
Nun ist aber bares Geld Silber.
Folglich ist es ihr vermacht. –

oder auf jene (dritte) Weise:
Es ist nicht möglich, daß zugleich das Silber vermacht ist und das Bargeld nicht.
Silber ist aber vermacht.
Folglich ist (auch) das Bargeld vermacht.

Die Logiker (numerieren ihre Schlußweisen; sie) bezeichnen als ‚erste Schlußweise‘ den Schluß aus einem Argument dann, wenn bei Bejahung des ersten Teils (der ersten Prämisse) das, was darangefügt ist (d. h. der Nachsatz), zwangsläufig bejahend folgt (*primus conclusionis modus*). Wenn man (aber) das, was (an die erste Prämisse) angefügt ist (d. h. den zweiten Teil der ersten Prämisse), negiert, so daß auch das, woran es angefügt ist, negiert werden muß, wird dies die ‚zweite Schlußweise‘ (*secundus modus*) genannt. Wenn man aber verneint, daß irgendwelche Teile der ersten Prämisse gleichzeitig zutreffen können, ⟨ihnen noch eine andere Verneinung anfügt⟩ und den ersten Teil davon bejaht, so daß der Rest (der ersten Prämisse) auszuschließen ist, so nennt man das die ‚dritte Schlußweise‘ (*tertius modus*). Von da her stammen jene aus Gegensätzen gezogenen Schlußfolgerungen der Rhetoren, die sie selbst ‚enthymemata‘ nennen. Nun ist es freilich nicht so, als ob jeder Satz im eigentlichen Sinne ein Enthymem genannt werden könnte. Wie aber Homer aufgrund seiner überragenden Bedeutung den allgemeinen Namen ‚Dichter‘ bei den Griechen zu dem seinen macht, so hat diese Schlußform, obwohl man jeden Satz als ein ‚Enthymem‘ bezeichnen könnte, allein und recht eigentlich diese (an sich) allgemeine Bezeichnung für sich mit Beschlag belegt, weil der Satz, der aus Gegensätzen gebildet wird, als der scharfsinnigste erscheint.

eius generis haec sunt:

> „Hoc metuere, alterum in metu non ponere!
> Eam, quam nihil accusas, damnas; bene quam
> meritam esse autumas,
> male mereri? id, quod scis, prodest nihil; id,
> quod nescis, obest?“

Hoc disserendi genus attingit omnino vestras quoque in respondendo disputationes, sed philosophorum magis, quibus est cum oratoribus illa ex
repugnantibus sententiis communis conclusio
[,quae a dialecticis tertius modus, a rhetoribus
ἐνθύμημα dicitur].

XIV
56

Reliqui dialecticorum modi plures sunt, qui ex
disiunctionibus constant:

> Aut hoc aut illud;
> hoc autem;
> non igitur illud.

Itemque:

> Aut hoc aut illud;
> non autem hoc;
> illud igitur.

Quae conclusiones idcirco ratae sunt, quod in dis-
iunctione plus uno verum esse non potest. atque
ex eis conclusionibus, quas supra scripsi, prior
quartus, posterior quintus a dialecticis modus appellatur.

57

Deinde addunt coniunctionum negantiam sic:

> Non et hoc et illud;
> hoc autem;
> non igitur illud.

hic modus est sextus. septimus autem:

> Non et hoc et illud;
> non autem hoc;
> illud igitur.

Hierher gehören (z. B.) diese Verse:

> „Dies fürchten, das andere nicht für bedrohlich halten!
> Sie, gegen die du nichts vorzubringen hast, verurteilst du;   [hat,
> sie, die, wie du selbst meinst, sich um dich so verdient gemacht
> habe keinerlei Verdienst? Was du weißt, nützt (ihr) nicht; was
>   [nicht, schadet (ihr)?"

Diese Art des Erörterns berührt insgesamt auch eure Gedankenführung bei Rechtsauskünften, mehr aber noch die der
Philosophen; sie haben dieses Schlußverfahren aus einander
widersprechenden Sätzen [, das von den Logikern als die
‚dritte Schlußweise‘, von den Rhetoren als ‚Enthymem‘
bezeichnet wird,] mit den Rednern gemeinsam.

Es gibt mehrere weitere Schlußweisen der Logiker; sie
bestehen aus Disjunktionen:

> Entweder ist dieses oder jenes.
> Nun ist aber dieses.
> Folglich (ist) nicht jenes. –

und ebenso:

> Entweder ist dieses oder jenes.
> Nun ist aber nicht dieses.
> Folglich ist jenes.

Diese Schlüsse sind korrekt, weil in einer Disjunktion immer
nur eines der beiden Glieder wahr sein kann. | Und von den
Schlußweisen, die ich gerade angegeben habe, wird die
erstere von den Logikern als ‚vierte‘ (*quartus* ⟨*modus*⟩), die
letztere als ‚fünfte Schlußweise‘ (*quintus modus*) bezeichnet.

Sodann fügen sie die Verneinung von Schlußgliedern an, wie
folgt:

> Nicht ist dieses und zugleich jenes.
> Nun ist aber dieses.
> Folglich (ist) nicht jenes.

Dies ist die ‚sechste Schlußweise‘ (*sextus modus*). Die ‚siebte‘
(*septimus modus*) aber (sieht wie folgt aus):

> Nicht ist dieses und zugleich jenes.
> Nun ist aber dieses nicht.
> Folglich ist jenes.

Ex eis modis conclusiones innumerabiles nascuntur, in quo est tota fere διαλεκτική. Sed ne hae quidem, quas exposui, ad hanc institutionem necessariae.

Proximus est locus rerum efficientium, quae causae appellantur; deinde rerum effectarum ab efficientibus causis. harum exempla, ut reliquorum locorum, paulo ante posui et quidem ex iure civili; sed haec patent latius.

58

Causarum genera duo sunt; unum, quod vi sua id, quod sub eam vim subiectum est, certe efficit, ut:

XV

    Ignis accendit;

alterum, quod naturam efficiendi non habet, sed sine quo effici non possit, ut

    si quis aes statuae causam velit dicere,
    quod sine eo non possit effici.

Huius generis causarum, sine quo non efficitur, alia sunt quieta, nihil agentia, stolida quodam modo, ut

59

    locus tempus materia ferramenta et cetera generis eiusdem;

alia autem praecursionem quandam adhibent ad efficiendum et quaedam adferunt per se adiuvantia, etsi non necessaria, ut:

    Amori congressio causam attulerat, amor flagitio.

Ex hoc genere causarum ex aeternitate pendentium fatum a Stoicis nectitur.

Atque ut earum causarum, sine quibus effici non potest, genera divisi, sic etiam efficientium dividi possunt. sunt enim aliae causae, quae plane

Aus solchen Schlußweisen gehen unzählige Schlüsse hervor, und darin besteht beinahe die gesamte Dialektik. Doch nicht einmal die dargestellten sind für diesen meinen Lehrgang unverzichtbar.

Das nächste Argumentationsmuster ist das von den ‚bewirkenden Dingen' (*res efficientes*), die man Ursachen (*causae*) nennt; sodann das von den durch bewirkende Ursachen bewirkten Dingen (*res effectae*). Beispiele für sie habe ich, wie auch für die übrigen Topoi, schon weiter oben (§ 22) aus der bürgerlichen Rechtsordnung (*ius civile*) beigebracht. Doch unser Gegenstand reicht in ein (noch) weiteres Feld.

Es gibt (nämlich) zwei Gruppen von Ursachen: die eine, die durch eigene Kraft (*vi sua*) das, was unter ihren Einfluß gerät, mit Sicherheit bewirkt, wie z. B.

Feuer versetzt in Brand. –

und die andere, die selbst die Kraft des Bewirkens nicht besitzt, ohne die es aber keine Wirkung geben kann (*sine quo non*), wie wenn z. B. einer sagen wollte,

Bronze sei die Ursache einer Statue,
weil diese ohne sie nicht geschaffen werden könnte.

Von dieser Art von Ursachen, ohne die es keine Wirkung gibt, sind die einen ruhig, untätig, auf gewisse Weise unwirksam, wie z. B.

Ort, Zeit, Material, Werkzeug und anderes derselben Art;

andere aber bringen eine Art von Vorlauf zur Wirkung bei und liefern gewisse Umstände, die von sich aus helfen (*per se adiuvantia*), auch wenn sie nicht notwendig sind, wie z. B.

Für die Liebesbeziehung hatte das Zusammentreffen die Ursache geschaffen, die Liebe aber für die Schandtat.

Aus dieser Art von Ursachen, die von Ewigkeit her auseinander hervorgehen, wird von den Stoikern das ‚Schicksal' (*fatum*) geknüpft.

Und wie ich bei den Ursachen, ohne die es keine Wirkung geben kann, Gruppen gebildet habe, so lassen sie sich auch unter den (durch eigene Kraft) wirkenden Ursachen bilden.

efficiant nulla re adiuvante, aliae, quae adiuvari velint, ut:

> Sapientia efficit sapientis sola per se;
> beatos efficiat necne sola per sese, quaestio est.

Quare cum in disputationem inciderit causa efficiens aliquid necessario, sine dubitatione licebit,
quod efficitur, ab ea causa concludere. cum autem
erit talis causa, ut in ea non sit efficiendi necessitas,
necessaria conclusio non sequitur. atque illud quidem genus causarum, quod habet vim efficiendi
necessariam, errorem adferre non fere solet; hoc
autem, sine quo non efficitur, saepe conturbat:

> Non enim, si sine parentibus filii esse non pos-
> sunt, propterea in parentibus causa fuit gignen-
> di necessaria.

Hoc igitur, sine quo non fit, ab eo, in quo certe fit,
diligenter est separandum. illud enim est tamquam

> „Utinam ne in nemore Pelio...";

nisi enim

> „accidissent abiegnae ad terram trabes",

Argo illa facta non esset, nec tamen fuit in his
trabibus efficiendi vis necessaria.
at cum

> „in Aiacis navim crispisulcans igneum fulmen"

iniectum est, inflammatur navis necessario.

Atque etiam est causarum dissimilitudo, quod
aliae sunt, ut sine ulla appetitione animi, sine voluntate, sine opinione suum quasi opus efficiant,
vel

60

XVI

61

62

Es gibt nämlich eine Gruppe von Ursachen, die ihre Wirkung ganz klar ausüben, ohne daß ihnen dabei etwas hilft, und eine andere derer, die gleichsam nach Unterstützung verlangen, wie z. B.

Weisheit macht Menschen durch sich allein zu Weisen.
Ob sie sie aber ganz durch sich allein (auch) zu glücklichen Menschen macht oder nicht, das ist die Frage.

Wenn man bei Erörterungen auf eine Ursache stößt, die etwas mit Notwendigkeit bewirkt, wird es daher zweifellos gestattet sein, von dieser Ursache auf eine bestimmte Wirkung zu schließen. | Wenn es sich aber um eine Ursache von der Art handelt, daß in ihr keine Wirknotwendigkeit steckt, ergibt sich auch kein zwingender Schluß. Und jene Art von Ursachen, die eine Wirknotwendigkeit in sich trägt, pflegt in der Regel keinen Irrtum nach sich zu ziehen. Die Art der Ursachen hingegen, ohne die es eine Wirkung nicht gibt, stiftet oftmals Verwirrung.

Aus der Tatsache nämlich, daß es keine Kinder geben kann, wenn es keine Eltern gibt, folgt keineswegs, daß in den Eltern deshalb eine Notwendigkeit, Kinder zu zeugen, angelegt war.

Das also, ohne dessen Hilfe nichts bewirkt wird, muß man sorgfältig von dem trennen, in dem die Folge mit Sicherheit angelegt ist. Dies nämlich trifft gewissermaßen auf die Verse zu:

„O wären nie im Pelionwald ...";

denn

„wären nie der Fichten Stämme zu Boden gestürzt" ...,

so wäre jene Argo nicht gebaut worden. Und doch steckte in diesen Fichtenbalken keine zwingende Wirkursache. Doch sowie

„in des Aias Schiff der zackende Feuerblitz" fährt,

geht dieses Schiff mit Notwendigkeit in Flammen auf.
Es besteht noch ein weiterer Unterschied zwischen den Ursachen, sofern es eine Gruppe von der Art gibt, daß sie ohne Begehren, ohne Willensregung, ohne Ahnung ihr gleichsam wesenseigenes Werk verrichtet, etwa

ut omne intereat, quod ortum sit;
aliae autem aut voluntate efficiunt aut perturbatione animi aut habitu aut natura aut arte aut casu:

> voluntate, ut tu, cum hunc libellum legis;
> perturbatione, ut si quis eventum horum tem-
>   porum timeat;
> habitu, ut qui facile et cito irascatur;
> natura, ut vitium in dies crescat;
> arte, ut bene pingat;
> casu, ut prospere naviget.

Nihil horum sine causa nec quidquam omnino;
sed huius modi causae non necessariae.

Omnium autem causarum in aliis inest constantia, in aliis non inest. in natura et in arte constantia
est, in ceteris nulla. sed tamen earum causarum,
quae non sunt constantes, aliae sunt perspicuae,
aliae latent. perspicuae sunt, quae appetitionem
animi iudiciumque tangunt; latent, quae subiectae
sunt fortunae. cum enim nihil sine causa fiat, hoc
ipsum est fortunae eventus: obscura causa et laten-
ter efficitur. etiam ea, quae fiunt, partim sunt ignorata, partim voluntaria; ignorata, quae fortuna effecta sunt; voluntaria, quae consilio. nam iacere
telum voluntatis est, ferire, quem nolueris, fortunae. ex quo „aries subicitur" ille in vestris actionibus:

daß alles untergeht, was entstanden ist;

andere (Ursachen) aber üben ihre Wirkung aufgrund einer Willensentscheidung, aufgrund von Affekt, Charakter, Naturanlage, Kunstfertigkeit oder Zufall aus;

> aufgrund einer Willensentscheidung, wie z. B. du, wenn du dieses Buch liest;
> aufgrund eines Affekts, wie z. B., wenn einer in Sorge ist um die Entwicklung unserer gegenwärtigen Politik;
> von Charakter, z. B., wenn einer leicht und schnell in Zorn gerät;
> von Naturanlage, z. B., daß ein Laster von Tag zu Tag zunimmt;
> von Kunstfertigkeit, z. B., daß einer ein guter Maler ist;
> von Zufall, z. B. daß einer eine Seereise bei günstiger Witterung hinter sich bringt.

Nichts von dem ist ohne Ursache, wie denn überhaupt nichts ursachenlos geschieht; aber Ursachen solcher Art wirken nicht zwingend.

Wenn man aber die Ursachen in ihrer Gesamtheit hernimmt, (stellt man fest, daß) den einen Beständigkeit (*constantia*) eignet, den andern nicht: In der Naturanlage (*natura*) und im Kunstverstand (*ars*) ist diese Beständigkeit, in den übrigen nicht. | Aber dennoch sind von den Ursachen, die ,nicht beständig' (*non constantes*) sind, die einen erkennbar, die andern liegen im verborgenen. Erkennbar (*perspicuae*) sind diejenigen, die ein Begehren (*appetitio animi*) oder das Urteilsvermögen (*iudicium*) berühren; im verborgenen liegen diejenigen, die dem Schicksal (*fortuna*) unterworfen sind. Da nämlich nichts ohne Ursache geschieht, ist gerade dies eine Auswirkung des Schicksals: Sie kommt durch eine dunkle Ursache auf verborgene Weise zustande. Auch das, was man tut, ist zum Teil unbewußt (*ignorata*), zum Teil willentlich (*voluntaria*); unbewußt das, was schicksalhaft passiert, willentlich, was mit Bedacht getan wird. | Denn ein Geschoß schleudern ist ein Willensakt, aber einen andern treffen, den man gar nicht treffen wollte,

si telum manu fugit magis, quam iecit.

cadunt etiam in ignorationem atque imprudentiam
perturbationes animi; quae, quamquam sunt vo-
luntariae – obiurgatione enim et admonitione dei-
ciuntur –, tamen habent tantos motus, ut ea, quae
voluntaria sunt, aut necessaria interdum aut certe
ignorata videantur.

Toto igitur loco causarum explicato ex earum   65
differentia in magnis quidem causis vel oratorum
vel philosophorum magna argumentorum suppetit
copia; in vestris autem si non uberior, at fortasse
subtilior. privata enim iudicia maximarum quidem
rerum in iuris consultorum mihi videntur esse
prudentia. nam et adsunt multum et adhibentur in
consilia et patronis diligentibus ad eorum pruden-
tiam confugientibus hastas ministrant. in omnibus
igitur eis iudiciis, in quibus „ex fide bona" est ad-   66
ditum, ⟨plurimus earum usus est⟩; ubi etiam „ut
inter bonos bene agier oportet" in primisque in
arbitrio rei uxoriae, in quo est „quod aequius
melius", parati eis esse debent.

illi dolum malum,
illi fidem bonam,
illi aequum bonum,

ist Ausfluß des Schicksals. Hier wird in euren Gerichtsreden „der Sturmbock angesetzt":

> Wenn das Geschoß ihm mehr aus der Hand glitt, als daß er es schleuderte ...

Unter Unbewußtheit und Unbedachtheit fallen auch die Affekte (*perturbationes animi*); obwohl sie dem Willen unterworfen sind – durch Zurechtweisung und Ermahnung lassen sie sich nämlich beeinflussen –, bringen sie doch so starke Erregungen mit sich, daß das, was (eigentlich) ein Willensakt ist, bisweilen als zwanghaft oder wenigstens unbewußt (vollbracht) erscheint.

Nachdem nunmehr der gesamte Komplex der Ursachen (*causae*) abgehandelt ist, steht aus deren vielfältiger Beschaffenheit wenigstens für die wichtigen Fälle der Redner oder der Philosophen eine reiche Fülle von Argumenten zur Verfügung, bei euren (juristischen) Fällen aber eine zwar nicht reichere, vielleicht aber subtilere. Denn wichtige Entscheidungen in Privatsachen scheinen mir auf die Klugheit der Rechtsgelehrten angewiesen zu sein. Sie sind nämlich viel anwesend, werden zu den Beratungen hinzugezogen und liefern sorgfältigen Anwälten, die zu ihrem Sachverstand ihre Zuflucht nehmen, die Waffen. | Bei all den Verfahren also, bei denen sich die Formel „auf Treu und Glauben" (*ex fide bona*) findet, ⟨verwendet man sie sehr oft⟩; wo auch noch hinzugesetzt ist „wie es sich für einen guten Umgang unter Ehrenmännern gehört (*ut inter bonos bene agier*) und insbesondere in Mitgiftstreitigkeiten nach Scheidungen, wo die Formel lautet „wie es am gerechtesten und billigsten ist" (*quod aequius melius*), müssen (die Rechtsgelehrten) für sie zur Verfügung stehen. Sie waren es, die ⟨die Begriffe⟩

,arglistige Täuschung' (*dolus malus*),
,Treu und Glauben' (*fides bona*),
,billig und gut' (*aequum bonum*)

⟨entwickelt haben; sie waren es auch, die die Grundsätze dafür,⟩

illi, quid socium socio,
    quid eum, qui negotia aliena curasset,
        ei, cuius ea negotia fuissent,
    quid eum, qui mandasset, eumve, cui manda-
        tum esset, alterum alteri praestare oporteret,
    quid virum uxori,
    quid uxorem viro
tradiderunt. licebit igitur diligenter cognitis argumentorum locis non modo oratoribus et philosophis, sed iuris etiam peritis copiose de consultatio-
nibus suis disputare.

Coniunctus huic causarum loco ille locus est,   **XVIII**
qui efficitur ex causis. ut enim causa, quid sit effec-   67
tum, indicat, sic, quod effectum est, quae fuerit
causa, demonstrat. hic locus suppeditare solet oratoribus et poetis, saepe etiam philosophis, sed eis,
qui ornate et copiose loqui possunt, mirabilem co-
piam dicendi, cum denuntiant, quid ex quaque re
sit futurum. causarum enim cognitio cognitionem
eventorum facit.

Reliquus est comparationis locus, cuius genus et   68
exemplum supra positum est ut ceterorum; nunc
explicanda tractatio est.

Comparantur igitur ea, quae aut maiora aut mi-
nora aut paria dicuntur; in quibus spectantur haec:
numerus species vis, quaedam etiam ad res aliquas
adfectio.

Numero sic comparabuntur,   69
    plura bona ut paucioribus bonis anteponantur,
    pauciora mala malis pluribus,

was der Geschäftspartner seinem Partner
was derjenige, der fremde Geschäfte besorgt, dem,
    dessen Geschäfte es eigentlich gewesen wären,
was der Auftraggeber oder der, dem der Auftrag gegeben war,
    kurz: was der eine dem andern zu leisten hat,
was der Mann seiner Frau und
was die Frau ihrem Manne,

im Laufe der Zeit herausgearbeitet haben. Es wird also nicht nur Rednern und Philosophen, sondern auch den Rechtskundigen möglich sein, nach sorgfältigem Studium der Argumentationsmuster ausführlich über ihre Beratungsgegenstände zu diskutieren.

In enger Verbindung mit dem Topos, der von den Ursachen handelt, steht jener, der sich als durch Ursachen bewirkt (*qui efficitur ex causis*) darstellt. Wie nämlich eine Ursache anzeigt, was geschehen ist, so weist das, was bewirkt wurde, auf eine bewirkende Ursache hin. Dieses Argumentationsmuster pflegt Rednern und Dichtern, oft auch den Philosophen, insbesondere solchen, die kunstvoll und wortreich zu sprechen wissen, eine erstaunliche Wortfülle an die Hand zu geben, wenn sie nämlich darlegen, was aus der jeweiligen Ursache alles entstehen wird. Die Kenntnis der Ursachen liefert nämlich auch die Kenntnis ihrer Wirkungen.

Zu behandeln bleibt nun noch der Topos ‚Vergleich‘ (*comparatio*); wie für alles übrige habe ich auch dazu schon oben (§ 23) Art und Beispiel vorgestellt. Nun muß nur noch die Anwendung (*tractatio*) erklärt werden.

Verglichen werden also Dinge, die als größer oder als kleiner oder als gleich groß zu bezeichnen sind; unter ihnen beachtet man die folgenden Aspekte: Anzahl, Art, Bedeutung, sowie eine Art Relation.(*adfectio*) zu anderen Dingen.

Hinsichtlich der Anzahl (*numerus*) werden diese Dinge in der Weise verglichen, daß man

    mehr Gütern den Vorrang gibt vor weniger Gütern,
    weniger Übeln den Vorrang vor mehr Übeln,

diuturniora bona brevioribus,
longe et late pervagata angustis,
ex quibus plura bona propagentur
quaeque plures imitentur, ut faciant.

Specie autem comparantur,
    ut anteponantur, quae propter se expetenda
       sunt, eis, quae propter aliud,
    et ut innata atque insita adsumptis atque adven-
       ticiis,
    integra contaminatis,
    iucunda minus iucundis,
    honesta ipsis etiam utilibus,
    proclivia laboriosis,
    necessaria non necessariis,
    sua alienis.
    rara vulgaribus,
    desiderabilia eis, quibus facile carere possis,
    perfecta incohatis,
    tota partibus,
    ratione utentia rationis expertibus,
    voluntaria necessariis,
    animata inanimis,
    naturalia non naturalibus,
    artificiosa non artificiosis.

Vis autem in comparatione sic cernitur: 70

    efficiens causa gravior quam non efficiens;
    quae se ipsis contenta sunt, meliora
      quam quae egent aliis;
    quae in nostra
      quam quae in aliorum potestate sunt;
    stabilia incertis;
    quae eripi non possunt, eis,
      quae possunt.

längerlebigen Gütern vor Verbrauchsgütern,
sich weithin erstreckenden vor engbegrenzten,
auch denjenigen, aus denen mehr Güter hervorgehen
und die mehr Menschen nachahmen, um sie hervorzubringen.

Hinsichtlich der Art (*species*) werden Dinge in der Weise verglichen,

> daß diejenigen, die ihrer selbst wegen erstrebenswert sind, den Vorzug erhalten vor denen, die eines andern wegen erstrebt werden,
> und daß den Vorzug erhalten
> angeborene und eingepflanzte vor hinzugewonnenen und von außen kommenden,
> reine vor vermengten,
> angenehme vor weniger angenehmen,
> ehrenhafte sogar vor nützlichen,
> leichter erreichbare vor Mühe verursachenden,
> notwendige vor nicht notwendigen,
> eigene vor fremden,
> seltene vor häufigen,
> wünschenswerte vor leicht entbehrlichen,
> vollendete vor erst begonnenen,
> Ganzes vor Teilen,
> Vernunft Besitzendes vor Vernunftlosem,
> Freiwilliges vor Erzwungenem,
> Belebtes vor Unbelebtem,
> Natürliches vor Unnatürlichem,
> Kunstvolles vor Kunstlosem.

Die Bedeutung (*vis*) aber wird beim Vergleich wie folgt gesehen:

> Eine bewirkende Ursache ist gewichtiger als eine wirkungslose.
> Was mit sich selbst zufrieden ist, ist besser als das,
> was eines andern bedarf.
> Was in unserer Verfügungsmacht steht, ist besser als das,
> worüber ein anderer verfügt.
> Sicheres (ist besser) als Unsicheres.
> Was einem nicht entrissen werden kann, (ist besser) als das,
> was einem entrissen werden kann.

Adfectio autem ad res aliquas est huius modi:

> principum commoda maiora quam reliquorum;
> itemque quae iucundiora,
> quae pluribus probata,
> quae ab optimo quoque laudata.

Atque ut haec in comparatione meliora, sic deteriora, quae eis sunt contraria.

Parium autem comparatio nec elationem habet   71
nec summissionem; est enim aequalis. multa autem sunt, quae aequalitate ipsa comparantur; quae ita fere concluduntur:

> Si consilio iuvare cives et auxilio aequa in laude
> ponendum est, pari gloria debent esse ei, qui
> consulunt, et ei, qui defendunt;
> at quod primum, est;
> quod sequitur, igitur.

Perfecta est omnis argumentorum inveniendorum praeceptio, ut, cum profectus sis a definitione, a partitione, a notatione, a coniugatis, a genere, a formis, a similitudine, a differentia, a contrariis, ab adiunctis, a consequentibus, ab antecedentibus, a repugnantibus, a causis, ab effectis, a comparatione maiorum minorum parium, nulla praeterea sedes argumenti quaerenda sit.

Sed quoniam ita a principio divisimus, ut alios   XIX
locos diceremus in eo ipso, de quo ambigitur, hae-   72
rere, de quibus satis est dictum, alios adsumi extrinsecus, de eis pauca dicamus, etsi ea nihil omni-

Die Relation (*adfectio*) zu anderen Dingen aber ist von folgender Art:

> Die Vorteile der führenden Persönlichkeiten überwiegen die der übrigen Menschen,
> ebenso (gelten die Dinge als vorteilhafter), die angenehmer sind, die der Mehrheit gefallen, die gerade von den Besten gelobt werden.

Und wie die genannten Güter im Vergleich die besseren sind, so sind diejenigen die schlechteren, die deren Gegenteil darstellen.

Der Vergleich gleicher Dinge (*parium comparatio*) kennt keine Über- und keine Unterordnung; er ist nämlich ausgeglichen. Es gibt aber doch vieles, was gerade bezüglich dieser Ausgeglichenheit verglichen wird; hinsichtlich solcher Dinge wird in der Regel so geschlußfolgert:

> Wenn es gleiches Lob verdient, die Bürger mit klugem Rat zu unterstützen wie mit tätiger Hilfe, müssen diejenigen, die ihnen solchen Rat erteilen, gleiches Lob verdienen wie diejenigen, die sie verteidigen.
> Nun trifft aber zu, was im Vordersatz ausgesagt ist.
> Folglich gilt auch, was (aus ihm) folgt.

Zu Ende gebracht ist damit die gesamte Lehre vom Auffinden der Argumente (*argumentorum inveniendorum praeceptio*), so daß man also, wenn man von der Definition, der Einteilung, der Etymologie, der Wortverwandtschaft, der Gattung, der Art, der Ähnlichkeit, der Verschiedenheit, den Gegensätzen, den Analogien, den Folgen, den Voraussetzungen, den Widersprüchen, den Ursachen, den Wirkungen, dem Vergleich mit Größerem, Kleinerem, Gleichem ausgeht, keinen weiteren ,Sitz eines Arguments' (*sedes argumenti*) mehr zu suchen braucht.

Da wir aber von Anfang an (§ 8) die Einteilung so vorgenommen haben, daß wir sagten, die einen Topoi hätten ihren Sitz genau in dem, worum der Streit geht (*in eo ipso, de quo ambigitur*) – und davon war hinreichend die Rede –, man aber andere (Topoi) von außen (*extrinsecus*) beiziehen

no ad vestras disputationes pertinent; sed tamen
totam rem efficiamus, quandoquidem coepimus.
neque enim tu is es, quem nihil nisi ius civile delec-
tet, et quoniam haec ita ad te scribuntur, ut etiam
in aliorum manus sint ventura, detur opera, ut
quam plurimum eis, quos recta studia delectant,
prodesse possimus.

Haec ergo argumentatio, quae dicitur artis ex-   73
pers, in testimonio posita est. testimonium autem
dicimus omne, quod ab aliqua re externa sumitur
ad faciendam fidem. persona autem non, qualis-
cumque est, testimoni pondus habet; ad fidem
enim faciendam auctoritas quaeritur; sed auctoritatem aut natura aut tempus adfert. naturae auctoritas in virtute inest maxima; in tempore autem
multa sunt, quae adferant auctoritatem: ingenium,
opes, aetas, forma, ars, usus, necessitas, concursio
etiam nonnumquam rerum fortuitarum.

Nam et ingeniosos et opulentos et aetatis spatio
probatos dignos, quibus credatur, putant; non
recte fortasse, sed vulgi opinio mutari vix potest ad
eamque omnia dirigunt, et qui iudicant et qui ex-
istimant. qui enim rebus his, quas dixi, excellunt,
ipsa virtute videntur excellere.

Sed reliquis quoque rebus, quas modo enumera-   74
vi, quamquam in his nulla species virtutis est, tamen interdum confirmatur fides, si aut ars quaedam adhibetur – magna est enim vis ad persua-

müsse, wollen wir nun auch noch über diese einiges ausführen, auch wenn dies keinerlei Bezug zu euren (juristischen) Erörterungen hat. Wir wollen unseren Gegenstand dennoch vollständig abhandeln, da wir nun schon einmal damit begonnen haben. Und du bist ja auch nicht einer, dem nichts weiter als unser Rechtssystem allein Spaß machen kann, und da ich meine Ausführungen in eine Form gefaßt habe, in der sie, wiewohl an dich gerichtet, doch auch anderen Leuten in die Hand gelangen können, soll mein Streben darauf gerichtet sein, daß alle, denen ein systematisches Studium Freude macht, auch möglichst großen Nutzen davon haben.

Diese Argumentationsform also, die man als ‚kunstlos‘ (*artis expers*) bezeichnet (§ 24), stützt sich auf ein Beweismittel (*testimonium*). Als Beweismittel bezeichne ich hier alles, was von einem außen liegenden Umstand genommen wird, um Glaubwürdigkeit zu erzielen. Es hat aber nicht jede beliebige Person das Gewicht eines Beweismittels; denn zur Erweckung von Glaubwürdigkeit ist Autorität vonnöten. Autorität aber schafft die Natur oder die Zeit. Natürliche Autorität wohnt in hohem Maße der Tugend inne; von der Zeit aber hängt viel ab, was Autorität begründen kann: Begabung, Reichtum, Alter, Schönheit, Kunstfertigkeit, Erfahrung, Zwang, manchmal auch das Zusammentreffen zufälliger Umstände.

Denn die Begabten, die Reichen und die in einem langen Leben Bewährten hält man für glaubwürdig – möglicherweise zu Unrecht, aber die öffentliche Meinung läßt sich kaum ändern, und nach ihr richten sich nun einmal sowohl diejenigen, die urteilen, als auch die, die ihre Meinung äußern, in allem. Denn diejenigen, die sich in den genannten Punkten auszeichnen, scheinen sich gerade durch ihre Tugend auszuzeichnen.

Aber auch durch die übrigen Dinge, die ich soeben aufgezählt habe, wird, obwohl ihnen kein Anschein von Tugend zukommt, doch bisweilen Vertrauenswürdigkeit begründet, wenn entweder eine Art Kunstgriff angewendet wird – groß ist nämlich die Bedeutung genauer Kenntnisse für die Über-

dendum scientiae – aut usus; plerumque enim cre-
ditur eis, qui experti sunt. facit etiam necessitas   XX
fidem, quae tum a corporibus tum ab animis nasci-
tur. nam et verberibus tormentis igni fatigati quae
dicunt, ea videtur veritas ipsa dicere; et quae per-
turbationibus animi, dolore cupiditate iracundia
metu, quia necessitatis vim habent, adferunt auctoritatem et fidem. cuius generis etiam illa sunt, ex   75
quibus nonnumquam verum invenitur, pueritia
somnus imprudentia vinolentia insania. nam et
parvi saepe indicaverunt aliquid, quo id pertineret,
ignari; et per somnum vinum insaniam multa saepe patefacta sunt. multi etiam in res odiosas im-
prudenter inciderunt, ut Staieno nuper accidit, qui
ea locutus est bonis viris subauscultantibus pariete
interposito, quibus patefactis in iudiciumque pro-
latis ille rei capitalis iure damnatus est.

Concursio autem fortuitorum talis est, ut, si in-   76
terventum est casu, cum aut ageretur aliquid, quod
proferendum non esset, aut diceretur. in hoc genere etiam illa est in Palamedem coniecta suspicion-
um proditionis multitudo; quod genus refutare
interdum veritas vix potest. huius etiam est generis
fama vulgi, quoddam multitudinis testimonium.

Quae autem virtute fidem faciunt, ea bipertita
sunt; ex quibus alterum natura valet, alterum industria. deorum enim virtus natura excellit, ho-
minum autem industria.

Divina haec fere sunt testimonia: primum ora-   77
tionis – oracula enim ex eo ipso appellata sunt,

zeugungskraft – oder Erfahrung (sichtbar wird); meistenfalls
nämlich glaubt man denen, die Erfahrung besitzen. | Auch
der Zwang schafft Glaubwürdigkeit; er geht bald vom Körper, bald von der Seele aus. Denn was Menschen, die durch
Schläge, Folterwerkzeuge, Feuer mürbe gemacht wurden,
aussagen, das gilt als von der Wahrheit selbst gesprochen,
und was Menschen im Affekt, im Schmerz, in leidenschaftli-
cher Erregung, im Jähzorn, in Furcht äußern, erzeugt ver-
läßliche Glaubwürdigkeit, weil diese Affektionen die Kraft
einer Zwangslage haben. | Von dieser Art ist auch das, wor-
aus man mitunter die Wahrheit findet: Kindermund, Schlaf,
Unbedachtheit, Trunkenheit, Wahnsinn. Denn auch die
Kleinen haben schon oft etwas angezeigt, ohne zu wissen,
wofür es von Belang sein könnte, und im Schlaf, Rausch und
Wahn ist schon so manches Geheimnis gelüftet worden.
Viele sind auch aus Unbedachtheit in schlimme Situationen
geraten, wie es kürzlich dem Staienus widerfuhr, der, während Ehrenmänner, durch eine Zwischenwand getrennt, mit-
hörten, Äußerungen tat, aufgrund deren er, nachdem sie
offengelegt und vor Gericht gebracht waren, in einem Kapi-
talprozeß mit Recht verurteilt wurde.
     Ein Zusammentreffen zufälliger Umstände aber (*concursio
fortuitorum*) ist dann gegeben, wenn man z. B. zufällig dazu-
kam, als etwas verhandelt wurde, was nicht bekannt werden
sollte, oder derartiges geäußert wurde. Hierzu rechnen auch
jene zahlreichen auf einen Verrat hindeutenden Verdachts-
momente, die gegen Palamedes zusammengetragen wurden;
gegen solcherlei kommt mitunter selbst die Wahrheit kaum
an. Hierzu zählt weiterhin ein Gerede im Volk, eine Art von
Zeugenaussage der Menge.
     Was aber aufgrund von Tugend (*virtus*) Vertrauenswür-
digkeit begründet, ist zweigeteilt; davon hat die eine Art
Gewicht durch Natur, die andere durch Leistung. Die
Tugend der Götter nämlich ragt von Natur hervor, die von
Menschen durch Leistung.
     Göttlichen Ursprungs sind im allgemeinen die folgenden
Beweismittel: zuerst die der mündlichen Äußerung – *oracula*

quod inest his deorum oratio –; deinde rerum, in
quibus insunt quasi quaedam opera divina: primum ipse mundus eiusque omnis ordo et ornatus;
deinceps aerii volatus avium atque cantus; deinde
eiusdem aeris sonitus et ardores multarumque rerum in terra portenta atque etiam per exta praesensio; a dormientibus quoque multa significata visis.
quibus ex locis sumi interdum solent ad fidem faciendam testimonia deorum.

In homine virtutis opinio valet plurimum. opinio autem est non modo eos virtutem habere, qui
habeant, sed eos etiam, qui habere videantur. itaque quos ingenio, quos studio, quos doctrina
praeditos vident quorumque vitam constantem et
probatam, ut Catonis Laeli Scipionis aliorumque
plurium, rentur eos esse, qualis se ipsi velint; nec
solum eos censent esse talis, qui in honoribus populi reque publica versantur, sed et oratores et
philosophos et poetas et historicos, ex quorum et
dictis et scriptis saepe auctoritas petitur ad faciendam fidem.

Expositis omnibus argumentandi locis illud primum intellegendum est, nec ullam esse disputationem, in qua non aliquis locus incurrat, nec fere
omnis locos incidere in omnem quaestionem et
quibusdam quaestionibus alios esse aptiores locos.

Quaestionum duo genera: alterum infinitum,
definitum alterum. definitum est, quod ὑπόθεσιν

(Orakel) werden nämlich gerade deshalb so genannt, weil ihnen eine *oratio* (Rede) von Göttern zugrunde liegt –; sodann die der Dinge, denen gleichsam so etwas wie Götterwirken innewohnt: zuerst die Welt selbst, ihre gesamte Ordnung und Schönheit; sodann der Flug der Vögel in den Lüften und ihr Gesang; weiterhin Geräusche ebendieser Luft, Feuererscheinungen und Wunderzeichen vieler Art auf der Erde und auch die durch Eingeweideschau festgestellten Vorbedeutungen; auch von Schlafenden ist schon viel aufgrund von Traumgesichten angegeben worden. Aus diesen Bereichen pflegt man bisweilen Zeugnisse der Götter zu entnehmen, um Glaubwürdigkeit zu erzielen.

Beim Menschen hat die Vermutung, er besitze Tugend, die meiste Wirkung. Diese Vermutung geht davon aus, daß nicht nur diejenigen Tugend besitzen, die sie auch tatsächlich haben, sondern auch die, welche sie nur zu haben scheinen. Deshalb rechnet man Menschen, die offensichtlich mit Geist, mit Streben, mit Bildung ausgestattet sind und ein geradliniges und angesehenes Leben führten, also Männer wie Cato, Laelius, Scipio und viele weitere, zu denen, die so sind, wie man selbst gern wäre; und man glaubt, daß nicht nur die so sind, die beim Volk in Ehren stehen und politisch tätig sind, sondern auch die Redner und Philosophen, die Dichter und Geschichtsschreiber, aus deren Worten und Schriften man oftmals Autorität herleitet, um Glaubwürdigkeit zu bewirken.

Nachdem nun alle Argumentationsmuster dargestellt sind, muß man sich als erstes zu eigen machen, daß es keine Diskussion gibt, die nicht mit irgendeinem dieser Topoi zu tun hätte, aber auch, daß sich im allgemeinen nicht alle diese Ansatzpunkte für jegliche Untersuchung eignen und daß für bestimmte Untersuchungen die einen mehr hergeben, für andere die andern.

Von den Untersuchungen (*quaestiones*) gibt es zwei Arten: Die eine ist unbegrenzt (*genus infinitum*), die andere begrenzt (*genus definitum*). ‚Begrenzt‘ ist die Art, welche die

Graeci, nos causam; infinitum, quod θέσιν illi
appellant, nos propositum possumus nominare.
causa certis personis locis temporibus actionibus   80
negotiis cernitur aut in omnibus aut in plerisque
eorum, propositum autem aut in aliquo eorum aut
in pluribus nec tamen in maximis. itaque propositum pars est causae. sed omnis quaestio earum aliqua de re est, quibus causae continentur, aut una
aut pluribus aut nonnumquam omnibus.

Quaestionum autem ‚quacumque de re‘ duo   81
sunt genera: unum cognitionis, alterum actionis.

Cognitionis sunt eae, quarum est finis scientia, ut   82
si quaeratur,

> a naturane ius profectum sit an ab aliqua quasi
> condicione hominum et pactione.

Actionis autem huius modi exempla sunt:

> sitne sapientis ad rem publicam accedere.

Cognitionis quaestiones tripertitae sunt; aut sit
necne sit aut quid sit aut quale sit, quaeritur. Horum primum coniectura, secundum definitione,
tertium iuris et iniuriae distinctione explicatur.

Coniecturae ratio in quattuor partes distributa
est, quarum una est, cum quaeritur, sitne aliquid;
altera, unde ortum sit; tertia, quae id causa effece-

Griechen ‚hypothesis‘, wir aber *causa* (Spezialfall) nennen; ‚unbegrenzt‘ die Art, die jene ‚thesis‘, wir *propositum* (Generalthema) nennen können. | Der Spezialfall wird an bestimmten Personen, Orten, Zeiten, Handlungen, Geschäften festgemacht, entweder an all diesen oder doch an den meisten davon; das Generalthema hingegen entweder an irgendeinem davon oder an mehreren, nicht jedoch an den wichtigsten. Daher ist das Generalthema ⟨auch⟩ Bestandteil des Spezialthemas. Jede Untersuchung handelt aber von irgendeinem der Sachverhalte, die das Wesen der Spezialfälle ausmachen, von einem einzigen oder von mehreren, manchmal auch von allen.

Von den Untersuchungen ‚über jede beliebige Sache‘ (*quacumque de re*) gibt es zwei Arten: die auf (theoretische) Erkenntnis (*cognitio*) zielende und die auf (praktische) Wirkung (*actio*) abgestellte.

Zur theoretisierenden Erörterung gehören die Fragestellungen, deren Ziel Erkenntnisgewinn ist, z. B., wenn gefragt wird,

> ob das Recht von Natur aus entstanden ist oder gleichsam durch eine Art Verabredung und Vertrag zwischen den Menschen.

Für die auf praktische Wirkung abzielende Erörterung sehen die Beispiele wie folgt aus:

> Ob es Sache eines Weisen ist, sich mit Politik zu befassen.

Die der theoretisierenden Erörterung zuzurechnenden Untersuchungen sind dreigegliedert; es wird da nach der Existenz (*sit necne sit*) gefragt oder nach dem Wesen (*quid sit*) oder nach der Beschaffenheit (*quale sit*). Die erste dieser Fragen wird durch Mutmaßung geklärt, die zweite durch Definition, die dritte durch Unterscheidung von Recht und Unrecht.

Die Methode des Mutmaßens gliedert sich in vier Gruppen: Die erste liegt dann vor, wenn gefragt wird, ob etwas ist (*sitne aliquid*), die zweite (dann, wenn man fragt), woraus etwas entstanden ist (*unde ortum sit*); die dritte (bei der

rit; quarta, in qua de commutatione rei quaeritur.
Sitne sic:

    ecquidnam sit honestum, ecquid aequum re
    vera; an haec tantum in opinione. –
Unde autem sit ortum: ut cum quaeritur,
    natura an doctrina possit effici virtus.

Causa autem efficiens sic quaeritur:

    quibus rebus eloquentia efficiatur.
De commutatione sic:
    possitne eloquentia commutatione aliqua con-
    verti in infantiam.

Cum autem, quid sit, quaeritur, notio explicanda   **XXII**
est et proprietas et divisio et partitio. haec enim   83
sunt definitioni attributa; additur etiam descriptio,
quem χαραχτῆρα Graeci vocant.

Notio sic quaeritur:
    sitne id aequum, quod ei, qui plus potest, utile
    est.
Proprietas sic:
    in hominemne solum cadat an etiam in beluas
    aegritudo.
Divisio et eodem pacto partitio sic:
    triane genera bonorum sint.
Descriptio,
    qualis sit avarus, qualis adsentator
ceteraque eiusdem generis, in quibus et natura et
vita describitur.
Cum autem quaeritur, quale quid sit, aut simplici-   84
ter quaeritur aut comparate.

Frage), welche Ursache dies bewirkt hat (*quae id causa effe-cerit*); und die vierte ist die, bei der man nach der Veränderung einer Sache fragt (*de commutatione rei*).
(Die Frage,) ob etwas ist, (illustriere folgendes Beispiel):

> Ob es denn etwas Anständiges, ob etwas Gerechtes wirklich gibt oder ob diese Begriffe nur auf vager Meinung fußen. –

Woraus etwas entstanden ist aber, wenn z. B. gefragt wird,

> ob Tugend durch Naturanlage oder durch Unterweisung hervorgebracht werden kann.

Nach der bewirkenden Ursache aber wird folgendermaßen gefragt:

> Wodurch wird Beredsamkeit erzeugt?

Nach der Veränderung (schließlich) so:

> Kann sich Sprechfertigkeit durch irgendwelche Einflüsse in ein Unvermögen zu sprechen verwandeln?

Wenn man aber die Frage stellt, was (etwas) sei, muß ein Begriff (*notio*) erklärt werden, dazu dessen Eigentümlichkeit (*proprietas*), Gliederung (*divisio*) und Einteilung (*partitio*). Dies sind der Definition (*definitio*) zuzurechnende Aspekte. Hinzu tritt noch die Beschreibung (*descriptio*), welche die Griechen ‚*charakter*‘ nennen.
Nach dem Begriff fragt man so:

> Ob das gerecht ist, was dem Mächtigeren nützt –

nach der Eigentümlichkeit so:

> Ob Kummer nur den Menschen befällt oder auch Tiere –

nach der Gliederung und Einteilung auf gleiche Weise so:

> Ob es drei Arten von Gütern gibt. –

Die Beschreibung:

> Wie geartet ist ein Geizhals, ein Schmeichler? –

und das übrige von derselben Art, wodurch Naturanlage wie Lebensart charakterisiert werden.
Wenn aber gefragt wird, von welcher Beschaffenheit etwas sei, stellt man die Frage entweder einfach (*simpliciter*) oder in der Form eines Vergleichs (*comparate*):

simpliciter:
  expetendane sit gloria.

comparate:
  praeponendane sit divitiis gloria.

  Simplicium tria genera sunt: de expetendo fugiendoque, de aequo et iniquo, de honesto et turpi. comparationum autem duo: unum de eodem et
alio, alterum de maiore et minore.

De expetendo et fugiendo huius modi:

  si expetendae divitiae, si fugienda paupertas.
De aequo et iniquo:
  aequumne sit ulcisci, a quocumque iniuriam
  acceperis.
De honesto et turpi:
  honestumne sit pro patria mori.
Ex altero autem genere, quod erat bipertitum,   85
unum de eodem et alio 〈, ut si quaeratur〉:
  quid intersit inter amicum et adsentatorem,
  regem et tyrannum;

alterum de maiore et minore, ut si quaeratur,

  eloquentiane pluris sit an iuris civilis scientia.

De cognitionis quaestionibus hactenus.

  Actionis reliquae sunt, quarum duo genera: 86
unum ad officium, alterum ad motum animi vel
gignendum vel sedandum planeve tollendum.

einfach:

Ist Ruhm erstrebenswert? –

in Vergleichsform:

Soll man Ruhm dem Reichtum vorziehen?

Von den einfachen Fragestellungen gibt es drei Arten: vom Anzustrebenden und vom zu Meidenden, vom Gerechten und vom Ungerechten, vom Anständigen und vom Schändlichen; von den Fragen in Vergleichsform aber zwei (Arten): Die eine Art handelt von Identität und Verschiedenheit, die andere vom Größeren und vom Kleineren. Nach dem Erstrebenswerten und dem zu Meidenden (fragt man) folgendermaßen:

Ob Reichtum zu erstreben sei, ob man Armut meiden soll –

nach dem Gerechten und dem Ungerechten:

Ob es gerecht ist, sich an jedem zu rächen, von dem einem Unrecht widerfahren ist –

nach dem Anständigen und dem Schändlichen:

Ob es ehrenvoll ist, für das Vaterland zu sterben.

Von der zweiten Hauptgruppe aber (d. h. von der des Vergleichs, § 84), die ihrerseits zweigeteilt war, zielt die eine Art auf Identität und Verschiedenheit (*de eodem et alio*), ⟨wenn z. B. gefragt wird⟩,

was der Unterschied sei zwischen einem Freund und einem Schmeichler, zwischen einem König und einem Tyrannen;

die andere handelt vom Größeren und Kleineren (*de maiore et minore*), wenn die Frage z. B. lautet,

ob Beredsamkeit oder Kenntnis unseres Rechtssystems mehr wert ist.

Soweit von den Untersuchungen, die auf den Gewinn theoretischer Kenntnisse abzielen.

Bleiben noch die mit praktischer Wirkung (*actio*) rechnenden Fragestellungen (zu behandeln), von denen es zwei Arten gibt. Die eine davon bezieht sich auf die Pflicht, die andere auf den Affekt, der erzeugt oder gedämpft oder völlig behoben werden soll.

Ad officium, ut si quaeritur:
  suscipiendine sint liberi.

Ad movendos animos
  cohortationes ad defendendam rem publicam,
  ad laudem, ad gloriam;

ex quo genere sunt querellae incitationes misera-
tionesque flebiles; rursusque oratio tum iracun-
diam restinguens, tum metum eripiens, tum exsul-
tantem laetitiam comprimens, tum aegritudinem
abstergens. haec cum in propositi quaestionibus
genera sint, eadem in causas transferuntur.

Loci autem, qui ad quasque quaestiones accom-   **XXIII**
modati sint, deinceps est videndum. omnes illi   87
quidem ad plerasque, sed alii ad alias, ut dixi,
aptiores.

Ad coniecturam igitur maxime apta, quae ex
causis, quae ex effectis, quae ex adiunctis sumi
possunt.

Ad definitionem autem pertinet ratio et scientia
definiendi. atque huic generi finitimum est illud,
quod appellari ‚de eodem et de altero‘ diximus,
quod genus forma quaedam definitionis est; si
enim quaeratur,

  idemne sit pertinacia et perseverantia,

definitionibus iudicandum est. loci autem conve-   88
nient in eius generis quaestionem consequentis an-
tecedentis repugnantis; coniuncti etiam eis, qui sumuntur ex causis et effectis; nam

Bezüglich der Pflicht, wenn z. B. gefragt wird,

> ob man Kinder aufziehen soll.

Zur Erregung von Affekten taugen

> Aufrufe zur Verteidigung der Republik,
> (zum Einsatz) für Ruhm und Ehre;

hierzu gehören auch Klagen, Anfeuerungen und tränenreiche Jammerreden, andererseits wieder eine Rede, so (gehalten), daß sie bald Jähzorn beschwichtigt, bald Furcht nimmt, bald Freudentaumel dämpft, bald Kummer stillt. Dies sind zwar die Arten, die für Untersuchungen über ein Generalthema (*propositum*) bestimmt sind, sie lassen sich aber auch auf Spezialfälle (*causae*) übertragen.

Welche Topoi aber zu den jeweiligen Fragestellungen passen, das ist jetzt an der Reihe. Sie sind gewiß allesamt auf die meisten Fälle anwendbar, aber zum jeweiligen (konkreten) Fall passen – wie gesagt (§ 79) – manche besser als die andern.

Für die Mutmaßung (*coniectura*) sind am meisten diejenigen geeignet, die aus Ursachen (*ex causis*), aus Wirkungen (*ex effectis*) und aus Analogien (*ex adiunctis*) genommen werden können.

Zur Definition (*definitio*) aber gehören Methode und Kenntnis des Definierens. Verwandt mit dieser Gruppe (von Argumentationsmustern) ist jenes, von dem wir sagten (§ 84), es werde ‚von der Identität und der Verschiedenheit‘ (*de eodem et alio*) genannt, wobei es sich um so etwas wie eine Sonderform der Definition handelt; wenn man nämlich fragt,

> ob Hartnäckigkeit und Ausdauer dasselbe sind,

muß man die Entscheidung mit Hilfe von Definitionen treffen. | Als Topoi aber werden zu einer Untersuchung dieser Art die der Folge (*consequens*), der Voraussetzung (*antecedens*) und des Widerspruchs (*repugnans*) passen. Sie hängen auch mit denen zusammen, die man aus den Ursachen (*causae*) und deren Wirkungen (*effecta*) gewinnt. Beispielsweise,

si hanc rem illa sequitur, hanc autem non se-
    quitur;
aut si huic rei illa antecedit, huic non antecedit;
aut si huic rei repugnat, illi non repugnat;
aut si huius rei haec, illius alia causa est;
aut si ex alio hoc, ex alio illud effectum est:

ex quovis horum id, de quo quaeritur, idemne an aliud sit, inveniri potest.

Ad tertium genus quaestionis, in quo, quale sit, quaeritur, in comparationem ea cadunt, quae paulo ante in comparationis loco enumerata sunt.   89

In illud autem genus, in quo de expetendo fugiendoque quaeritur, adhibentur ea, quae sunt aut animi aut corporis aut externa vel commoda vel incommoda.

Itemque, cum de honesto turpique quaeritur, ad animi bona aut mala omnis oratio dirigenda est.

Cum autem de aequo et iniquo disseritur, aequi-tatis loci conligentur. hi cernuntur bipertito, et natura et instituto.   90

natura partes habet duas,
    tributionem sui cuique
    et ulciscendi ius.
institutio autem aequitatis tripertita est:
    una pars legitima est,
    altera conveniens,
    tertia moris vetustate firmata.

wenn auf diese Sache (regelmäßig) jene folgt,
  sie aber auf die vorliegende nicht folgt;
oder wenn dieser Sache (normalerweise) jene vorausgeht,
  der vorliegenden aber nicht;
oder wenn ein Sachverhalt dem vorliegenden widerspricht,
  dem andern aber nicht;
oder wenn für diese Sache diese,
  für jene aber eine andere Ursache vorliegt;
oder wenn von dem einen dies,
  von dem andern aber jenes bewirkt worden ist:

Aus jedem beliebigen von diesen Mustern kann hinsichtlich der Frage, um die es geht, festgestellt werden, ob Identität vorliegt oder nicht.

Im Rahmen der dritten Art der Untersuchung, in der es um die Beschaffenheit geht (*quale sit*), fallen die Güter unter den Vergleich (*comparatio*), die kurz zuvor (§ 68 ff.) bei dem Argumentationstypus des Vergleichs aufgezählt wurden.

Bei jener Art aber, bei der nach dem Anzustrebenden und dem zu Meidenden (*de expetendo fugiendoque*) gefragt wird, werden die Momente herangezogen, die vorteilhaft oder nachteilig sind für die Seele, den Körper oder für außerhalb des Menschen Liegendes.

Ebenso muß man, wenn nach dem Anständigen und dem Schändlichen gefragt wird, die gesamte Rede auf das abstellen, was für die Seele ein Gut oder ein Übel ist.

Wenn aber über das Gerechte und das Ungerechte (*de aequo et iniquo*) gehandelt wird, werden die Argumentationsmuster der Gerechtigkeit beizuziehen sein. Sie gliedern sich in zwei Teile: in Naturrecht und positives Recht.

Das Naturrecht hat zwei Teile:
  die Zuteilung dessen, was einem jeden zusteht,
  und das Recht der Vergeltung.

Das positive Recht aber ist dreigegliedert:
  Ein Teil handelt von den Gesetzen,
  der zweite von Verträgen,
  der dritte ist durch alten Brauch gefestigt.

De proposito satis multa; deinceps de causa **XXIV**
pauciora dicenda sunt. pleraque enim sunt ei cum
proposito communia.

Tria sunt genera causarum: iudici deliberationis 91
laudationis. quarum fines ipsi declarant, quibus
utendum locis sit. nam iudici finis est ius, ex quo
etiam nomen. iuris autem partes tum expositae,
cum aequitatis. deliberandi finis utilitas, cuius eae
partes, quae modo expositae. laudationis finis honestas, de qua item est ante dictum. sed definitae 92
quaestiones a suis quaeque locis quasi propriis instruuntur.

... quae in accusationem defensionemque parti-
tae; in quibus exsistunt haec genera, ut accusator
personam arguat facti, defensor aliquid opponat
de tribus:
  aut non esse factum
  aut, si sit factum, aliud eius facti nomen esse
  aut iure esse factum.

Itaque aut infitialis aut coniecturalis prima appel-
letur, definitiva altera, tertia, quamvis molestum
nomen hoc sit, iuridicialis vocetur. harum causa- **XXV**
rum propria argumenta ex eis sumpta locis, quos
exposuimus in praeceptis oratoriis, explicata sunt.

Refutatio autem accusationis, in qua est depul- 93
sio criminis, quoniam Graece στάσις dicitur, ap-

Über das Generalthema (*propositum*) ist damit genug gesagt. Nun muß nur noch wenig über den Spezialfall (*causa*) ausgeführt werden, denn er hat das meiste mit dem Generalthema gemeinsam.

Es gibt drei Arten von Spezialfällen: den Fall vor Gericht, den der Beratung und die Lobrede. Ihre Zwecke erklären von selbst, welche Topoi man anwenden kann. Ziel der Verhandlung vor Gericht (*iudici finis*) ist nämlich (die Findung des) Rechts (*ius*), wovon ja auch die Bezeichnung *iudicium* (Gericht) kommt. Die Teile des Rechts aber sind dort dargestellt, wo von denen der Gerechtigkeit gehandelt wurde (§ 90). Ziel der Beratung (*deliberandi finis*) ist der Nutzen, dessen Teile die sind, die soeben vorgestellt wurden (§ 84). Zweck der Lobrede (*laudationis finis*) ist es, vorbildhaftes Verhalten herauszustellen, wovon ebenfalls schon oben die Rede war (§ 78). | Die ‚begrenzten‘ Untersuchungen (*definitae quaestiones*) aber werden jeweils von den ihnen gewissermaßen wesenseigenen Ansatzpunkten (*loci proprii*) her eingerichtet.

(...) Sie sind in Anklage (*accusatio*) und Verteidigung (*defensio*) gegliedert: bei ihnen treten folgende Arten auf: daß der Ankläger eine Person einer Tat beschuldigt, der Verteidiger aber eines von den folgenden drei Argumenten dagegensetzt:

entweder, daß die Tat gar nicht begangen wurde,
oder daß sie, wenn sie denn begangen wurde, anders zu klassifi-
oder daß sie mit Recht begangen wurde.   [zieren sei,

Deshalb könnte man die erste Art ‚abstreitend‘ (*quaestio infitialis*) oder ‚mutmaßend‘ (*coniecturalis*) nennen, die zweite ‚auf Definition zielend‘ (*definitiva*) und die dritte, obwohl dieses Wort beschwerlich ist, als ‚das Recht (als solches) betreffend‘ (*iuridicialis*) bezeichnen. | Die für diese Fälle eigentümlichen, aus den oben dargestellten Topoi entnommenen Argumente (*propria argumenta*) habe ich in den Vorschriften für den Redner entwickelt.

Die Zurückweisung (*refutatio*) einer Anklage aber, in der die Abwehr eines Schuldvorwurfs besteht, könnte man im

pelletur Latine ‚status‘; in quo primum insistit
quasi ad repugnandum congressa defensio.

Atque in deliberationibus etiam et laudationibus
idem exsistunt status; nam et negantur saepe ea
futura, quae ab aliquo in sententia dicta sunt fore,
si aut omnino fieri non possint aut sine summa
difficultate non possint; in qua argumentatione
status coniecturalis exsistit; aut cum aliquid de uti-   94
litate honestate aequitate disseritur deque eis rebus, quae his sunt contrariae, incurrunt status aut
iuris aut nominis.

Quod idem contingit in laudationibus; nam
aut negari potest id factum esse, quod laudetur,
aut non eo nomine adficiendum, quo laudator
  adfecerit,
aut omnino non esse laudabile, quod non recte,
  non iure factum sit.

quibus omnibus generibus usus est nimis impu-
denter Caesar contra Catonem meum.
Sed quae ex statu contentio efficitur, eam Graeci   95
κρινόμενον vocant; mihi placet id, quoniam quidem ad te scribo, ‚qua de re agitur‘ vocari. quibus
autem hoc, de quo agitur, continetur, ea ‚continentia‘ vocentur, quasi firmamenta defensionis,
quibus sublatis defensio nulla sit.

Sed quoniam lege firmius in controversiis dis-
ceptandis esse nihil debet, danda est opera, ut legem adiutricem et testem adhibeamus. in qua re
alii quasi status exsistunt novi, qui appellentur ‚le-

Lateinischen *status* (Position) nennen, weil sie im Griechischen ja ‚stasis‘ heißt; darin bezieht die gleichsam zur
Abwehrschlacht angetretene Verteidigung Stellung.

Und auch in den Beratungsreden (*in deliberationibus*) und
in Lobreden (*in laudationibus*) ergeben sich dieselben Positionen. Denn auch da wird oft bestritten, daß das geschehen
wird, wovon jemand in seiner Stellungnahme behauptet hat,
es werde (sicher) eintreten, wenn das nämlich überhaupt nicht
oder höchstens unter äußersten Schwierigkeiten geschehen
könnte. In dieser Argumentationsweise liegt (somit) die Posi-
tion der Mutmaßung (*status coniecturalis*) vor; | oder wenn
etwas über Nutzen, Anstand, Billigkeit ausgeführt wird und
über Sachverhalte, die den Gegensatz zu ihnen bilden, dann
begegnen die Standpunkte des Rechts (*status iuris*) oder der
(richtigen) Benennung (*status nominis*).

Dasselbe trifft auf Lobreden zu; denn

entweder kann bestritten werden,
  daß das (wirklich) vollbracht wurde, was da gelobt wird,
oder es kann gesagt werden,
  daß man die Tat nicht so nennen darf, wie der Lobredner es tat,
oder daß sie überhaupt kein Lob verdiene,
  weil sie nicht richtig und nicht mit Recht vollbracht wurde.

Von all diesen Argumentationsweisen hat Caesar gegen
meine Schrift ‚Cato‘ reichlich schamlos Gebrauch gemacht.

Die Auseinandersetzung aber, die sich aus (dem Beziehen)
einer Position entwickelt, bezeichnen die Griechen als ‚kri-
nomenon‘; ich will sie, da ich ja an dich schreibe, den ‚strittigen Punkt‘ (*qua de re agitur*) nennen. Die Gesichtspunkte
aber, die den Kern des Streitfalls umschließen, seien ‚Hauptpunkte‘ (*continentia*) genannt; sie sind gewissermaßen die
Bastionen der Verteidigung, nach deren Fall weiterer Wider-
stand zwecklos wird.

Da aber bei der Entscheidung über Kontroversen nichts
mehr Kraft haben darf als das Gesetz, muß man bestrebt
sein, das Gesetz als Beistand und Zeugen heranzuholen.
Dabei ergeben sich weitere, gleichsam neue Positionen; sie
aber sollen ‚Auseinandersetzungen um einen Gesetzestext‘

gitimae disceptationes'. tum enim defenditur 96

non id legem dicere, quod adversarius velit, sed
aliud.

id autem contingit, cum scriptum ambiguum est,
ut duae sententiae differentes accipi possint.
tum opponitur scripto voluntas scriptoris, ut
quaeratur,

verbane plus an sententia valere debeant.

tum legi lex contraria adfertur.

ista sunt tria genera, quae controversiam in omni
scripto facere possunt: ambiguum, discrepantia
scripti et voluntatis, scripta contraria.

Iam hoc perspicuum est, non magis in legibus XXVI
quam in testamentis, in stipulationibus, in reliquis
rebus, quae ex scripto aguntur, posse controver-
sias easdem exsistere. horum tractationes in aliis
libris explicantur.
Nec solum perpetuae actiones, sed etiam partes 97
orationis isdem locis adiuvantur, partim propriis,
partim communibus.

Ut in principiis, quibus, ut benevoli, ut dociles,
ut attenti sint, qui audiant, efficiendum est propriis locis.

Itemque narrationes ut ad suos fines spectent, id
est ut planae sint, ut breves, ut evidentes, ut credi-
biles, ut moderatae, ut cum dignitate. quae quamquam in tota oratione esse debent, magis tamen
sunt propria narrandi. quae autem sequitur narra- 98

(*legitimae disceptationes*) genannt werden. | Bald nämlich
läßt sich zur Verteidigung vorbringen,

> das Gesetz besage nicht, was der Prozeßgegner (herauslesen)
> wolle, sondern etwas ganz anderes.

Dies aber kommt vor, wenn der geschriebene Text doppel-
deutig ist, so daß zwei unterschiedliche Interpretationen
angenommen werden können.
Bald wird dem Geschriebenen der Wille des Schreibers entgegengesetzt, so daß sich die Frage stellt,

> ob (tote) Wörter denn mehr bedeuten als der (lebendige) Sinn.

Bald wird ein dem Gesetz entgegengesetztes Gesetz herangezogen.
Das (nämlich) sind die drei Arten, die bei jedem schriftlich
fixierten Text eine Kontroverse auslösen können: Zweideutigkeit, Diskrepanz zwischen geschriebenem Wort und Verfasserwillen, (einander) widersprechende Texte.
    Nunmehr ist klar, daß in Testamenten, bei Leistungsver-
sprechungen und den übrigen Dingen, die auf der Grundlage
geschriebener Texte verhandelt werden, dieselben Kontroversen auftreten können wie bei Gesetzestexten. Wie man in
solchen Fällen verfährt, wird in anderen Büchern erklärt.
    Aber nicht nur Gesamtdarstellungen, sondern auch die
Teile einer Rede können sich auf dieselben Topoi stützen,
teils auf die ihnen eigentümlichen (*loci proprii*), teils auf allgemeine (*loci communes*).
    Dies gilt z. B. für die Einleitungen (*principia*), in denen
man durch geeignete Topoi erreichen muß, daß die Zuhörer
wohlwollend, daß sie interessiert, daß sie aufmerksam
folgen.
    Ebenso findet der Sachvortrag (*narrationes*) an ihnen eine
Stütze, so daß er seinem Zweck entspricht, d. h. eingängig,
kurz, einleuchtend, glaubhaft, maßvoll und mit Würde vor-
getragen erscheint. Obwohl dies in der gesamten Rede so
sein muß, sind diese Gesichtspunkte doch besonders für den
erzählenden Teil passend (*propria*). | Weil aber das, was sich
aus dem Sachvortrag ergeben soll, Glaubwürdigkeit nämlich,

tionem fides, ea persuadendo quoniam efficitur, qui ad persuadendum loci maxime valeant, dictum est in eis, in quibus de omni ratione dicendi.

Peroratio autem et alia quaedam habet et maxime amplificationem, cuius effectus is debet esse, ut aut perturbentur animi aut tranquillentur et, si ita adfecti iam ante sint, ut aut augeat eorum motus aut sedet oratio. huic generi, in quo et misericordia et iracundia et odium et invidia et ceterae animi adfectiones perturbantur, praecepta suppeditantur aliis libris, quos poteris mecum legere, cum voles. 99

Ad id autem, quod te velle senseram, cumulate satis factum esse debet voluntati tuae. nam ne praeterirem aliquid, quod ad argumentum in omni ratione reperiendum pertineret, plura, quam a te desiderata erant, sum complexus fecique, quod saepe liberales venditores solent, ut, cum aedes fundumve vendiderint rutis caesis receptis, concedant tamen aliquid emptori, quod ornandi causa apte et loco positum esse videatur; sic tibi nos ad id, quod quasi mancipio dare debuimus, ornamenta quaedam voluimus non debita accedere. 100

durch Überzeugungskraft bewirkt wird, wurde in den
Büchern, in denen die Redelehre insgesamt behandelt
wurde, ausgeführt, welche Argumentationsmuster am über-
zeugendsten wirken.

Der Schluß der Rede (*peroratio*) aber hat gewisse andere
Besonderheiten, vor allem die ‚Steigerung‘ (*amplificatio*),
deren Effekt darin bestehen muß, daß die Gemüter in Wal-
lung versetzt oder beruhigt werden und daß die Rede sie,
wenn sie schon vorher erregt waren, in diesen Affekten stei-
gert oder dämpft. | Für dieses Verfahren, Mitleid, Zorn,
Haß, Neid und andere Affekte anzusprechen, finden sich
Anleitungen in anderen Büchern, die du, wenn du magst,
mit mir zusammen lesen kannst.

In dem aber, woran dir meinem Eindruck nach lag, muß
deinem Wunsche (mit meinen Ausführungen) überreich ent-
sprochen sein. | Denn um nichts zu übergehen, was zu
einem Argument, wie man es in jedweder Lage auftreiben
muß, taugt, habe ich mehr als von dir erwartet zusammengefaßt und (damit) das getan, was großzügige Verkäufer oft zu
tun pflegen, daß sie nämlich, wenn sie ein Haus oder ein
Grundstück unter Mitnahme von allem, was nicht niet- und
nagelfest war, verkauft haben, dem Käufer dann doch noch
etwas überlassen, was als Schmuck passend und an den rechten Platz gestellt erscheint. So war es (auch) meine Absicht,
daß zu dem, was ich dir gewissermaßen zu eigen zu geben
schuldig war, noch bestimmte Schmuckstücke hinzukom-
men sollten, die ich dir (eigentlich) nicht schuldig war.

CICERO TREBATIO S.

Vide, quanti apud me sis; etsi iure id quidem; non
enim te amore vinco. Verum tamen, quod praesen-
ti tibi prope subnegaram, non tribueram certe, id
absenti debere non potui. Itaque ut primum Velia
navigare coepi, institui Topica Aristotelea conscribere ab ipsa urbe commonitus amantissima tui.

Eum librum tibi misi Regio, scriptum, quam
planissime res illa scribi potuit. Sin tibi quaedam
videbantur obscuriora, cogitare debebis nullam artem litteris sine interprete et sine aliqua exercitatione percipi posse. Non longe abieris; num ius
civile vestrum ex libris cognosci potest? Qui
quamquam plurimi sunt, doctorem tamen usum-
que desiderant. Quamquam tu, si attente leges, si
saepius, per te omnia consequere, ut certe intelle-
gas; ut vero etiam ipsi tibi loci proposita quaestione occurrant, exercitatione consequere; in qua
quidem nos te continebimus, si et salvi redierimus
et salva ista offenderimus.

V Kal. Sext. Regio.

CICERO GRÜSST TREBATIUS

Sieh nur, wie hoch ich Dich schätze! Ich habe auch allen Grund dazu, denn an Liebe kann ich Dich nicht übertreffen. Gleichwohl habe ich Dir, als Du bei mir warst, einen Wunsch mehr oder weniger abgeschlagen, jedenfalls aber nicht erfüllt; jetzt, wo ich Dich nicht antraf, konnte ich nicht weiter in Deiner Schuld bleiben. So habe ich mich denn, kaum aus Velia abgesegelt, sogleich daran gemacht, Topica in der Art des Aristoteles niederzuschreiben, wozu mich gerade die Stadt, die Dich so sehr liebt, inspiriert hat.

Ich sende Dir dieses Buch aus Regium. Es ist so klar geschrieben, wie der Gegenstand es eben zuläßt. Wenn Dir dennoch manches davon als zu dunkel vorkommt, wirst Du bedenken müssen, daß man kein Fach allein aus Büchern erfassen kann, ohne Interpreten und ohne einige Übung. Du brauchst da nicht weit zu gehen! Kann man etwa Euer *ius civile* allein aus Büchern lernen? Es gibt deren jede Menge, und doch verlangen sie einen Lehrer und Erfahrung in der Anwendung. Du wirst es indes, wenn Du (meine Topica) aufmerksam und wiederholt liest, auch ohne fremde Hilfe dahin bringen, ihren Inhalt sicher zu erfassen. Daß Dir aber für jedes auftretende Problem auch die passenden Argumentationsmuster einfallen, das wirst Du erst durch Übung schaffen. Und dazu will ich Dich anhalten, wenn ich heil zurück bin und daheim geordnete politische Verhältnisse vorfinde.

Regium, den 28. Quintilis (Juli 44).

EINFÜHRUNG

1. Die Topica im Werk Ciceros

Beim Eintritt in sein siebtes Lebensjahrzehnt hatte Cicero weitgesteckte literarische Pläne, an deren Verwirklichung er mit staunenswerter Energie arbeitete. Da bedeutete für ihn der Wunsch seines Freundes C. Trebatius nach einer Erläuterung der Aristotelischen Topiká eine arge Störung (§ 1: *Maiores nos res scribere ingressos ... e cursu ipso revocavit voluntas tua*), die er nach längerem Sträuben schließlich doch akzeptierte (§ 7: *utramque sc. artem, si erit otium, persequi cogitamus*). So entstanden die uns vorliegenden *Topica* während einer Seereise im Juli des Jahres 44 v. Chr.

In unserer Zeit finden die *Topica* wenig Beachtung. Der Grund liegt zum einen in der Unterschätzung ihres Wertes: Was ist von einer – obendrein nicht eben leicht verständlichen – ‚Gelegenheitsarbeit‘ schon zu erwarten? Zum andern ist aber auch die Schwierigkeit schuld, das Werk einem ‚Ressort‘ eindeutig zuzuordnen. Der Hauptteil der Topica (§§ 6–78) behandelt Probleme der Dialektik, gehört also zur Philosophie, ist jedoch mit viel Juristischem durchsetzt. Erst der Schlußteil (§§ 79–99) kommt auf die Rede zu sprechen und bietet einen kurzen Überblick über deren Teile, so daß sich die Einreihung unter die Rhetorica anbietet. Doch passen die *Topica* wirklich dahin?

Das Feld der Rhetorik hatte Cicero bereits reich bestellt. Da war das unvollendete Frühwerk *De inventione*, um 80 v. Chr. verfaßt. Im Jahre 55 v. Chr. folgte das Meisterwerk *De oratore*, das alles überstrahlte. In einer dritten Phase der Beschäftigung mit der Theorie der Redekunst schrieb Cicero im Jahre 46 v. Chr. den Dialog *Brutus*, den diesem M. Brutus gewidmeten *Orator* und die kurze Schrift *De optimo genere dicendi*, außerdem noch die *Partitiones oratoriae*, deren Entstehungsdatum strittig ist. Nun traten als letzte die *Topica* hinzu. Sie haben im Rahmen der Rhetorica eigentlich keinen leichten Stand, und doch findet man sie heute zumeist in der Abteilung ‚Rhetorica‘, so z. B. bei I. C. Orelli, bei W. Friedrich und bei A. S. Wilkins.

Die Weichen für diese Zuordnung wurden bereits im 1. Jh. n. Chr. gestellt: M. Fabius Quintilianus, ein wahrer ‚Ciceronianus‘, zitiert in seiner *Institutio oratoria* die Topica 19mal. Das mußte Schule machen. Aber man sah die Sache schon in der Spätantike auch anders: So verfaßte C. Marius Victorinus (4. Jh. n. Chr.) einen Kommentar zu den *Topica* in vier Büchern, die zwar nicht erhalten geblieben sind, von denen man aber im Hinblick auf das ausgeprägt philosophische Interesse dieses Autors annehmen darf, daß er sie vorwiegend ihrer philosophischen Relevanz wegen untersuchte. Man weiß von diesem Victorinus-Kommentar durch eine Bemerkung des Anicius Manlius Boethius (480–524), der seinerseits einen sieben Bücher umfassenden Kommentar zu den *Topica* geschrieben hat. Der erhaltene Text bricht ab mit *multitudinis testimonium* (§ 76), also kurz vor dem Ende des eher als philosophisch einzustufenden Hauptteils. Dies mag ein Zufall der Überlieferung sein. Es ist aber durchaus denkbar, daß ein Zusammenhang besteht zwischen diesem Faktum und der Tatsache, daß die *Topica* in der handschriftlichen Überlieferung, sobald sie für uns faßbar ist, zu den Philosophica gestellt waren (s. u., S. 103). Das Verdienst, in unserer Zeit diese Zuordnung wieder in Erinnerung gebracht zu haben, gebührt Hans Günter Zekl.

Zur Einordnung der *Topica* ins Gesamtwerk Ciceros: W. Kroll in RE VII A Sp. 1102 f. kurz, aber informativ. K. Büchner erwähnt in KlP 1, 1174 ff. die *Topica* überhaupt nicht.
Zur Betrachtung Ciceros im Rahmen der Gesamtentwicklung der antiken Rhetorik: M. Fuhrmann, Die antike Rhetorik (Artemis, München-Zürich, zuerst 1984). Dem Freund der Sammlung Tusculum seien ferner zur Lektüre empfohlen die Einführungen zum *Brutus* und zum *Orator*, beide aus der Feder von B. Kytzler.

Zur philosophischen Schriftstellerei Ciceros: Philippson in RE VII
A Sp. 1104–1192, insbes. Sp. 1173 ff.; dazu, die *Topica* betreffend,
M. Gelzer, ebda. Sp. 1040, 53 f.
Zum Cicerobild auf letztem Stand: Manfred Fuhrmann, Cicero und
die römische Republik. Eine Biographie (Artemis, München-Zürich
³1991).

2. *Topica und Topiká*

Wenn man Ciceros Angaben im Prooemium seiner Topica
folgt, sind die titelgleichen Topiká des Aristoteles die
Vorlage für sein Werk gewesen: *Cum enim mecum in Tusculano esses (mi Trebati) et in bibliotheca separatim uterque
nostrum ad suum studium libellos, quos vellet, evolveret,
incidisti in Aristotelis Topica quaedam, quae sunt ab illo pluribus libris explicata* (§ 1).
Nicht so ganz stimmt zu dieser Bezeichnung der Vorlage,
was Cicero in seinem Brief an Trebatius vom 28. Juli 44
v. Chr. (Ad fam. 7,21) schreibt: .. *institui Topica Aristotelea
conscribere* („... habe ich begonnen, die Topica des Aristoteles zu bearbeiten" – so übersetzt H. Kasten diese Stelle).
Schließlich wäre noch die Formulierung in die Überlegungen einzubeziehen, die Cicero dem von Trebatius um Erläuterungshilfe angegangenen Rhetor in den Mund legt: ... *Aristotelia se ignorare* (§ 3). Hiermit scheint jedoch mehr eine
allgemeine Unkenntnis angeprangert als eine Aussage über
die Topica gemeint zu sein, so daß dies hier beiseite bleiben
kann.
Es gibt mehrere Möglichkeiten, das Verhältnis zwischen
den beiden Topiken zu definieren: (a) Cicero hat Aristoteles
übersetzt. Dies scheidet zweifelsfrei aus, zumindest wenn
man an eine Wort-für-Wort-Übersetzung wie z. B. beim
Timaios/Timaeus denkt. – (b) Cicero hat eine Kurzfassung
der Topiká geliefert, also die acht (bzw. neun) Bücher des
Aristoteles auf ein Buch von 100 Paragraphen zusammengestutzt. Auch dies kann nicht zutreffen, wenn man den Auf-

bau der beiden Werke und deren Inhalt im einzelnen vergleicht. – (c) Cicero hatte nicht die uns bekannten Topiká als Vorlage, sondern eine popularisierende, exoterische Version, wie man sie der Epoche des Poseidonios oder des Antiochos zutrauen könnte. Damit begäbe man sich freilich auf den Boden bloßer Spekulation. – (d) Cicero hatte nur eine vage Vorstellung von den Topiká, die Trebatius vielleicht gar nicht in Händen hatte, sondern nur zitiert fand, wie dies z. B. in der Rhetorik des Aristoteles oft der Fall ist. Cicero war also etwas in Verlegenheit und versuchte Trebatius abzuwimmeln, um sich inzwischen näher informieren zu können. Daß dann bei der Einlösung des dem Trebatius gegebenen Versprechens ein *opus sui generis* entstand, wäre nicht nur aus den Umständen der Abfassung zu erklären: ... *memoria repetita* in ipsa navigatione conscripsi.

Eine unmittelbare Abhängigkeit der Topica von den Topiká ist sicher auszuschließen. R. Philippson (RE VII A, Sp. 1169, 34 ff.) urteilt jedenfalls wie folgt: „Nur soviel sei bemerkt, daß die Topika des Aristoteles nicht die Quelle (sc. für die Topica Ciceros) waren. Cicero hatte sie kaum gelesen ...".

Damit schießt Philippson wohl etwas über das Ziel hinaus. Es wird sich nämlich nicht beweisen lassen, daß Cicero die Aristotelischen Topika „kaum gelesen" hatte. Immerhin fallen bestimmte Übereinstimmungen auf, so z. B. zwischen den beiden Prooemien:

Aristoteles, Top. I 1, 100a18ff.	Cicero, Topica 2
Der Zweck dieser Vorlesung ist, einen Weg zu finden, auf dem man hinsichtlich eines jeden Problems, das sich stellt, aus wahrscheinlichen Sätzen zu Schlußfolgerungen gelangen kann und sich nicht in Widersprüche verwickelt.	... ein wissenschaftliches Verfahren zum Aufspüren von Argumenten dergestalt, daß man durch methodisches Vorgehen zu ihnen unter Ausschluß jeglichen Irrtums gelangt.

Die Aussagen decken sich gewiß nicht genau, auch wenn sie beide von einem methodischen Vorgehen handeln, das Widersprüche bzw. Irrtümer ausschließen soll. Daß Aristoteles durchwegs ein wissenschaftliches Ziel verfolgt, Cicero hingegen sogleich auf die praktische Verwertbarkeit zusteuert, geht erst aus dem weiteren hervor.

Man kann auch zeigen, daß die Elemente, die Cicero als *loci* (*tópoi*) aufführt, weitgehend denen des Aristoteles entsprechen (s. die Konkordanz, S. 186 ff.), aber eben nur weitgehend. So fehlen z. B. die Akzidentien (*symbebēkóta*) des Aristoteles völlig, obwohl sie bei diesem einen Hauptbestandteil der Prädikabilien ausmachen, und auch einige *loci* Ciceros sucht man bei Aristoteles vergeblich, z. B. *nota* (*etymología*, *sýmbolon*), oder findet sie nur in beiläufiger Entsprechung wie z. B. die *antecedentia*.

Darüber hinaus stimmt auch die Abfolge der *loci* mit der bei Aristoteles nicht im geringsten überein. Man kann zwar z. B. aus Top. VIII 3.156a39 ff. 158b33 ff. entnehmen, daß Aristoteles empfiehlt, die Definition an den Anfang zu stellen (was Cicero tut), aber das erklärt noch nicht die völlig anders, nämlich eher assoziativ strukturierte Abfolge der *loci* bei Cicero, und schon gar nicht den mehrfachen Durchgang durch diese. Es kommt hinzu, daß die in Ciceros Topica vorgeführten *Schlußformen* (§ 53 ff.) in den Aristotelischen Topiká, obwohl in ihnen viel von den *syllogismoí* die Rede ist, nur ansatzweise auftreten (z. B. ‚Barbara‘ II 3.110b23 ff. und IV 5.123a4 f.; ‚Camestres‘ IV 4.124b7 ff.) Entwickelt wird dieses System erst in den beiden Büchern der Analýtika prótera. Und was über die Prädikatenlogik hinausgeht, weist auf stoische Quellen (s. die fünf *trópoi* des Chrysipp, SVF II 241 ff.). Hierbei könnte es sich allerdings um einen Exkurs im Cicero-Text handeln, der für die Quellendiskussion irrelevant wäre (*Sed ne hae quidem, quas exposui* sc.*conclusiones, ad hanc institutionem necessariae*: § 57 a. E.).

Auch die Betrachtung der verwendeten *Beispiele* führt auf erhebliche Unterschiede. Aristoteles verwendet überwiegend leicht verständliche Beispiele (Mensch, Pferd, Hund;

Steuermann, Wagenlenker, Arzt; Freund, Feind; Lust, Schmerz usw.), während Cicero fast ausschließlich juristische Beispiele wählt, wohl mit Rücksicht auf das Interesse des Trebatius (z. B. *causa Curiana, reditus Mancini,* Zwölftafelgesetze, *edictum praetoris* usw.). Es gibt freilich auch einige auffällige Entsprechungen (z. B. die Unwiderrufbarkeit von Schenkungen IV 4.125a18 – Topica § 21; die vier Arten von Gegensätzen II 8.113b15 ff. – Topica § 47), doch bedeuten sie bei der großen Fülle von Beispielen wenig.

Dies gilt ebenso für einige mehr beiläufige Bemerkungen, wie etwa die vom Verzicht auf neue Wortprägungen (I 11.104b36ff. – Topica § 35). Sie haben mit dem Gegenstand als solchem wenig zu tun und können sich auch aus verwandter Denkungsart ergeben haben.

Vollends unerklärlich ist jedoch das Urteil, das Cicero über den *Stil* der Aristotelischen Topika fällt. Er spricht da von einer *dicendi incredibilis quaedam cum copia tum etiam suavitas* (§ 3; vgl. auch Ac. 2,119: *flumen orationis aureum*). Solches stimmt nun doch wirklich nicht zu der fachsprachlich verknappten, Eintönigkeit sichtlich nicht scheuenden Diktion der Esoterika, mithin auch nicht zu der der Topiká, es müßte denn das intellektuelle Vergnügen an der Unerschöpflichkeit des Aristoteles gemeint sein.

Aus all dem kann man nur den Schluß ziehen, daß der Versuch C. Hammers (Programm Landau 1879), einen unmittelbaren Quellenzusammenhang nachzuweisen, von Anfang an nicht zum Ziele führen konnte (s. Schanz-Hosius, GdRL I S. 470).

Denn aufs Ganze gesehen, ist das Ziel Ciceros von dem des Aristoteles grundverschieden: Aristoteles geht es um wissenschaftliche Grundfragen, Cicero um anwendbare Regeln. Gewiß, auch Aristoteles diskutiert bei allen tópoi, die er nennt, jeweils die Anwendbarkeit bez. Beweis (*kataskeuázein*) und Widerlegung (*anaskeuázein*), aber immer im Blick auf die wissenschaftliche Systematik und im Zusammenhang mit Unterrichtssituationen. Cicero hingegen läßt alles beiseite, was Aristoteles zwischen seinem Prooemiumssatz (s. o.) und der gebrauchsfertigen Aufbreitung in Top. VIII (und in den Soph.élenchoi) diskutiert, so die Prädikabilien (I 4.101b11ff.), die Kategorien (I 9.103b20ff.), die Postprädikamente (II 8.113b15ff. in Verbindung mit Kat. 10.11b15ff.), auch die Gliederung der *tópoi* nach den Prädikabilien (in den Büchern II bis VII): Er setzt dies alles als selbstverständlich voraus, reduziert seine Darstellung auf das Problem *De inventione* (vgl. VIII 1.155b1f.; 7f.: *tòn tópon heureîn*) und orientiert sich damit am Interesse seines Adressaten Trebatius. So entstand eine Art Protreptikos für Juristen, die ihr Geschäft auf eine philosophische Grundlage zu stellen bereit waren.

Zurück zum Besuch des Trebatius in Ciceros Tusculanum! Hatte er wirklich die Topiká des Aristoteles in Händen? Ich vermute, daß dies nicht der Fall war, sondern daß der Gast die Aristotelische Rhetorik einsah, in der die Topiká auffallend oft zitiert sind (s. H. Bonitz, Index Ar. 102a40). Die Erwähnung der Topiká, von denen er wohl noch nie gehört hatte, erregte seine Neugierde, doch mußte Cicero fürs erste passen. Er verwies Trebatius zunächst auf eigene Lektüre, dann an einen Rhetor, obwohl ihm, wenn man sein Urteil in § 2 für bare Münze nimmt, völlig klar sein mußte, daß dieser den Trebatius an ihn, Cicero, zurückweisen werde. Es ging also um Zeitgewinn: Cicero wollte sich erst einmal informieren. Das konnte er auch. Die Aristotelesmanuskripte befanden sich damals bereits seit einem Menschenalter in Rom, so daß Interessierte sich Zugang verschaffen konnten. Und wer wollte behaupten, daß Cicero sich nicht mit Aristoteles beschäftigen wollte? Man denke nur an seinen Hortensius!

Ob er freilich die originalen Topiká einsah, muß zweifelhaft bleiben. Er konnte in der *Aristotelischen Rhetorik* Material finden, so etwa die Kataloge von *tópoi* (z.B. in II 23.1397a7ff. immerhin 28 an der Zahl, die sich auf die *deiktiká* anwenden ließen, und gleich anschließend, wenn auch nicht ganz so deutlich katalogisiert, 8 weitere für den Gebrauch bei den *elenktiká*). Hierin lassen sich im einzelnen

Beziehungen zwischen der Rhetorik und den Topiká feststellen (z. B. II 23.1398a29 – Top. I 15.106a14), jedoch nirgends in einer Reihenfolge, die der in Ciceros Topica entspräche. Vergleichbar wären eher die Kataloge in *De inventione* (z. B. 1,100–105: 15 numerierte *loci* allein für die Formulierung einer *indignatio*). Solches Material läßt sich eher in einer Rhetorik finden. Schon gleich gilt dies für die §§ 79 bis 99, in denen Cicero sich wiederholt selbst zitiert.

Eine wichtige Quelle für die Topica ist eben Cicero selbst. Sein während der Studienjahre grundgelegtes und in langen ,Berufsjahren' weiter vermehrtes Wissen, seine enorme praktische Erfahrung und seine beispiellose schriftstellerische Routine ermöglichten es ihm, ein Werk wie die Topica gewissermaßen aus dem Ärmel zu schütteln, weil er eben vieles im Kopfe hatte, wie es im übrigen auch die Aristotelischen Topiká empfehlen (VIII 14.163b28ff.): „Denn wie der Mnemotechniker nur die mnemonischen Örter vor sich zu haben braucht, um durch sie sofort an die Sache selbst erinnert zu werden, so werden auch diese Stücke im Schließen geschickt machen, weil man die gedachten Prinzipien und Sätze in bestimmter Zahl vor sich hat. Man präge sich aber lieber einen allgemeinen (*koinón*) Vordersatz (einen Ort) als eine Beweisführung ins Gedächtnis. Denn es ist nicht eben schwer, sich mit einem Vorrate von Prinzipien und Voraussetzungen auszurüsten." (Übersetzung: E. Rolfes).

Wenn man in den tieferen Schichten nachforscht, in denen Cicero Wissen und Prinzipien gespeichert hat, stößt man immer wieder auf seine Studienzeit, in der ihn Antiochos aus Askalon (neben Philon aus Larissa) besonders beeindruckt hat (s. z. B. Brutus 315). Da alle Beobachtungen eine unmittelbare Herleitung der Topica aus den Topiká ausschließen und manche Feststellungen eher auf einen dem Synkretismus verpflichteten Gewährsmann deuten (z. B. *prólēpsis* § 31: bei Aristoteles nicht belegt, wohl aber bei Epikur, sent. 37; ep. 1,24 u. ö. und Chrysipp, SVF 2,286; 3,17; – auch *énnoia* § 31: nicht bei Aristoteles, aber bei Platon, z. B. Phaidon 73c; Epikur, z. B. ep. 1; sent. 24 und bei Stoikern: SVF

2,154), wird man nicht völlig fehlgehen, wenn man diesen
Antiochos als das gesuchte Zwischenglied anspricht, war er
doch der einzige, jedenfalls aber der prominenteste Denker
aus der Zeit zwischen Aristoteles und Cicero, der sich dafür
engagierte, die Lehrinhalte der auseinanderstrebenden philosophischen Richtungen wieder auf Gemeinsames zurückzu-
führen. Statt seiner nur Ciceros ‚Kolleghefte‘ verantwortlich
machen zu wollen, will denn doch als einer geistigen Potenz,
wie Cicero sie war, unangemessen erscheinen.

3. Der Adressat

Die Topica hat Cicero seinem gut 20 Jahre jüngeren Freund
C. Trebatius Testa (84 v. bis 4 n. Chr.) gewidmet, der wahrscheinlich aus Velia, dem alten Elea, stammte, jedenfalls aber
dort einen Landsitz hatte.

Trebatius war Jurist. Von Cicero empfohlen (Ad fam.
7,5), gelangte er in den Stab Caesars, der auf ihn als juristischen Berater große Stücke hielt. So verbrachte er die Jahre
54/53 v. Chr. im Feldlager von Samarobriva (h. Amiens). An
der Invasion Britanniens nahm er nicht teil, hielt aber den
Winter im Lager aus, von dem aus er mit Cicero korrespon-
dierte und ihn wohl auch informierte (Ad fam. 7,6–18).

Als es 49 v. Chr. zum Bürgerkrieg kam, stand Trebatius
auf Caesars Seite. Cicero hatte über ihn trotz aller Gegner-
schaft einen gewissen Zugang zu Caesar.

Als nach Caesars Ermordung (15. März 44 v. Chr.) der
Bürgerkrieg erneut ausbrach, beabsichtigte Cicero, wie es
scheint, sich der alten Verbindung wieder zu bedienen (Ad
fam. 7,19–22). Jedenfalls weisen gewisse Andeutungen in
den Topica (z. B. § 5: *ut ... te ... ad memoriam nostrarum
rerum excitarem*) darauf hin. In diesen Zusammenhang stellt
sich auch die Widmung des Werkes.

Trebatius verstand es, sich mit dem neuen Herrn, Octa-
vianus, gut zu stellen, und erreichte so das Konsulat. Daß er
in der römischen Gesellschaft etwas bedeutete, darf man u. a.

aus der an ihn gerichteten Satire 2,1 des Horaz schließen, die
30 v. Chr. entstanden ist (*Sunt, quibus in satura...*). Sein
Name ging im übrigen sogar in die Justinianische Kodifika-
tion des römischen Rechts ein (Dig. 1.20.20.45: *De origine
iuris et omnium magistratuum et successione prudentium*);
sein Nachwirken blieb jedoch unbedeutend.

(Im einzelnen s. KlP 5,932, Nr. 2)

4. Zur Methode

Die Topica haben ihren Namen von dem griechischen Wort
‚tópos‘, das zunächst ‚Ort‘ bedeutet. So übersetzt es z. B.
Eugen Rolfes, und das ist immerhin eine Hilfe, wenn man
weiß, daß es nicht mehr als eine Hilfe sein soll.

Cicero verwendet für *tópos* das Wort *locus*, das wiederum
‚Ort‘ bedeutet. Der Hauptteil seiner Topica handelt aber
von den *loci communes*, von denen im letzten Viertel des
Werkes die *loci proprii* (zuerst in §97) abgesetzt werden. Er
unterscheidet also ‚Örter‘ von allgemeiner Geltung von
‚Örtern‘ mit nur spezieller Anwendungsmöglichkeit.

Die Verwendung von ‚Ort‘ in diesem Sinne geht auf Aristoteles' Topiká zurück. In seiner Rhetorik (2,22.1396b22;
2,25.1403a18; 2,26.1403a18) spielt er zwar mit dem Gedanken, dafür auch das Wort *stoicheîon* (‚Element‘) zu verwen-
den, doch bleibt er letztlich bei *tópos*, und so wird das Wort
auch noch heute verwendet (z. B. ‚ein literarischer Topos‘)
und verstanden.

Bis ins 16. Jh. war es nicht nötig, nach einer Übersetzung
für *tópos* bzw. *locus* zu suchen. Erst mit dem Vordringen der
Nationalsprachen in die wissenschaftliche Literatur wurde
das anders. In Entsprechung zu frz. lieu commun und engl.
commonplace verwendete zuerst Chr. M. Wieland 1770 die
Lehnübersetzung ‚Gemeinplatz‘; Jean Paul folgte 1783,
Goethe 1786. Kant und Lessing schrieben ‚Gemeinort‘,
Goethe auch ‚Gemeinspruch‘, Schiller ‚Gemeinsatz‘.

Schließlich setzte sich aber ‚Gemeinplatz‘ durch (Kluge-Götze, s. v.).

Allerdings entfernte sich der Begriffsinhalt sehr rasch von dem ursprünglich Gemeinten, so daß man unter ‚gemeinplätzlich‘ soviel wie ‚banal‘ verstand, und so blieb es bis heute. Da dies am Sinn von *tópos* bzw. *locus* völlig vorbeigeht, verbietet sich die Verwendung der Vokabel ‚Gemeinplatz‘ in der Übersetzung. Paul Gohlke schreibt daher ‚Gesichtspunkt‘, ebenso Hans Günter Zekl. Unsere Übersetzung entscheidet sich für ‚Ansatzpunkt‘ und ‚Argumentationsmuster‘.

Gemeint sind damit die methodischen Möglichkeiten, ein Problem mit Argumenten anzupacken. Aristoteles suchte jeweils nach einem *epicheírēma* (von gr. *cheír*: Hand), z. B. Top. 8,3.158a39 f.: „Wenn man aber nicht weiß, was das Vorliegende eigentlich ist, so ist nicht leicht dagegen anzugehen" (*ū rhádion epicheireîn*). (Übers. Paul Gohlke.) Cicero folgt Aristoteles hierin genau. Er erläutert seinem Adressaten das Verfahren in den Methodenkapiteln §§ 6–8 eindringlich und in deutlicher Entsprechung zu den aristotelischen Topiká: *Itaque licet definire locum esse argumenti sedem, argumentum autem rationem, quae rei dubiae faciat fidem* (§ 8): Deshalb ist es erlaubt, ‚Ort‘ als ‚Sitz eines Arguments‘ zu definieren, ‚Argument‘ aber als ein Mittel, das einer strittigen Sache Glaubwürdigkeit verleiht.

Cicero hat damit – anders als Aristoteles – die Verwendung von Argumenten in der Rede zum Ziel. Zu diesem Zwecke gruppiert er die verwendbaren Argumente in eine überschaubare Zahl von Typen, die man sich einprägen soll, damit man die jeweils benötigten Agumente rasch auffindet: *His igitur locis, qui sunt expositi, ad omne argumentum reperiendum ... significatio et demonstratio datur* (§ 25): Durch die dargestellten Topoi wird zu jedem Argument, das es zu finden gilt, ... ein deutlicher Fingerzeig geboten. Um dem Adressaten dieses Methodenbewußtsein gewissermaßen einzuhämmern, geht Cicero seine ‚*loci*‘ ein zweitesmal, und zwar ausführlicher, durch und setzt ans Ende eine

Gebrauchsanweisung, die freilich der irrigen Meinung vorbeugt, die Methode sei gewissermaßen narrensicher: *Expositis omnibus argumentandi locis illud primum intellegendum est, nec ullam esse disputationem, in qua non aliquis locus incurrat, nec fere omnis locos incidere in omnem disputationem, et quibusdam quaestionibus alios, quibusdam alios esse aptiores locos* (§ 79): Nachdem nun alle Argumentationsmuster dargestellt sind, muß man sich als erstes zu eigen machen, daß es keine Diskussion gibt, die nicht mit irgendeinem dieser Topoi zu tun hätte, aber auch, daß sich im allgemeinen nicht alle diese Ansatzpunkte für jegliche Untersuchung eignen und daß für bestimmte Untersuchungen die einen mehr hergeben, für andere die andern.

5. Zur Tendenz

Bei der Abfassung der Topica ging es Cicero zweifellos darum, Trebatius als Vermittler oder wenigstens Fürsprecher in dem heraufziehenden Konflikt zu gewinnen, an dem ihn besonders schmerzte, daß sich niemand für seinen Rat interessierte (§ 5: *cum opera mea nec res publica nec amici uterentur*). Daher erfüllte er jetzt dem Trebatius einen Wunsch, den er bei einem Besuch in Ciceros Tusculanum geäußert hatte (§ 1: *Qua inscriptione commotus continuo a me librorum eorum sententiam requisisti*).

So betrachtet, sieht alles zunächst nach einer Gelegenheitsarbeit ohne tieferen Anspruch aus. Doch müßte Cicero nicht Cicero gewesen sein, wenn ihm bei seiner Arbeit, bei der er sich allein auf sein Gedächtnis stützen konnte (§ 5: *cum mecum libros non haberem*), nicht auch tiefere Gedanken gekommen wären.

Sieht man sich nämlich um, von welchen Personengruppen er im Laufe seines Textes spricht, so sind das vor allem die von ihm wenig geschätzten *rhetores*, sodann die Redner *(oratores)*, die Philosophen und die Juristen. Daß Cicero in seinem ganzen Leben daran gelegen war, den seit Platon zu

beklagenden Riß zwischen Philosophie und Rhetorik zu hei-
len, ist genugsam bekannt. In den Topica nun sieht vieles
danach aus, als ob er die Absicht verfolgte, die Juristen (*iuris
consulti*) auf die Seite der Philosophen zu ziehen (vgl. dazu
die Zusammenstellung S. 150f.).

Dafür spricht, daß Cicero sein Thema philosophisch
angeht, wozu ihm Trebatius einen willkommenen Ansatzpunkt geboten hatte, als er sich angelegentlich nach den
Topiká des Aristoteles erkundigte. Seine Beispiele aber
nimmt Cicero alle aus der juristischen Praxis, meist wohl
solche, die ihm im Laufe seiner Anwaltstätigkeit unterge-
kommen waren oder über die er mit Trebatius schon einmal
korrespondiert hatte (s. z. B. Ad fam. 7,19/21.22). Er konnte
damit zwanglos zeigen, wie eng richtiges Argumentieren,
wie es zum Juristen gehört, an das philosophische Argumentieren grenzt. Daraus ergab sich dann auch die Möglichkeit,
im letzten Viertel des Werkes die Praktikabilität der
Methode zu erweisen.

Was man also gerne als Zwiespältigkeit im Aufbau der
Ciceronischen Topica kritisiert, kann man ebensogut als Zu-
sammenführung von Disparatem verstehen, als einen Ansatz
zu einer neuen Synthese. Wenn manches daran nicht voll
befriedigt, so mag das an der Entstehungsweise des Textes
liegen, der vielleicht noch einige Glättung vertragen hätte,
vor allem aber auch daran, daß Cicero nicht mehr dazu kam,
seinen Plan einer Erweiterung des Werkes auszuführen
(s. § 7: *nos autem..., si erit otium, persequi cogitamus...*),
woran ihm gelegen sein mußte, da er ja damit rechnete, daß
das Werk seinen Weg in die Öffentlichkeit finden werde
(s. § 72: *haec ita ad te scribuntur, ut etiam in aliorum manus
sint ventura*).

Man kann die Vermutung äußern, Cicero habe sich mit
dem Gedanken getragen, eine Eliten-Trias aus Philosophen,
Juristen und Rednern zu formieren: sein gewaltsamer Tod
am 3. Dezember 43 v. Chr., noch nicht einmal eineinhalb
Jahre nach der Abfassung der Topica, verhinderte die Ausführung. Zu diesem Gedanken vgl. Tacitus, Dialogus 32,7.

6. Aufbau des Werkes

Cicero hat sein Werk in der Weise eigenwillig gegliedert, daß er die loci communes zweimal abhandelt. Die nachstehende Gliederungsübersicht will dies durch parallele Stellenangaben verdeutlichen:

● Prooemium 1–5	1–5		
● Dialektik und Topik 6–7	7		
Definition von ‚locus' 8	8		
● Die loci communes			
in eo ipso, de quo agitur/ambigitur:	8		(72)
ex toto/			
ad id totum, de quo disseritur	8	9	
definitio		9	26–27
ex partibus	8	10	
partium enumeratio		10	
partitio/divisio		10	28–34
ex nota	8		
notatio		10	35–37
ex eis rebus, quae quodammodo affectae sunt ad id,			
de quo quaeritur/ambigitur:	11		38
coniugata	11	12	38
genus	11	13	39–40
forma	11	14	(40)
similitudo	11	15	41–45
differentia	11	16	46
contrarium	11	17	47–49
adiuncta	11	18	50–52
ante rem, cum re, post rem			51
antecedentia/consequentia	11	19	53
consequentia/antecedentia	11	19.20	53
repugnantia	11	19.21	53
enthymemata			54–57
(causae) efficientes	11	22	58–66
effectae res	11	23	67
comparatio: maius, minus, par	11	23	68–71
quae adsumuntur *extrinsecus*	8	24	72–78
Zusammenfassungen		25	79

7. Textüberlieferung

Eine Handschrift mit acht Werken Ciceros, die die unsicheren Zeiten der Spätantike und die Stürme der Völkerwanderung überdauert hatte, ist in spätkarolingischer Zeit zum Stammvater der Topica-Überlieferung geworden. In den Abschriften (codd. *A, B, m*; Erklärung der Siglen s. u.), die auf den jetzt verschollenen Archetypus zurückgehen, finden sich die folgenden Werke: De natura deorum, De divinatione, Timaeus, De fato, Topica, Paradoxa Stoicorum, Lucullus, De legibus.

Die Topica wurden, wohl weil man sie als zu wenig philosophisch betrachtete, schon bald aus diesem Verbund herausgelöst; so fehlen sie im cod. Vindobonensis 189, s. IX, wo sie eigentlich zwischen De fato und den Paradoxa Stoicorum zu finden sein müßten (Gleiches gilt für den cod. Monacensis 528 s. XI). Infolge dieser Ausgliederung hat sich die Überlieferung der Topica auf Handschriften verlagert, deren Zusammenhang mit dem Bestand des Archetypus problematisch ist. Als besonders wichtig hat in dieser Hinsicht der cod. Ottobonianus 1406, s. X (jetzt in Rom) zu gelten, dem der von W. Friedrich entdeckte cod. Vitebergensis, s. XV, nahesteht.

Die für die Textkonstitution wichtigsten Handschriften sind somit:

O = cod. Ottobonianus 1406, s. X
W = cod. Vitebergensis, s. XV (1432). Dieser Codex wird auch mit *f* und *V* bezeichnet.

A = cod. Leidensis Vossianus 84, s. X
B = cod. Leidensis Vossianus 86, s. X
m = cod. Florentinus Marcianus 257, s. X

Der consensus *A, B, m* wird in den Ausgaben mit *A* bezeichnet, der consensus omnium mit *C.*

a = cod. Einsiedlensis 324, s. X
b = cod. Sangallensis 830, s. X.
c = cod. Sangallensis 854, s. XI
d = cod. Sangallensis 818, s. XI
e = cod. Erfurtensis, s. XI

V = cod. Leidensis Vossianus 70, s. X
L = cod. Leidensis 90, s. XI

β = cod. Bernensis 219^c, s. XI

Von den älteren Ausgaben werden in den Tabellen „Zur Textgestaltung" (s. S. 190 ff.) die folgenden zitiert:

Ve.	= editio Veneta	1485
No.	= editio Norimbergensis	1497
Iu.	= editio Iuntina	1534
Cr.	= Cratander	1528
Ma.	= Manutius	1541
La.	= Lambinus	1566
Gru.	= Gruterus	1618
Ern.	= Ernesti	1776
Sch.	= Schütz	1817
	J. C. Orelli	1826
	K. W. Piderit	1867
	A. S. Wilkins	1903 u. ö.
	W. Friedrich	1893, 1912
	J. Stroux	1914
	H. Bornecque	1924 u. ö.
BB.	= Boethii editio Basiliensis	1570
BC.	= Boethii commentarius	
BV.	= Boethii editio Veneta	1503

Der Text gilt als gut überliefert. Dieses Urteil stimmt auf jeden Fall für den Informationsgehalt: Es wurde nur eine einzige, geringfügige Lücke festgestellt (Kayser zu §92). Bei den Lesearten sind die üblichen Varianten festzustellen. Die Aufgabe der Emendatoren bestand nicht zuletzt darin, die vor der Einführung einer auf Handschriften beruhenden streng kritisch vorgehenden Methode von den früheren Herausgebern eingeschleppten Glossen zu entfernen sowie die zahllosen Wortumstellungen wieder in Ordnung zu bringen. Offensichtlich genügte Ciceros Stil dem Geschmack des Renaissance-Humanismus nicht in jeder Hinsicht.

Als Emendatoren sind hervorgetreten: Bornecque, Bücheler, Fleckeisen, Friedrich, Hammer, Hotman, Kayser, Klotz, Lambin, Madvig, Manutius, Martha, Nizolius, Orelli, Proust, Schütz, Turnebus, Valla, Victorius, Visorius.

Zur Textgestaltung im einzelnen s. S. 190 ff.

ERLÄUTERUNGEN

Einleitung
(§§ 1–5)

1 C. Trebatius (Testa): ca. 84 v. Chr. bis 3 n. Chr., wahr-
scheinlich aus Velia (griech. Elea; s. u., § 5), Jurist, mit
Cicero befreundet (s. Ad familiares 7,5–19 K.), in Gallien
Berater Caesars. – besser passen: Das Adj. *dignus* ist hier
sichtlich mit dem Dativ konstruiert und deshalb nicht mit
‚würdig‘ zu übersetzen; vgl. K. E. Georges I 2160 IIγ – *Tusculanum*: Ciceros Landsitz bei Tusculum ca. 25 km sö. von
Rom; vgl. die Eingangssituation in De finibus 3,7–10. –
Topika: ein acht (nach andern: neun) Bücher umfassendes
Werk des Aristoteles aus der Gruppe seiner frühen Lehr-
schriften. Der Buchtitel (*inscriptio*) ist mit *Aristotelis Topica
quaedam* angegeben. Das Indefinitpronomen *quidam*
nimmt normalerweise Bezug auf eine namentlich bekannte
Person oder Sache, deren Name aus bestimmten Gründen
nicht genannt werden soll. Im vorliegenden Fall ist gerade
das Gegenteil der Fall. Eine mögliche Erklärung geht von
dem „doppelten Aristoteles“ aus (O. Gigon, Hermes 87,
1959, 142 ff.): Bei den im 2. Jh. umlaufenden Aristotelesaus-
gaben habe es sich um Bearbeitungen (v. a. unter dem Einfluß des Poseidonios) gehandelt; sie waren Cicero sicherlich
bekannt. Hierauf lassen die (in § 3 a. E.) genannten Stilmerk-
male schließen. Andererseits kamen die Originalmanu-
skripte des Aristoteles im Frühjahr 83 v. Chr. mit Sullas
Kriegsbeute nach Rom, wo Andronikos aus Teos eine Neuausgabe veranstaltete. Zu ihr konnte Cicero Zugang haben.
Wenn *quaedam* von daher nicht zu klären ist, bleibt die
Möglichkeit, eine vorsichtig ironische Bezugnahme auf die
von Unkenntnis zeugende Frage des Trebatius anzunehmen.

Wie gut Cicero selbst in dieser Situation informiert war, muß offenbleiben. – In kurzer Zeit: Cicero spielt auf seine äußerst fruchtbare schriftstellerische Tätigkeit an, die er seit dem Tod seiner Tochter Tullia (Februar 45 v. Chr.) entfaltet hat.

2 übersetzen: Da dem Trebatius, wie man im weitern erfährt, mit der Ausleihe des Werkes nicht zu helfen war, muß *tradere* (wörtl. ‚übergeben‘) hier im Sinne von ‚vorübersetzen‘ verstanden werden. – taktvoll: Höflichkeit gehört zum Widmungsproömium. Darüber hinaus hatte Cicero guten Grund, sich Trebatius zu verpflichten; s. § 5. – Rhetoriklehrer: Auf die *rhetores* ist nicht nur Cicero schlecht zu sprechen: Cicero kommt es im übrigen darauf an, sie deutlich gegen die *oratores* abzusetzen, die nach seiner Vorstellung Philosophie und Beredsamkeit in einer Person vereinen sollten.

RATIONE ET VIA: ut sine ullo errore ad argumentorum inventionem via quadam et recto filo atque artificio veniretur. (ex commentario Boethii. Orelli p. 504)

3 schwere Verständlichkeit: Dieses Urteil steht im Gegensatz zu dem geradezu überschwenglich positiven am Ende von § 3. Man kann vermuten, daß mit *obscuritas* der Eindruck bezeichnet wird, den Trebatius beim ersten Hinschauen von den Topika hatte. – Aristotelisches: Mit diesem Ausdruck wird der Rhetor als Banause qualifiziert. Das ist jedenfalls eher anzunehmen als die Vermutung, Cicero wolle den Text damit noch weiter vom aristotelischen Original abrücken, als in § 1 möglicherweise mit *quaedam* geschehen. – sogar zünftige Philosophen: Ein neues Interesse für Aristoteles läßt sich daraus nicht herleiten. – geradezu unglaubliche Fülle und Anmut seines Stils: Das kann man von den esoterischen Schriften des Aristoteles schwerlich behaupten: „Sie besitzen keinerlei literarische Anziehungskraft und benutzen alle eine ganz spezielle abstrakte Terminologie" (P. Kroh). Ähnliches könnte man im übrigen auch über Ciceros Topica sagen, ausgenommen freilich v. a.

die an Trebatius gerichteten, eher an Platon orientierten Partien.

4 einem Rechtsexperten widerfahre ein Unrecht: eine rhetorische Pointe. – *da du mit Schriftsätzen aushalfst:* Das Verbum *scribere* (wörtl. ‚schreiben‘) muß hier als juristischer t. t. verstanden werden; vgl. die Kommentierung durch Boethius. Für die Lesart (des cod. Ottobonianus) *cavisses* spräche Pro L. Murena 9. – *wie eingespannt ich ... war:* Die politische Situation – vier Monate nach den Iden des März 44 v. Chr. – hielt Cicero in Atem: vgl. dazu auch u., § 5 (Anf.) und § 62.

SCRIPSISSES: quod vel ipsi vel iis, quos defenderit, plura cavisset. – Sane in utramque partem disputari potest; nam etsi SCRIPSISSES ut docte dictum defenditur ex Epp. ad Div. (= *Ad fam. 7,18 K.*) ad Trebatium, ‚quod si scribere oblitus es, minus multi iam te advocato causa cadant‘, eodem tamen verbo grammaticus explicare poterat v(erbum) CAVISSES I(uris) C(onsul)torum significatu h(oc) l(oco) accipiendum. (ex commentario Boethii. Orelli p. 505)

5 bei meinem Aufbruch nach Griechenland: s. hierzu den Brief Ciceros an Trebatius (Ad familiares 7,20 K.) vom 20. Juli 44 v. Chr. aus Velia. Cicero war am 17. Juli von seinem Pompeianum abgereist, mit dem Ziel Athen, wo er seinen Sohn besuchen wollte. Am 20. Juli machte er in Velia Station, von wo aus er an Trebatius, den er in seinem Hause nicht antraf, einen Brief schickte (s. S. 86 ff.). Die Reise führte über Regium (h. Reggio di Calabria) nach Syrakus, wo er am 1. August ankam und wegen schlechter Windverhältnisse nicht weitersegeln konnte. Bedrohliche Nachrichten, die ihn dort erreichten, veranlaßten ihn, seine Griechenlandreise abzubrechen. Er kehrte über Velia zurück, wo er sich mit Brutus traf und sich über die politische Situation informieren ließ: Antonius strebe die Nachfolge Caesars an. (Spannend dargestellt von M. Fuhrmann, Cicero und die römische Republik, S. 241 ff.). – *zwischen den Fronten:* Ein neuer Bürgerkrieg bahnte sich an. „Am 2. September 44 eröffnete Cicero mit seiner 1. philippischen Rede den Angriff auf Antonius. Mitte November gingen zwei Legionen auf die Seite des jungen Octavius über... Auf einer illegalen Senatssitzung am 28. November ließ Antonius die Provinzen unter seine Anhänger und Freunde verteilen, er selbst aber eilte nach Gallia Cisalpina, um diese Provinz dem D. Brutus zu entwinden. Dieser verschanzte sich in dem festen Mutina, noch vor dem Jahresende begann Antonius mit der Belagerung der Stadt. Damit war der Bürgerkrieg, den Caesar vorausgesagt hatte, offen ausgebrochen." (H. Bengtson, GdRG 237). – Keine der beiden Parteien interessierte sich (zunächst) für Cicero; vgl. De divinatione 2,6: *casus gravis civitatis, cum in armis civilibus nec tueri meo more rem publicam nec nihil agere poteram* ... – Schuld: Es handelt sich nicht um pekuniäre Schulden (mit denen Cicero ständig zu kämpfen hatte), sondern um ‚moralische‘, d. h. um die Einlösung des die Topika betreffenden Versprechens. – aus dem Kopf: Es ist durchaus glaubhaft, daß Cicero ohne Bücher reiste, und auch der Befund seiner Topica erhärtet, daß er bei allen Rückgriffen auf Früheres etwas durchaus Neues gestaltete. Im übrigen benutzte er die Seereise auch noch zur Abfassung eines neuen Vorworts zu seiner (verlorenen) Schrift De gloria (J. V. Le Clerc bei H. Bornecque, S. 61). – mein Anliegen: s. o., zu § 2.

Erster Hauptteil: loci communes
Erster Durchgang
(§§ 6–25)

6 Methode des Erörterns: Den Oberbegriff ‚erörtern‘ (*disserere*) gliedert Cicero hier in die beiden Aspekte des Auffindens (*invenire*) und des Bewertens (*iudicare*); anders z. B. De finibus 4,10. Mit der ‚Methode des Auffindens (von Argumenten)‘ hatte sich Cicero schon früher, zuerst in dem Frühwerk De inventione (vor 80 v. Chr.) befaßt. – Aristoteles: 384–322 v. Chr., aus Stageiros, Schüler Platons, Begründer des Peripatos; s. auch o., zu § 1. – Stoiker: von Zenon aus Kition um 300 in Athen gegründete Philosophenschule.

Sie erhielt ihren Namen nach der *Stoà poikílē* (der ‚Bunten Halle‘) auf der Agora zu Athen. – Dialektik: die ursprüngliche Bezeichnung für das heute ‚Logik‘ genannte Wissenschaftsgebiet. In der Antike gliederte man die Philosophie meist in die drei Disziplinen *dialektikē, ēthikē, physikē;* vgl. z. B. De oratore 1,68. – der natürlichen Reihenfolge nach: Die Bewertung eines Arguments setzt immer dessen Kenntnis voraus. Die Wissenschaften entwickeln sich jedoch nicht immer in der von späteren Systematikern gewünschten Reihenfolge; vgl. hierzu auch De finibus 4,10; Libri Academici 1,32.

7 die nötige Muße: Sie fehlte Cicero in den letzten Jahren; so blieben manche literarische Pläne unausgeführt. – *Stelle:* Der Begriff *locus* (griech. *tópos*) begegnet im weiteren ständig. Er mag sich aus dem ursprünglich empirischen Vorgehen des Peripatos erklären: Ehe man an eine Klassifizierung gehen konnte, mußte die gesamte Literatur nach einschlägigen ‚Stellen‘ (*loci,* griech. *tópoi*) durchforscht werden. Danach wurde *tópos* zur heute noch gebräuchlichen Bezeichnung für typische, ständig wiederkehrende Ausdrucks- und Begründungsmuster. Cicero unterscheidet zwischen *loci proprii* (s. u., §92) und *loci communes* (§97). Der Begriff *loci communes* (griech. *koinoì tópoi*) wird in der Übersetzung ‚Gemeinplätze‘ heute abschätzig verwendet und verstanden. Um ein solches Mißverständnis auszuschließen, verwendet unsere Übersetzung neben der Wiedergabe mit ‚Topos/Topoi‘ den Ausdruck ‚Argumentationsmuster‘. – *die Stelle gezeigt:* vgl. De oratore 2,174: *ut enim, si aurum cui, quod esset multifariam defossum, commonstrare vellem, satis esse deberet, si signa et notas ostenderem locorum, quibus cognitis ipse sibi foderet id, quod vellet, sic has ego argumentorum notavi notas, quae quaerenti demonstrant, ubi sint.* Auch Partitiones oratoriae 109: *tamquam thesauros argumentorum.* – Aristoteles: s. o., §6.

GLIEDERUNGSÜBERSICHT

in eo, de quo agitur	§§ 8.72		im Gegenstand selbst Liegendes
ex toto (definito)	8.9.26–29.31.32.34		aus dem Ganzen
ex partibus eius (partitio)	8.(10).28.30.33.34		aus dessen Teilen
ex nota (notatio)	8.(10).35–37		aus der Etymologie
ex eis rebus, quae quodam modo adfectae sunt ad id, de quo quaeritur	11.	38–71	aus in Beziehung zum Ganzen Stehendem
extrinsecus quae adsumuntur	8.24.	72–78	außerhalb des Gegenstandes Liegendes

8 Argument: Das Argument hat die Aufgabe, „einer strittigen Sache Glaubwürdigkeit zu verschaffen". Dies ist nicht im sophistischen Sinn zu verstehen („die schwächere Sache zur stärkeren machen"); vielmehr bedeutet *res dubia* hier soviel wie *res, de qua ambigitur* (die Sache, um die es geht, in §95 griech. *krinómenon*). Da im folgenden zahlreiche Rechtsfälle als Beispiele angezogen werden, sei darauf hingewiesen, daß der Begriff *argumentum* auch in Justinianischer Zeit noch so verwendet wird, z. B. Callistratus, De cognitionibus IV: *Quae argumenta ad quem modum probandae cuique rei sufficiant, nullo certo modo satis definiri potest* (Dig. 22,5,3,2). Nach allgemeiner Überzeugung geht im übrigen „die juristische Argumentationslehre auf die ciceronische Topik zurück" (Brockhaus Enzyklopädie 2,709 s. v. Argument 1). – stecken in dem Gegenstande selbst: Hierunter fallen die 16 von Cicero behandelten *loci (communes)*. Der t.t. *(locus) communis* fällt erst in §97. – von außen herangeholt: Hierzu zählt Cicero die Beweisführung anhand von Autoritäten, Zeugen und Indizien. – in Beziehung ste-

hen: Das Verbum *afficere* ist hier als rhetorischer-dialekti-
scher t.t. verwendet (K. E. Georges 1,226 Nr. 1).

9 Definition (*definitio*): der einzige *locus communis*, der
ex toto gewonnen bzw. auf dieses Ganze angewandt wird.
Zur Unterscheidung von *divisio* und *partitio* als Teilen der
Definition s. u., § 30. – den gleichsam eingehüllten Gegenstand: vgl. Libri Academici 2,26: *Sed cum ea, quae quasi
involuta fuerunt, aperta sunt, tum inventa dicuntur.* –
Musterformel (*formula*): hier im Sinne von ‚Beispiel‘ (*exemplum*) zu verstehen. Cicero gibt im weiteren zu jedem Punkt
seiner Ausführungen ein Beispiel. – Rechtsordnung für Bürger: Der Begriff *ius civile* deckt sich nicht mit unserem
Begriff ‚Bürgerliches Recht‘ (zum Unterschied von ‚Straf-
recht‘), sondern bezeichnet das speziell für Menschen mit
römischem Bürgerrecht (eigtl. Bürgervorrecht) geltende
Rechtssystem (zum Unterschied vom *ius gentium*, dem
‚Völkerrecht‘, bzw. – in anderem Zusammenhang – zum *ius
honorarium*, der in der Hand des Prätors liegenden Fortentwicklung des geltenden Rechts); vgl. M. Kaser, RPrR
S. 14.18. – zum Schutz ihrer Interessen: vgl. De oratore
1,188: *Sit ergo in iure civili finis hic: legitimae atque usitatae
in rebus causisque civium aequitatis conservatio.* – folglich
ist...: Die ‚Definition‘ ist hier Obersatz eines Syllogismus
(eines sog. Dreischlusses). Es erstaunt, daß Cicero bei der
Behandlung der Definition zunächst (s. auch u., §§ 26–28)
ohne Gattung und Art auskommen will, erst in § 29 das
proprium einführt und dann in § 31 *genus* und *forma* definiert.

10 Aufzählung der Teile: Auch in diesem Beispiel ist ein
Syllogismus vorgeführt, in dem die eigentliche *partium
enumeratio* den (negierend formulierten) Obersatz bildet. –
freier Bürger: Das römische Recht „kennt drei Formen der
Freilassung, zwei unter lebenden und eine von Todes wegen.
Bei der *manumissio censu* wird der Freizulassende im Ein-
verständnis mit seinem Herrn bei der alle fünf Jahre abgehal-
tenen ‚Volkszählung‘ (*census*) als freier Bürger in die Bürger-

liste eingetragen. Bei der *manumissio vindicta* handelt es sich um eine Art gerichtlicher Freilassung durch den Prätor bzw. später in Gegenwart des Magistrats und seines Liktors. Schließlich kann die Freilassung auch noch im Manzipationstestament erfolgen (*manumissio testamento*)." M. Kaser, RPrR, S. 82. – Etymologie: Der Hauptgliederungspunkt *ex nota* (s. o., § 8) wird hier durch den *locus communis* der *notatio* vorgestellt: *notatio* „überhaupt die Bezeichnung des in einem Wort enthaltenen Begriffs, die Etymologie." (K. E. Georges 2,1192). – Die verwendete Etymologie ist – wie in der Antike häufig – fragwürdig, doch geht dies nicht auf das Konto Ciceros, sondern des L. Aelius (s. u.). Das Adjektiv *assiduus* hängt mit *ad-* und *sedere* (sitzen) zusammen und bedeutet somit ,ansässig', während L. Aelius von *aes* (oder *assem*) *dare* (,Geld', d. h. Steuergeld ,hingeben') ausgeht. Wenn man freilich die Zwölftafelgesetze (I 4) ansieht, erscheint die Erklärung des L. Aelius keineswegs abwegig: *Assiduo vindex assiduus esto. Proletario iam civi quis volet vindex esto.* Vgl. auch Cicero, De re publica 2,40; Cicero, Pro P. Quinctio 19; Pro Q. Roscio comoedo 49 (;Gellius, noctes Atticae 6,10,15) – Rechtsbeistand (bei Vollstreckungen): „Nach Vorliegen des Richterspruches begann der Vollstreckungszugriff. Bei Vorführung des Schuldners konnte nun ein geeigneter Dritter als *vindex* auftreten und die Vollstreckung abwenden". (Kunkel-Selb, RR Anh. § 5,1). Man könnte diesen *vindex* etwa als ,Vollstreckungsbeistand' bezeichnen und *assiduus* mit ,steuerpflichtiger Bürger' übersetzen. – L. Aelius: wahrscheinlich Sex. Aelius Paetus Catus, Konsul 198 v. Chr., Censor 194 v. Chr. (KlP 1,88 Nr. I 13), als Jurist bedeutend, von Cicero in De oratore 1,240, Brutus 78 und Ad familiares 7,22 K. genannt. In Frage kommt aber u. U. auch C. Aelius Gallus (KlP 1,87 Nr. I 3), der Begriffe des *ius civile* interpretiert hat, oder, wenn man sich an den nicht unumstrittenen Vornamen Lucius hält, auch L. Aelius Stilo Praeconinus (KlP 1,89 Nr. II 14), der als erster römischer Grammatiker gilt und Ciceros Lehrer war; s. Brutus 169.205 ff.

FACIENDI LIBERI tres sunt partes: una quidem, ut censu liber fiat; censebantur enim antiquitus soli cives Romani. Si quis ergo consentiente vel iubente domino nomen detulisset in censum, civis Romanus fiebat et servitutis vinculo solvebatur, atque hoc erat ,censu fieri liberum', per consensum domini nomen in censum deferre et effici civem Romanum.

Erat etiam pars altera adipiscendae libertatis, quae vindicta vocabatur. Vindicta vero est virgula quaedam, quam lictor manumittendi servi capiti imponens eundem servum in libertatem vindicabat, dicens quaedam verba solennia, atque ideo illa virgula ,vindicta' vocabatur.

Illa etiam pars faciendi liberi est, si quis suprema voluntate in testamenti serie servum suum liberum scripsit. (Ex commentario Boethii, Orelli p. 506)

AERE: Vindex est, qui alterius causam suscipit vindicandam, quos nunc procuratores vocamus.

Quid est ,assiduus' aliud nisi ,assem dans'? Assem vero dare nisi locuples non potest, assiduus igitur locuples est. Cum igitur lex

GLIEDERUNGSÜBERSICHT

res adfectae	§§ 11		38	in Beziehung stehend
coniugata, coniugatio	11	12	38	Wortverwandtschaft
genus	11	13.31	39–40	Gattung
forma, species		14.31	(40)	Art
similitudo	11	15	41–45	Ähnlichkeit
differentia	11	16	46	Verschiedenheit
contrarium	11	17	47–49	Gegensatz
adiuncta	11	18	50(–52*)	Analogien
antecedentia	11	19	53	Voraussetzungen
consequentia	11	19.20	53	Folgen
repugnantia	11	19.21	53 (–57**)	Unvereinbarkeit
causae, efficientes res	11	22	58–66	Ursachen
effecta, effectae res	11	23	67	Wirkungen
comparatio	11	23	68–71	Vergleichbarkeit

* dazu: ante rem, cum re, post rem
** dazu: enthymema, modi conclusionis

Aelia Sanctia (*i. e.* Sentia) assiduo vindicem assiduum esse constituat, locupletem iubet locupleti; assiduus quippe est locuples, a dando aere nominatus. (ex commentario Boethii, p. 506)

11 in einer gewissen Beziehung zum Gegenstand: s. o., § 8. – Es folgt eine Aufzählung von 13 Argumentationstypen; das Pendant dazu findet sich in § 71; vgl. auch Partitiones oratoriae 7.

12 verwandt: Wie die Beispiele *compascuus/compascere* und *sapiens/sapienter/sapientia* zeigen, handelt es sich bei Topos *ex coniugatis* nicht um die (in § 10 *notatio* genannte) Etymologie (Beispiel: *assiduus*), sondern um Phänomene, die unter die Wortbildungslehre fallen. Vgl. Quintilian, Institutio oratoria 5,10,85, der die Stelle zitiert. Cicero interessiert hier nicht das philologische Problem, sondern die Herleitung von Ansprüchen anhand des Topos *ex coniugatis*. – *syzygía*: wörtl. ‚Zusammenspannung‘; zum Wort s. Aristoteles, Topika 113a12, zur Sache z. B. Martianus Capella, De nuptiis 3,311. – Gemeindeweide/gemeinsam beweiden: Den beiden Wörtern *compascuus* und *compascere* liegt das Verbum *pascere* (‚weiden‘) zugrunde. Jedermann hatte das Recht, sein Vieh auf dem Gemeindeland (vgl. ‚Allmende‘) gemeinsam (mit dem anderer Berechtigter) zu weiden. Vgl. hierzu Scaevola, Digesta IV: *ius compascendi, compascuum* (Dig. 8,5,20,1).

13 von der Gattung: Der philosophische t. t. *genus* bildet den Gegensatz zu *forma* (§ 14) bzw. *species* (§ 30); s. auch De oratore 1,189; Quintilian, Institutio oratoria 5,10,62. – so hergeleitet: Als Beispiel dient ein Syllogismus; s. u., § 54 (‚*primus modus*‘)

(G = *genus* = *argentum omne*; F = *forma* = *pecunia numerata*; L = *legatum mulieri*; ≠ „nicht gleich“; → = „wenn ..., dann“; | = „nicht beide“; ∧ = „und“)

   (*si*) G | F → F ≠ L
   (*at*) G ∧ F

─────────────────────────

(*igitur*)   F = L

Silber: Das Beispiel operiert mit der Doppelbedeutung von *argentum* („Silber' als Material, „Geld' als geprägte Münze); s. auch Quintilian, Institutio oratoria 5,11,33. – Erscheinungsform/Gattung: s. o., zu *genus* und *forma*. Zu diesem Problem gibt es interessante Fälle in den Digesten, z. B. Gaius, Rerum cottidianarum sive aureorum II (Dig. 41,1,7,5); Ulpianus, Ad Sabinum XL: *An, cui argentum omne legatum est, ei nummi quoque legati esse videantur, quaeritur. Et ego puto non contineri: non facile enim quisquam argenti numero nummos computat. Item argento facto* (verarbeitetes Silber) *legato puto, nisi evidenter contra sensisse testatorem appareat, nummos non contineri* (Dig. 34,2,27,1): Man konnte also auch anderer Ansicht sein als Cicero. Vgl. auch Dig. 50,16,178 pr.: *pecunia numerata.* – Vermächtnis: „Unter dem Namen ‚Vermächtnis' (*legatum*) werden Rechtsgeschäfte zusammengefaßt, die eine Zuwendung einzelner Gegenstände oder Rechtsvorteile von Todes wegen enthalten, im Gegensatz zur Erbfolge als Gesamtnachfolge" (*hereditas*). M. Kaser, RPrR, S. 339 ff.

14 Art der Gattung: Gemeint ist ‚Art' als Untergliederung von ‚Gattung'. Merkwürdigerweise läßt Cicero hier die Gleichsetzung von *pars* mit *forma* ausdrücklich zu, während er sie an späterer Stelle (s. u., § 31) ebenso nachdrücklich ablehnt. – Fabia: fiktiver Name, wie in juristischen Formularen üblich; vgl. Numerius Negidius (N. N.), Aulus Agerius (A. A.) – wenn Geld vermacht ist: s. dazu o., § 13; vgl. Cicero, Pro A. Cluentio 22.33. – *materfamilias*: Kein Rechtstitel, sondern Ehrentitel der Frau, die mit ihrem Mann eine sog. Manus-Ehe eingegangen ist, sich also der Vollgewalt des *paterfamilias* unterworfen und ihm Kinder geboren hat. *manus* (wörtl. ‚Hand') ist die alte Bezeichnung der Hausgewalt (‚Munt'). Vgl. M. Kaser, RPrR, S. 260 f. – *uxores*: Sichtlich engt Cicero hier den Begriff *uxor* auf eine Frau ein, die keine Manus-Ehe eingegangen ist, sondern nur in einer sog. Usus-Ehe lebt. Diese Verwendung desselben Wortes für *genus* und *species* ist nicht korrekt. – auf folgende

Weise: Das Beispiel stellt einen Syllogismus (Dreischluß) dar; s. u., § 54: ‚*secundus modus*‘:

(F = *Fabia*; M = *materfamilias*; P = *pecunia*; L = *legatum Fabiae*; → = „wenn... dann"; $\neq$ = „nicht gleich"; $\lnot$ = „nicht")

				p → q
si	F = M → P = L	In der Schreibweise		
(*at*)	F $\neq$ M	der Aussagenlogik	$\lnot$ p	
(*igitur*)	P $\neq$ L		$\lnot$ q	

CONVENERUNT: Uxoris species sunt duae: una materfamilias, altera usu; sed communi generis nomine ‚uxores‘ nominantur. Materfamilias vero non esse poterat, nisi quae convenisset in manum. Haec autem certa erat species nuptiarum. Tribus enim modis uxor habebatur: usu, farre, coemptione; sed confarreatio solis pontificibus conveniebat. Quae autem in manus per coemptionem convenerant, hae matresfamilias vocabantur. Quae vero usu vel farre, minime. Coemptio vero certis solemnitatibus peragebatur et sese in co- emendo invicem interrogabant, vir ita: an sibi mulier materfamilias esse vellet. Illa respondebat velle. Item mulier interrogabat, an vir sibi paterfamilias esse vellet. Ille respondebat velle. Itaque mulier viri conveniebat in manum, et vocabantur hae nuptiae ‚per coemp- tionem' et erat mulier materfamilias viro loco filiae. Quam solemni- tatem in suis institutis Ulpianus exponit. Quidam igitur extremo iudicio omne Fabiae uxori legavit argentum, si quidem Fabia ei non uxor tantum, verum etiam certa species uxoris, id est materfamilias esset. Quaeritur, an uxori Fabiae lega- tum sit argentum. (ex commentario Boethii. Orelli p. 507).

15 nach der Ähnlichkeit: zum Topos *similitudo* s. z. B. Cicero, De oratore 2,71; Quintilian, Institutio oratoria 5,10,73; 5,11,32. – Nießbrauch: „Der *ususfructus* ... gibt einer bestimmten Person das Recht, die belastete Sache, gleichgültig wer ihr Eigentümer ist, auf jede Weise, mit der er die Substanz nicht verändert, zu gebrauchen und von ihr Früchte zu ziehen." Paulus, Ad Vitellium III: *Usus fructus est ius alienis rebus utendi salva rerum substantia* (Dig. 7,1,1). M. Kaser, RPrR, S. 134. – Vermächtnis: s. o., § 13. – Schaden nehmen: vgl. z. B. Ulpianus, Ad edictum LIII: *Ceterum si modica portiuncula aedium amplissimarum vitium faceret...* (Dig. 39,2,15,13); auch Dig. 14,2,10,1. –

ebensowenig: Hierin besteht in diesem Falle die Ähnlichkeit (*similitudo*), die nur insoweit gegeben scheint, als auch der Sklave als Sache gilt. Eventuelle Mieter des Hauses sind in der Argumentation nicht berücksichtigt. – Erbe: Ein Legat geht immer zu Lasten des/der (Haupt-)Erben.

16 nach der Verschiedenheit: Das Subst. *differentia* ist hier als Gegensatz zu *similitudo* (s. o., § 15) verwendet; das zu erwartende Subst. *dissimilitudo* ist u., § 62 nicht als t. t. verwendet, wohl aber das Adj. *dissimilis* u., § 46; vgl. auch Quintilian, Institutio oratoria 5,11,33. – Silbergeld: s. dazu o., § 13. – Forderungen gegen Dritte: „Durch Buchungen ohne Zahlung entstehen Buchforderungen (*nomina transscripticia*: Gaius, Institutionum commentarius 3,128.133). Die Gegenbuchung im Hausbuch des Schuldners (*acceptum ferre, acceptilatio*) war offenbar nicht wesentlich." (M. Kaser, RPrR, S. 190); vgl. Zwölftafelgesetze 5,9: *ea, quae in nominibus sunt...* (Gordianus, Cod. Iustinianus 3,36,6; auch Dig. 30,44,6); Gellius, Noctes Atticae 4,1,10.

17 aus dem Gegensatz: Der Gegensatz, die Antithese (*contrarium*), nicht zu verwechseln mit dem Widersprechenden (*repugnans*, s. u., § 21), besteht hier zwischen *usus* und *abusus*. Vgl. Cicero, De inventione 1,42; Quintilian, Institutio oratoria 5,10,73; Ulpianus, Ad edictum V: *per contrarium* (Dig. 2,4,8,1). – Nießbrauch: s. o., § 15; vgl. Cicero, Pro A. Caecina 11. – Gebrauch: „...das Gebrauchsrecht (*usus*) schließt nach unbestrittener Kasuistik eine ‚mäßige' Fruchtziehung für den Bedarf des Berechtigten ein; vgl. Ulpianus, Ad Sabinum XVII (Dig. 7,8,2,1...)". Nach M. Kaser, RPrR, S. 137. – Verbrauch: Die Abgrenzung zwischen *usus* und *abusus* bereitete sichtlich immer Schwierigkeiten; s. z. B. Ulpianus, Ad Sabinum XVIII (Dig. 7,5,1.5). – Weinkeller: Es ist wenig wahrscheinich, daß es hier darum geht, die Frau überhaupt von der *cella vinaria* fernzuhalten; vgl. jedoch Plinius, Naturalis historia 14,89.

UTIMUR iis, quae nobis utentibus permanent; iis vero abutimur, quae nobis utentibus pereunt. (ex commentario Boethii. Orelli p. 507).

18 von der Analogie her: Als „rhetorischer und dialekti-
scher t. t. bezeichnet *adiunctum (negotio)* das einer Sache
Verwandte, Ähnliche nebst den sie begleitenden Nebenum-
ständen, woraus man auch Schlüsse für die Sache selbst ziehen kann ...; und so *adiuncta, -orum* Nebenumstände der
Zeit, des Ortes usw." (K. E. Georges 1,126,b). Unsere Übersetzung entscheidet sich mit H. Bornecque für die Wiedergabe mit ‚Analogie'. Im vorliegenden Beispiel würde eine
analoge Anwendung unerträgliche Weiterungen nach sich
ziehen. Vgl. die moderne Argumentation: „Wo kämen wir
da hin?" – Testament: Frauen waren grundsätzlich nicht
testierfähig; sie benötigten einen *tutor* (s. u., ex commentario
Boethii). Dies änderte sich erst unter Hadrian (117–138
n. Chr.). Vgl. M. Kaser, RPrR, S. 318; Paulus, Ad edictum
XXXIX (Dig. 37,4,4,2). – Schmälerung der Rechtsstellung:
Es gibt drei Arten der *capitis deminutio*: den Verlust der
Freiheit, den Verlust des Bürgerrechts und das Ausscheiden
aus der Stellung im Familienverband durch Eintritt in die
eheliche Gewalt des Ehemanns (s. o., § 14). Vgl. M. Kaser,
RPrR, S. 72. Im vorliegenden Beispiel ist die dritte Art angesprochen. – Prätorenedikt: Von den Prätoren wurde durch
das *edictum perpetuum* die Fortentwicklung des *ius civile*
betrieben (s. o., § 9: *ius honorarium*). Zu den Aufgaben des
Prätors gehörte es auch, die Besitzübertragung vorzuneh-
men und zu schützen (Interdiktenschutz); vgl. M. Kaser,
RPrR, S. 95; s. auch Cicero, Pro P. Quinctio 36.60; In
C. Verrem 1,113–115.117. Hier ist die prätorische *bonorum
possessio* gemeint, d. h. der honorarrechtliche Erbschaftsbe-
sitz (nach M. Fuhrmann). – Sklaven, Verbannte, Kinder: Sie
waren nicht testierfähig. – zu *capitis deminutio* s. Ulpianus
(Dig. 26,4,3,9); Paulus (Dig. 33,2); zu *servus*: s. Institutiones
1,16,4; 1,16,11,1–3; Dig. 4,5,1.

CAPITIS DEMINUTIO est prioris status permutatio. Id multis modis
fieri solet, vel maxima, vel media, vel minima.
Maxima est, cum et libertas et civitas amittitur, ut deportatio.
Media vero, in qua civitas amittitur et retinetur libertas, ut in Latinas
colonias transmigratio.

Minima, cum nec civitas nec libertas amittitur, sed status prioris qualitatis immutatur, velut adoptatio, aut quibuslibet aliis modis prior status retenta civitate potuerit immutari.
Mulieres vero antiquo iure tutela perpetua continebat. Recedebant vero a tutoris potestate, quae in manum viri convenissent, itaque fiebat eis prioris status permutatio, et erat capite deminuta, quae viri convenisset in manum.
Quaedam igitur, quae se numquam capite deminuisset, id est quae in manum viri minime convenisset, sine tutoris auctoritate testamentum fecit. (ex commentario Boethii. Orelli p. 508)

19 Voraussetzungen, Folgen, Unvereinbarkeit: Von diesen drei als miteinander zusammenhängend bezeichneten Topoi werden zunächst die *antecedentia* anhand eines Beispiels erläutert, – *antecedens* „insbes., als philos. t. t.: *causa*, die voraus- oder vorhergehende (bewirkende) Ursache, Cic. de fat. 24 u. ö. – so auch subst., *antecedens*, das Vorhergehende, früher Stattfindende, als wirkende Ursache (Ggstz. *consequens*), Cic. top. 88: öfter im Plur., *antecedentia* (Ggstz. *consequentia*), Cic. top. 53. Quint 5,10,45 u. a." (K. E. Georges 1,459, b). Unsere Übersetzung entscheidet sich mit H. G. Zekl für die Wiedergabe durch ‚Voraussetzungen'. – Schuld: Der Begriff *culpa*, der ursprünglich in dem *iniuria*-Begriff der *lex Aquilia* (286 v. Chr.) verankert war, wurde später aus dieser ausgegliedert (Vorsatz: *dolus*, Fahrlässigkeit: *culpa*); er bezog sich überwiegend auf Geschäftsvorgänge. Hierzu Ulpianus, Ad edictum VIII (Dig. 9,2,5). – Im Eherecht scheint der Begriff *culpa* nur das Innenverhältnis der Ehepartner betroffen zu haben. „Die Freiheit der Scheidung (*divortium*) gilt bis zum Ende der Klassik (2./3. Jh. n. Chr.) als unantastbares, aus dem Wesen der ⟨römischen⟩ Ehe folgendes Prinzip: *libera matrimonia esse antiquitus placuit* ... Beschränkt wird diese Scheidungsfreiheit zunächst nur durch sakralrechtliche Strafandrohungen für den Fall des Mißbrauchs und weiter durch die Sittenaufsicht des Censors; daneben auch durch wirtschaftliche Rücksichten, weil der Mann die Mitgift herausgeben muß." (M. Kaser, RPrR, S. 268). – Scheidungsbote: Der Ausdruck

nuntium remittere meint die Zusendung eines Scheidungsboten, die üblich, aber nicht vorgeschrieben war. Durch
diese Zusendung wurde die Scheidung (*divortium*) eingeleitet. Als Folge der Scheidung war die eheliche Gewalt durch
die sog. *remancipatio* aufzuheben. Die Frau wurde dadurch
„ihrem früheren *paterfamilias* oder einem Treuhänder
(*tutor*) übertragen", der sie seinerseits freilassen konnte. Sie
scheidet jedoch auf jeden Fall aus der Familie des Mannes
aus. Dieser ist verpflichtet, die Mitgift zurückzugeben. Die
Kinder blieben als eheliche Kinder in der Familie des Vaters
und beerbten diesen, nicht jedoch die geschiedene Frau. Vgl.
hierzu M. Kaser, RPrR, S. 268 ff. – Voraussetzungen: Sie
bestehen im Beispiel in der Tatsache, daß die Ehe als „ein
Tatbestand des sozialen Lebens galt und die Eheschließung
als solche nicht als Rechtsgeschäft aufgefaßt wurde." Nach
M. Kaser, RPrR, S. 265.

CIVITATIS ROMANAE IURE liberi retinentur in patrum arbitrio,
usque dum emancipatione solvantur. Ergo, si quando divortium
intercessisset culpa mulieris, parte quadam dotis pro liberorum
numero multabatur.
De qua re Paulus Institutionum libri secundi titulo ‚de dotibus' sic
disseruit: Si divortium est matrimonii et hoc sine culpa mulieris
factum est, dos integra repetetur.
Quod si culpa mulieris factum est divortium, in singulos liberos
sexta pars dotis a marito retinetur, usque ad dimidiam dumtaxat
dotis. Quare, quoniam, quod ex dote conquiritur, liberorum est, qui
liberi in patris potestate sunt, id apud virum necesse est permanere.
(ex commentario Boethii. Orelli p. 508)

20 von den Folgen her: Folge: „als philos. t. t. = *akólū-
thos*, folgerecht... subst. *consequens, -entis,* n., die Folge
(Ggstz. *antecedens*), Cic. de fin. 4,68: Plur., Cic. Tusc. 5,24
u. a. Quint. 5,10,2." (K. E. Georges 1,1514 f., b). – In Ciceros
Beispiel bestehen die Folgen (*consequentia*; s. o., § 19) der
nicht vollgültigen (kein *matrimonium iustum* begründen-
den) Ehegemeinschaft im Ausschluß der Kinder vom Erbe
ihres Vaters. Im Unterschied zu § 19 liegt hier eine wirksame
Ehe nicht vor. Ein Kind fällt aber durch eheliche Abstam-

mung nur dann in die Vatergewalt, wenn es in gültiger Ehe
erzeugt ist und Vater und Kind dem *ius civile* unterstehen.
(Nach M. Kaser, RPrR, S. 281). Im Beispielsfall handelt es
sich mithin um *de iure* uneheliche Kinder, die mit ihrem
Erzeuger nicht als verwandt gelten. (Nach M. Kaser, RPrR,
S. 286). Folglich beerben die Kinder den Vater nicht. Zwischen der Mutter (bzw. deren Verwandten) und dem unehe-
lichen Kind besteht eine Intestaterbfolge. (Nach M. Kaser,
RPrR, S. 286). – mit dem sie eine Ehegemeinschaft nicht
eingehen konnte: Zu den Ehehindernissen gehörten neben
mangelnder Mündigkeit, Geisteskrankheit u. ä. auch die sog.
relativen Hindernisse wie Rechts- und Statusungleichheit
(Sklaven, Freigelassenen, Nichtbürgern) sowie Blutsverwandtschaft; s. hierzu M. Kaser, RPrR, S. 262f. – Scheidungsbote: s. o., § 19.

21 von der Unvereinbarkeit her: Das Adj. *repugnans*
bedeutet ‚widersprechend‘, die Substantivierung „*repugnantia, -ium*, n., widersprechende Dinge, Widersprechendes,
Cic. de or. 2,170. Quint. 5,10,2" (K. E. Georges 2,2333 f.).
In § 53 findet sich – in gleicher Bedeutung – das Substantiv *repugnantia, -ae*. – Der Widerspruch besteht im vorliegenden Beispiel zwischen ‚rechtmäßig erhalten‘ (*recte accipere*) und ‚unfreiwillig wieder hergeben sollen‘ (*invitum reddere*). – zur Rückforderung s. z. B. Pomponius, Ad Sabinum
XXV: *solutum repetere* (Dig. 16,3,2); *repetitio dati*
(Dig. 50,17,53). – *paterfamilias*: s. o., § 14. – Nießbrauch:
s. o., § 17. – vom Sohn und nicht vom Nacherben: Nach dem
Wortlaut des Vermächtnisses (*legatum*) hatte nur der Sohn
den Nießbrauch (*ususfructus*) zu garantieren. Man hatte bei
dieser Regelung offenbar nicht mit der Möglichkeit gerech-
net, daß der Sohn bald sterben könnte. Hier zieht das *argumentum ex repugnantibus*.

22 von den Ursachen her: Die Ursache (*res efficiens*) für
den Schaden wird nicht im Abreißen der (rechtmäßig existie-
renden) gemeinsamen Hausmauer gesehen, sondern in der
mangelhaften Beschaffenheit eines an diese Mauer (rechtmä-

ßig) angebauten Gewölbes, von dem man an sich erwarten konnte, daß es in sich stabil sei. – gemeinsame Hausmauer: Der *paries communis* lieferte, wie die zahlreichen Bestimmungen in den Digesten zeigen, immer wieder Stoff für Streitigkeiten; vgl. z. B. Ulpianus, Ad Sabinum XLII: *In parietis communis demolitione ea quaeri oportet, satis aptus fuerit oneribus ferendis an non fuerit aptus* (Dig. 39,2,35); s. auch Dig. 39,2,36.37.39. – etwa auftretenden Schaden ungeschehen machen: Hierfür ist die Formel *damni infecti (promittere)* üblich; s. z. B. Dig. 39,2,26. – was das Gewölbe an Schaden nimmt: zu *vitium facere* s. o., § 15. – Zum ‚Verschuldungsprinzip‘ s. M. Kaser, RPrR, S. 167 ff.

DAMNI INFECTI promissio est, quoties quis promittit, si quod damnum eius opera contigerit, sua restitutione esse pensandum. (ex commentario Boethii. Orelli p. 508)

23 Von den Wirkungen her: Die Auswirkung (*res effecta*) ergibt sich im Beispiel aus der an das Eingehen einer Manus-Ehe geknüpften Bedingung. – Mitgift: Nach römischem Recht „trägt nur der Mann, nicht die Frau die Lasten der Ehe. Diese sind rechtlich nur ein *onus* des Vermögens des Mannes (oder wenn er selber noch *filiusfamilias* ist, seines Gewalthabers)“: Nach K. v. Czylharz, S. 237; vgl. Paulus, Ad Plautium VI: *Ibi dos esse debet, ubi onera matrimonii sunt* (Dig. 23,3,56,1). „Dies ist die Nachwirkung der Manus-Ehe, in welcher ein selbständiges Vermögen der Frau gar nicht vorkommen konnte.“ (ibid., S. 237). Die Mitgift ist in etwa einem zinslosen Darlehen vergleichbar. – vom Vergleich her: zum Vergleich (*comparatio*) als ‚vergleichende Gegenüberstellung‘ (K. E. Georges 1,1334f.) s. u. a. Cicero, De inventione 1,15; 2,72. – wenn keine Grundstücksgrenzen abgesteckt sind: s. dazu die Zwölftafelgesetze 7,2 und 7,8a (mit Rückgriff bis auf Solon); Gaius, Institutionum commentarius (in Dig. 10,1,13); Pomponius, Ad Plautium (ex Plautio) VII (Dig. 40,7,21 pr.). – Die Probleme der Grundstücksgrenzen führten immer wieder zu Prozessen: *finium regundorum (actio)* ist der Titel von Dig. 10,1; s. auch Codex Iustinianus

3,39. Das Fehlen von Grenzmarken wird im Beispiel als das wichtigere Moment (*maius*) im Vergleich zur Regelung der Wasserableitung (bei Regenfällen) betrachtet, so daß dieses *minus* als ebenfalls ungeregelt gelten muß. – Wassereinleitung: Gemeint ist, daß das (besonders bei starkem) Regen anfallende Regenwasser vom eigenen Grundstück auch in ein fremdes laufen darf. Daß dieses Problem reichen Prozeßstoff lieferte, ergibt sich z. B. aus Dig. 39,3 mit dem Titel *De aqua et aquae pluviae arcendae (actione)*; s. auch Cicero, Pro L. Murena 22. – dasselbe Beispiel umdrehen: Gemeint ist, daß nach Regelung des *maius* auch das *minus* zu regeln sei. – was in gleicher Sache gilt: Den anstehenden Fall *comparatione in re pari* zu regeln war schwierig, weil die Fristen für die Ersitzung (*usus*) für Grundstücke (*fundi*) und ‚alle anderen Dinge‘ (*ceterae res omnes*) in den Zwölftafelgesetzen geregelt waren. ‚Gebäude‘ (*aedes*) waren in XIItab 6,3 nicht eigens erwähnt, daher konnte man sie unter die *ceterae res omnes* subsumieren. Dieses Argument ist allerdings mehr als fadenscheinig; denn alles, was fest mit dem Grundstück verbunden war, gehörte zu diesem, insbesondere Gebäude (nach M. Fuhrmann); s. dazu auch P. Jörs–W. Kunkel, RPrR 134. – Zur Ersitzung: „Die Wirkung der Ersitzung besteht darin, daß der Besitzer einer Sache, der die faktische Stellung eines Eigentümers innehat, ohne dies in Wahrheit zu sein, nach Ablauf einer gewissen Zeit auch rechtlich zum Eigentümer wird. Die Ersitzung dient also dem Ausgleich zwischen scheinbarer und wirklicher Rechtslage. Ihr liegt die Vorstellung von der heilenden Wirkung der Zeit zugrunde" (H. Honsell, RR, S. 40). – Gleichbehandlung: Das Subst. *aequitas* nimmt in der Zeit Ciceros die Bedeutung ‚Recht‘ im Sinne von ‚Billigkeit‘ an. Im vorliegenden Fall wird damit aber nur die ursprüngliche Bedeutung ‚Gleichheit‘ (im Sinne von ‚Gleichbehandlungsgrundsatz‘) gemeint sein.

PLURIMARUM RERUM usucapio annua est, ut, si quis eis anno continuo fuerit usus, eas firma iuris auctoritate possideat, velut rem mobilem. Fundi vero usucapio biennii temporis spatio continetur; de aedibus in lege nihil adscriptum est.

Quaeritur ergo, usus aedium unone anno an biennio capiatur. Faciemus a partibus argumentationem, et quoniam immobilium aequa possessio est, aedes vero immobiles sunt, ut biennio fundus usucapitur, ita etiam aedes oportet usucapere biennio possidentes.
Ita namque ait, ut, quoniam usus auctoritas fundi biennium sit, sit etiam sedium. Hic igitur aedium usus auctoritatem biennio fieri sentit, sed adiungit: ‚At in lege aedes non appellantur, et sic sunt ceterorum omnium, quorum annuus est usus‘. Hic rursus aedes in iis videtur ponere, quae annuo usu capiuntur, et concludit nihil definiens nisi ‚valeat aequitas, quae paribus in causis paria iura desiderat‘. Sed videtur ita dictum, quoniam immobiles sunt aedes, ut fundus, biennio vero fundus usucapitur, aedes quoque biennio usucapientur? et sibi ipse rursus opponit ‚Sed in lege XII tabularum de aedibus nihil adscriptum est‘, et inter eas relictae sunt res taciturnitate legis, quarum est usus annuus. Nam cum de fundo praescriberet lex biennii usucapionem, tacuit aedes, et iis potius hac taciturnitate eas iunxit, quarum annuus est usus. (ex commentario Boethii. Orelli p. 509).

24 von außen herangezogen: Cicero wendet sich damit der zweiten Hauptgruppe der Topoi zu; vgl. o., § 8: a) *in ipso, de quo agitur* (behandelt in §§ 9–23): b) *extrinsecus quae adsumuntur* (Inhalt von § 25). – Autorität: dargestellt durch Sachverständige und Zeugen, hier durch den berühmten Juristen P. Scaevola. – kunstlos: zu gr. *átechnos* s. Aristoteles, Rhet. 1,2.1355 b 35: 1,15.1375 a 22; Cicero, Partitiones oratoriae 48; De oratore 2,116; Quintilian, Institutio oratoria 5,11,1 (*inartificialis*). Aus der Sicht der Topica müßten alle Argumente der Streitsache inhärent sein und gewissermaßen ‚kunstgerecht‘ (*ratione et via*, s. o., § 2) aus ihr selbst herausgeholt werden können (*argumentum elicitur*, s. o., § 10). Alles andere gilt als ‚kunstlos‘. – P. (Mucius) Scaevola: lebte bis ca. 115 v. Chr.; Konsul 133 v. Chr. Als „Begründer des *ius civile*“ (B. Kytzler), war er die juristische Autorität der republikanischen Zeit (KlP 3,1442 f., Nr. 7). Cicero erwähnt Scaevola oft, z. B. De oratore 1,170; Brutus 108. Scaevola wird auch in den Digesten zitiert, z. B. Dig. 1,2,2,39; 24,3,66 pr.; 49,15,4. – Hausbereich: Scaevola begrenzt den Hausbereich nicht durch die Außenmauern, sondern durch die senkrechte Projektion der (etwas vorstehenden) Dächer. Die Zwölftafelgesetze (7,1) definierten den Begriff *ambitus* genau, nämlich als einen Streifen von 2,5 Fuß (*sestertius pes*), ca. 75 cm. In der Sache läuft die Definition des Scaevola etwa auf dasselbe hinaus, doch ist sie funktionsbezogen. – Das Wort *solum* kann hier nicht ‚nur' bedeuten, sondern ist als Substantiv (‚Boden') zu verstehen; s. dazu u., ex commentario Boethii. – mit der Maßgabe: Es geht zunächst darum, daß das Regenwasser nicht ins Nachbargrundstück hinein entsorgt wird; vgl. dazu o., § 23 (*aquam arcere*). Ein Findiger könnte auf den Gedanken kommen, mit einem ins Nachbargrundstück überkragenden Dach erwerbe er auch ein Recht bis zur senkrechten Projektion dieses Daches. Damit wäre aber die Verpflichtung (unter Umständen vielleicht das Recht) verbunden, das von dieser Dachvorkragung zum Schutz der gemeinsamen Hausmauer aufgenommene Regenwasser ins eigene Grundstück zu leiten. – gemeinsame Hausmauer: s. o., § 22. – muß dir als Recht gelten: ein typisches *argumentum ex auctoritate*.

SOLUM AMBITUS AEDIUM est, quantum soli aedium ambitus claudit. Scaevola igitur dixit id esse ambitus aedium solum, quod tecti diffusione tegeretur. Manifestum est enim tecta latius fundi nec parietibus adaequari, ut stillicidium longius vadat. Quae cum ita sint, quidam parietem communem tegere nitebatur.
Quaeritur, an sit aliquod ius tegendi. Respondeas tu, inquit Cicero, Trebati, id ius esse tegendi parietis communis, ut in eius, qui tegat, non aliud quodlibet tectum stillicidii aqua fundatur; alias non esse iuris, ut tegat quis parietem stillicidio in vicini tecta defluente. Haec enim stillicidii servitus nova nisi consentiente vicino nihil iuris habet.
Sed si huic opponatur ne sic quidem ut tegat esse iuris, quandoquidem aedium solum tantum est, quantum cuiusque parietes claudunt, qui vero tegit tectum longius mittit, tu, inquit, responsum tuum Scaevolae auctoritate firmabis, dicens Scaevolam respondisse hoc esse solum ambitus aedium, quantum tectum proiceretur, non quantum parietes ambirent.
Ius est igitur proicere tectum, qui intra ambitum adhuc suarum aedium tegit, sed ita, ut in suum tectum aqua defluat nec vicino nova noceat servitute. (ex commentario Boethii. Orelli p. 509).

25 durch die dargestellten Topoi: Cicero faßt zusammen, was er in §§ 10–24 ausgeführt hat. – erste Grundbegriffe: Das Substantiv *elementum* kann zwar u. a. auch soviel wie ‚Kategorie‘ bedeuten (K. E. Georges 1,2381 B.b); vgl. Quintilian, Institutio oratoria 3,6,23: *Ac primum Aristoteles elementa* (‚elementare Kategorien‘: H. Rahn 1,316 f.) *decem constituit, circa quae versari videatur quaestio*, doch scheint es sich hier nur um die Feststellung zu handeln, es seien erste Grundlagen gelegt, die in den §§ 26–78 näher erläutert werden sollen. – Fingerzeig: Das Substantiv *demonstratio* bedeutet u. a. ‚deutliche Angabe eines Gegenstandes‘, z. B. *loci, fundi, mensurae, agri* (K. E. Georges 1,2033 f. II A.b), insbesondere bei ICt., z. B. Dig. 8,1,13; 18,1,63; 50,1,36,1. – Für dich als einen scharfsinnigen Mann: als *captatio benevolentiae* zu verstehen. Trebatius wird ab § 26 mit einem weiteren Durchgang durch die schon kurz skizzierten 16 *argumenta* konfrontiert werden; wahrscheinlich hätte er es so genau gar nicht wissen wollen. Nun wird um sein weiteres Interesse geworben. – Gastmahl des Lernens: vielleicht Anklang an das Wort von den ‚*temáchē tôn Homếrŭ deípnōn*‘ (Aischylos bei Athenaios 8.347 e).

Zweiter Durchgang
(§§ 26–78)

26 nur ihm eigentümliche Glieder: Der Anspruch *sua quaedam habet membra* betrifft die klare Abgrenzung zwischen den aufgeführten Topoi; er will nicht besagen, daß es sich um ausschließliche Beziehungen zu bestimmten *quaestiones* handelt (*loci proprii* erst ab § 79). – Definition: vgl. o., § 9; Beispiel bei Quintilian, Institutio oratoria 7,3,3. – bezüglich seines Begriffs: Es handelt sich um den zweiten der *tres status generales* (*sitne, quid sit, quale sit*; s. u., § 82); vgl. z. B. Cicero, Orator 45; Quintilian, Institutio oratoria 3,6,44; 5,10,53. – existieren/vorgestellt werden: Wie sich in § 27 zeigen wird, sind damit die Konkreta (*res quae sunt*)

und die Abstrakta (*res quae intelleguntur*) gemeint, sonst
auch *res corporales* bzw. *incorporales* genannt; vgl. hierzu
Gaius, Institutionum commentarii 2,12 ff. (= Dig. 1,8,1,1):
Quaedam praeterea res corporales sunt, quaedam incorporales. Corporales hae sunt, quae tangi possunt, velut fundus, homo, vestis, aurum, argentum et denique aliae res innumerabiles. Incorporales sunt, quae tangi non possunt, qualia sunt ea, quae in iure consistunt, sicut hereditas, ususfructus, obligationes quoquo modo contractae.

27 ihr: Gemeint sind die Rechtsgelehrten (*iuris consulti*, s.
§§ 51.65 bzw. *iuris periti*, s. §§ 28.66), nicht die Richter (*iudices*), die in den Topica überhaupt nicht genannt werden. –
Einen Katalog juristischer Probleme bietet z. B. Cicero, De
oratore 1,173. – Eigentumsersitzung: s. o., zu § 23 (*usus auctoritas*). – Vormundschaft: „Unmündige (*impuberes*) und
Frauen, soweit sie *sui iuris* sind, stehen unter Vormundschaft
(*tutela*). Der Vormund (*tutor*) hat über sie und ihr Vermögen eine Schutzgewalt." M. Kaser, RPrR, S. 287 ff. –
Abstammung: „Über den Hausverbänden (*familiae*) stehen
als nächsthöhere Verbände die *gentes*... Sie leiten sich von
einem – meist legendären – gemeinsamen Stammvater (*pater gentis*) her." M. Kaser, RPrR, S. 70 f. Diese Abstammung
kommt im *nomen gentile* (z. B. *Tullius* aus der *gens Tullia*)
zum Ausdruck. – Verwandtschaft: „Agnatische Verwandte
(*agnati*) sind alle freien Personen, die in demselben Hausverband (*familia*) stehen oder noch stünden, wenn ihr gemeinsamer *paterfamilias* noch lebte." M. Kaser, RPrR, S. 70. –
Von der *agnatio* ist die *cognatio* (Blutsverwandtschaft) zu
unterscheiden: Gaius, Institutionum commentarius 1,156:
*Sunt agnati, qui per virilis sexus personas cognatione iuncti
sunt, quasi a patre cognati* (= Dig. 26,4,7). – eine Art von
Vorstellung: Das Substantiv *conformatio* ist in der hier vorliegenden Bedeutung in Ciceros philosophischen Werken
nicht belegt (auch nicht in De natura deorum 1,38), wohl
aber in De oratore 2,357: *ut res caecas... conformatio quaedam notaret.* Zum Verbum *insignire*, das nicht einheitlich

überliefert ist, vgl. Cicero, De divinatione 1,64: *insignitae notae veritatis*. – eingeprägte Ideen: die platonische Vorstellung von „Ideen als metaphysischen Wesenheiten" (A. Lesky, GGrL, S. 491); vgl. Cicero, De legibus 1,30: *in animis imprimuntur ... inchoatae intellegentiae*; s. auch Platon, Menon 81e–86c; Phaidon 72e–77d. – Begriff: Die *notiones insi⟨gni⟩tae* sind ‚reine Begriffe', ‚Begriffe a priori' (so K. E. Georges 2,1193, 2.b) im platonischen Sinn; in stoischer Terminologie *énnoiai* (z. B. Cicero, Libri Academici 2,22: *ennoias ... notitias appellare tu videbaris*; auch De finibus 3,21; Tusculanae disputationes 1,57); in epikureischer Terminologie *prolépseis* (z. B. Cicero, De natura deorum 1,43); beide t. t. in Cicero, Libri Academici 2,30.

IDEM CICERO in Timaeo (3) Platonis ait: „Quid est, quod semper sit, nec ullum habeat ortum, et quod gignatur nec umquam sit? Quorum alterum intellegentia, ratione comprehenditur, alterum affert opinioni sensus rationis expers." (ex commentario Boethii. Orelli p. 510. – Zur heutigen Textkonstitution des ciceronischen Timaeus s. R. Giomini, S. 178.

28 Auflistung/Aufgliederung: Cicero verwendet im folgenden große Mühe darauf, den Unterschied zwischen zwei Formen der Definition (*divisio* – *partitio*) verständlich zu machen, wohl auch, um sie mit seiner in § 8 gegebenen Hauptgliederung (*ex toto* – *ex partibus*) in Deckung zu bringen. H. Bornecque verdeutlicht ihn wie folgt: „La définition se donne par énumeration ou par analyse" (S. 74). Cicero hält den Unterschied mit Recht für gravierend (s. auch u., § 34), scheint ihn aber später (u., § 83) aus dem Auge verloren zu haben. Zur *divisio* vgl. Quintilian, Institutio oratoria 5,10,63; 7,1,1; zur *partitio* ibid. 4,5,1 f. – Rechtsordnung für Bürger (*ius civile*): vgl. o., § 9, wo die ‚Definition' in einen Syllogismus eingebaut ist. – Rechtsmasse: Cicero führt hier auf: *leges, senatus consulta, res iudicatae, iuris peritorum auctoritas, edicta magistratuum, mos, aequitas*; vgl. dazu De oratore 2,115: *(tabulae, testimonia, pacta conventa,) leges, senatus consulta, res iudicatae, decreta, responsa, reliqua ...* Wenn man damit Gaius, Institutionum commentarius 1,2

vergleicht, ergeben sich aus der veränderten politischen
Situation monarchische Elemente: *leges, plebiscita, senatus
consulta, constitutiones principum, edicta principum, edicta
eorum, qui ius respondendi habent, responsa prudentium.*
Bezeichnenderweise läßt Cicero die *plebiscita* unerwähnt. –
Sitte: Zur Bedeutung der *mores* s. M. Kaser, RPrR, S. 25 f. –
Billigkeit: „In klassischer Zeit bedeutet *aequitas* die Gerechtigkeit, besonders die, die der Prätor anwendet, wenn er die
Härten des *ius civile* mit seinem Honorarrecht (*ius honorarium*) überwindet." M. Kaser, RPrR, S. 25. – Art/Gattung:
s. o., §§ 13.14. – Veräußerung: Das Übertragen des Eigen-
tums an einer Sache von sich auf einen andern kann (außer
mit den Verben *tradere* und *alienare* (Inst. 2,1,40; Cod.
Iust. 2,3,20) auch mit dem Verbum *abalienare* ausgedrückt
werden (Dig. 10,3,14,1); das Substantiv *abalienatio* findet
sich in den Digesten nicht, wohl aber *traditio* und *alienatio*.
– beschränkt verkehrsfähig: „Unter den Einteilungen der des
Privatrechts teilhaftigen Sachen steht im altrömischen Recht
im Vordergrund die in *res mancipi* ... und *res nec mancipi.
Res mancipi* sind nur die italischen Grundstücke, die Sklaven
und das Großvieh ... sowie unter den *res incorporales* die
Feldservituten. Nur diese Gegenstände sind der *mancipatio*
(d. h. einem Kauf- und Übereignungsgeschäft unter Wah-
rung bestimmter Formeln) zugänglich." M. Kaser, RPrR,
S. 91. Sichtlich führte die Gemeinde eine strenge Aufsicht
über Veräußerungen von sog. quiritarischem (d. h. im *domi-
nium ex iure Quiritium* stehendem) Eigentum. Zur Eigen-
tumsübertragung s. auch die Zwölftafelgesetze (7,11, überliefert in den Institutiones Justinians 2,1,41); vgl. z. B. auch
Cicero, Pro L. Murena 3; Pro L. Flacco 80. – Übergabe
gegen Selbstverpfändung: Die Darlehensverpflichtung
(*nexus*: Verbindlichkeit) ist in den Zwölftafelgesetzen (6,1)
geregelt: *Cum nexum faciet mancipiumque, uti lingua nun-
cupassit, ita ius esto.* Gleichbedeutend mit *nexus* (auch
nexum: Darlehensgeschäft) wird das Substantiv *obligatio*
(bzw. das Verbum *obligare*) verwendet; s. z. B. Codex Iustinianus 8,15 (16),8; vgl. dazu M. Kaser, RPrR, S. 44. – Abtre-

tung vor Gericht: „Die *in iure cessio* ... ist ein Geschäft zur Übertragung, Abtretung oder Aufhebung bestimmter Rechte, bei dem der altertümliche Zivilprozeß für die *actiones in rem* ... nachgeformt wird." M. Kaser, RPrR, S. 45. Zum Unterschied zur Selbstverpfändung war die *in iure cessio* trotz der Umständlichkeit des Verfahrens vor dem Prätor der rechtlich sicherere Weg des Eigentumserwerbs. Der Ausdruck *in iure* bedeutet ‚am Gerichtsplatz‘. – Personen, bei denen das ... geschehen kann: zur ‚Geschäftsfähigkeit‘ s. M. Kaser, RPrR, S. 74. Die genannte Maßgabe rundet die Definition (hier: *divisio*) ab. – weitere Arten: Cicero beschränkt sich hier auf sein Thema und kommt auch im weiteren nicht auf andere Arten der Definition zu sprechen (abgesehen von der durch Metapher, s. u., § 32, die er ablehnt).

29 die Alten: Gemeint sind wahrscheinlich die Griechen. Musterbeispiel einer Definition, die als *divisio* (im Gegensatz zur ‚sophistischen‘ *partitio*) angelegt ist: Platon, Menon 71 a-100 c (Definition des Begriffs *aretê*). – gemeinsam/eigentümlich: Es geht um das Auffinden der sog. *differentia specifica*; vgl. Gellius, noctes Atticae 4,1,10: *Nam hoc quidem pervolgatum est, definitionem omnem ex genere et differentia consistere.* Quintilian, Institutio oratoria 5,10,55: *Finitioni subiecta maxime videntur genus, species, differens, proprium: ex iis omnibus argumenta ducuntur.* Cicero führt sein Beispiel in allen Stufen der Überlegung vor; bez. *adde* vgl. Platon, Menon 73 d 7: „Wollen wir nicht sogleich hinzusetzen ‚auf gerechte Weise‘?" usw. – Erbschaft: s. o., § 13 (*hereditas*). – Testament: „Das Testament (*testamentum*) ist seit alters und zu allen Zeiten an besonders strenge äußere und innere Formregeln gebunden. Sie erklären sich in Rom wie heute zum einen aus der Wichtigkeit des Geschäfts, derentwegen der Erblasser zu großer Vorsicht in der Gestaltung seiner Erklärungen bestimmt werden soll, und zum andern aus der Schwierigkeit, einen vom Wortlaut der Erklärung abweichenden Willen des Erblassers nach seinem Tod zu

ermitteln und zu beweisen." M. Kaser, RPrR, S. 315. Vgl. in
Justinianischer Zeit: Inst. 2, 10; Dig. 28,1 tit. – Besitzan-
spruch: Es könnte sich auch um einen begründeten
Anspruch handeln, so daß ein *interdictum* erfolgen könnte,
z. B. *retinendae possessionis sunt interdicta ,uti possidetis'*
(Dig. 43,1,2,3); *possidere* und *tenere* sind im übrigen Gegensätze (H. G. Heumann, S. 464). – Mitglieder eines Sippenverbandes: s. o., zu § 27 (*gens*); *gentiles* sind die Mitglieder
einer *gens*. – Freigeborene: Marcianus, Institutiones I: *Inge-
nui sunt, qui ex matre libera nati sunt* (Dig. 1,5,5,2); vgl.
auch Inst. 1,4. – Einbuße in der bürgerlichen Rechtsstellung:
s. o., § 18 (*capitis deminutio*). Vgl. u., ex commentario
Boethii. – (Q. Mucius) Scaevola: lebte bis 82 v. Chr.; Konsul
95 v. Chr., um 89 v. Chr. pontifex maximus. Er gehörte zu
den besten Rednern und Juristen seiner Zeit (KlP 3, 1444,
Nr. 12); s. auch u., § 37. Scaevola wird von Cicero des öftern
genannt, z. B. De oratore 1,180; 3,10; Brutus 229; De officiis
3,47; Ad Atticum 3,17,5. – Denn ich sehe...: typische Argumentation *extrinsecus*, d. h. *átechnos*); s. o., § 8. – Konkretum – Abstraktum: s. o., § 26 f.

GENTILES sunt, qui eodem nomine inter se sunt, ut Scipiones, Bruti
et ceteri.
Quid? si servi sunt? Num ulla gentilicitas servorum esse potest?
Minime.
Adiiciendum igitur: qui ab ingenius oriundi sunt.
Quid? si libertinorum nepotes civium Romanorum eodem nomine
nuncupentur? Num gentilicitas ulla est?
Ne id quidem, quoniam ab antiquitate ingenuorum gentilicitas du-
citur.
Addatur igitur: quorum maiorum nemo servitutem servivit.
Quid? si per adoptionem in alterius familiam transeat?
Tunc etiamsi eius gentis, in quam migravit, nomine nuncupetur,
licet ab ingenuis et ab iis ortus parentibus sit, qui numquam servitu-
tem servierint, tamen, quoniam in familia gentis suae non manet, ne
in gentilicitate quidem manere potest.
Addendum igitur est: neque capite sunt deminuti. (ex commentario
Boethii. Orelli p. 511)

30 worin sie sich unterscheiden: Cicero geht es hier um begriffliche Klarheit; vgl. o., § 13. – Art: hier nicht im Gegensatz zu *genus* (wie o., § 13) zu verstehen, sondern als Gegensatz zu *membra* (i. e. *partes*) verwendet; griech. *eídē*, z. B. Platon, Parmenides 129c. – unhandlich zum Deklinieren: Cicero reflektiert hier über die Grenzen der lateinischen Sprache. Dabei verfolgt er nicht wie sein Kontrahent Caesar das Prinzip der Analogie, sondern das der *commoditas in dicendo*. Man erfährt bei dieser Gelegenheit, daß *forma* und *species* (in solchem Zusammenhang) dasselbe bedeuten: *cum in utroque verbo idem significaretur*; vgl. dazu auch u., § 37.

31 Gattung/Art: Cicero ist noch immer bei dem Topos ,Definition'; ab § 26 handelte er *de ipsa definitione* (Konkreta/Abstrakta; *divisio, partitio, aliae*), ab § 28 ging es um *definitionis modus* (*commune/proprium*), ab § 30 behandelt er *quid inter se differant* (*partitio et divisio*); *genus* und *forma* als Argumentationstypen wird er erst in §§ 39.40 erläutern. Vgl. dazu auch Quintilian, Institutio oratoria 5,10,55 (Text o. bei § 29). – unterscheidendes Merkmal: s. o., § 29. – Begriff: zur Gleichsetzung von *notio* mit griech. *énnoia* bzw. *prólēpsis* s. o., § 27. – eingepflanzt und im voraus erfaßt: zum Ausdruck *insita et animo praecepta ... cognitio* vgl. o., § 27 (*conformatio insignita et impressa intellegentia*). H. Bornecque übersetzte ersteres mit „une certaine image innée, une certaine idée empreinte ⟨dans l'esprit⟩" (S. 74), letzteres mit „C'est la connaissance de chaque caractère spécifique innée et connue d'avance par l'esprit" (S. 76). – Gesetz, Sitte, billiges Ermessen: s. o., § 28 (*legibus ..., more, aequitate*). – Verwirrung: Das Insistieren auf dem Auseinanderhalten von *forma* und *pars* (analog zu *divisio* und *partitio*) dürfte Ausfluß einer damals aktuellen Diskussion sein; vgl. aber § 83, wo man den Eindruck haben muß, so wichtig sei Cicero die Sache denn auch wieder nicht, sobald es um die Anwendung in der Praxis geht.

32 Metapher: Die *translatio* ist „eine Figur, durch die ein Wort aus seinem eigentlichen Bedeutungsbereich in einen anderen Bedeutungsbereich, der mit dem ersten in einem Vergleichsverhältnis steht, übertragen wird" (H. Lausberg, S. 15); vgl. z. B. Quintilian, Institutio oratoria 8,6,4–18. – Beispiele: erneute Bezugnahme auf die *iuris consulti*; vgl. o., § 27. – (C.) Aquilius (Gallus): röm. Ritter; 66 v. Chr. Prätor mit Cicero zusammen (*collega*), ein berühmter Rechtsgelehrter (KlP 1,479 f., Nr. 11), von Cicero des öftern erwähnt, z. B. De officiis 3,60; De natura deorum 3,74. – Strand: Die ,Definition' wird durch ein Dichterzitat (s. o., *et poetae*) gegeben, die Metapher steckt in dem Verbum *eludere* (wörtl. ,sein Spiel treiben'); ähnlich De natura deorum 2,100: *mare ... terram appetens eludit.* Das Strandproblem auch in Justinianischer Zeit, z. B. Celsus, Digesta XXV: *Litus est, quousque maximus fluctus a mari pervenit: idque Marcum Tullium aiunt, cum arbiter esset, primum constituisse.* (Dig. 50,16,96 pr.). – Blüte des Lebens: Mit *flos* bzw. *occasus vitae* sind Metaphern gewählt; vgl. Philippicae orationes 2,3: *gratiam ... aetatis flore collectam; occasus* als Metapher bei Cicero nur hier in seinen Topica.

HOC ELUDERE ab iis translatum est, qui agitatione aliqua causa lusus moventur. (ex commentario Boethii. Orelli p. 511)

33 auflistende Definition: s. o., §§ 10.28.30 (*partitio*). – Vormundschaft: s. o., § 27 (*tutela*). – Obligationsverbürgungen: „das mündliche, an eine feste Frage- und Antwortform gebundene Leistungsversprechen des klassischen Rechts" (M. Kaser, RPrR, S. 188); s. z. B. Pomponius, Ad Sabinum XXVI: *Stipulatio autem est verborum conceptio, quibus is, qui interrogatur, daturum facturumve se, quod interrogatus est, responderit* (Dig. 45,1,5,1). Man unterschied *stipulationes praetoriae, iudiciales* und *conventionales.* „Das Anwendungsgebiet der *stipulatio* ist dank ihrer elastischen Gestaltung außerordentlich reich und vielseitig" (M. Kaser, RPrR, S. 189). – Formularprozeß: Der Prätor bestimmte für den Richter und die Parteien eine Verfahrensnorm, nach der der Prozeß zu führen und zu entscheiden war. – analysierende Definition: s. o., §§ 28.30 (*divisio*). – Art/Gattung: s. o.,

§§ 13.14.31 (*species/forma – genus*). – Teile: s. o., § 31 (*partes*). – Bewässerungsgräben/Quelle: Mit diesem Vergleich rückt Ciceros Verdeutlichung in die Nähe einer Metapher; vgl. aber o., zu § 32.

TUTELA quattuor fere modis est: aut enim per consanguinitatis gradum est, aut patronatus iure defertur, aut testamento patris tutor eligitur, aut urbani praetoris iurisdictione formatur. (ex commentario Boethii. Orelli p. 512)

34 Lehrbücher der Rhetorik: Man kann auch an mit Übungen verbundene Lehrgänge denken; vgl. z. B. Ciceros Partitiones oratoriae, die als Frage- und Antwortspiel zwischen Vater und Sohn aufgebaut sind. – Untersuchung: s. u., §§ 79 ff. (*quaestio*). – sogleich: H. Bornecque übersetzt *absolute* mit „d'une manière précise" (S. 77), H. G. Zekl mit „umfassend" (S. 23). Passend ist auch die Wiedergabe mit „vollständig" im Sinne von *plene, perfecte*; vgl. Rhetorica ad Herennium 2,27: *ut doceamus, quemadmodum ipsas argumentationes ornate et absolute tractare possimus.* In der Sprache der Juristen bedeutet *absolute* „ohne Vorbehalt", z. B. Dig. 33,1,13,1: *absolute responderi non posse.* – Art: s. o., §§ 13.14.31. – Schmuckmittel: zu den ‚schémata' s. z. B. Cicero, Brutus 17.37.141; Quintilian, Institutio oratoriae 1,8,16; 8,6; 9,2–3. – *partitio/divisio*: Cicero betont abschließend noch einmal, wie wichtig ihm begriffliche Klarheit in diesem Punkte ist; vgl. o., §§ 10.28.30 ff.

35 Etymologie: s. o., §§ 8.10 (*nota, notatio*); vgl. Cicero, Libri Academici 1,32: *explicatio verborum*; Quintilian, Institutio oratoria 1,6,1.28; 5,10,55.59; 7,3,25. – *veriloquium*: Die Übersetzung ist zwar ‚wörtlich' (*verbum ex verbo*), aber nicht leicht verständlich, da griech. *étymon* als ‚wahr' (*veri-*) aufgefaßt zu sein scheint (wie z. B. Homer, Ilias K 534), während es hier ‚die in allen Abwandlungen gleichbleibende Bedeutung eines Wortes' bezeichnen soll. Lat. *verus* hat – im Gegensatz zu griech. *etós* (von *eînai*) – keinen Bezug zu *esse*. – Neuschöpfung: zu Ciceros Umgang mit der Sprache s. auch o., § 30. Daß Cicero Schöpfer zahlreicher Lehnübersetzungen ist, die bis heute gebräuchlich geblieben sind, ist bekannt. – Aristoteles: s. v. a. Topika 5,2. 16a28: *tà onómata sýmbola antì tôn pragmátōn*; auch Sophistikoi elenchoi 165a8. – Terminologie: Daß es mehr um das Gemeinte gehe als um die Bezeichnung (*nomen*), ist richtig, steht aber nicht im Einklang mit o., § 34 (a. E.): *nomina distare voluerunt*.

36 Etymologie: s. o., § 35. – Rückkehrrecht: „Ist ein Römer in feindliche Gefangenschaft geraten und damit Sklave geworden, so kommt ihm das *ius postliminii* zugute... Seine Rechte sind während der Gefangenschaft in der Schwebe: Gelingt ihm die Rückkehr, so wird er (in vielen Dingen) so behandelt, als hätte er seine Rechte immer behalten" (M. Kaser, RPrR, S. 81); vgl. Institutiones 1,12,5; Dig. 49,15 tit.: *De captivis et de postliminio et redemptis ab hostibus*, darin z. B. Pomponius, Ad Q. Mucium XXXVII: *nam si eodem bello is reversus fuerit, postliminum habet, id est perinde omnia restituuntur ei iura, ac si captus ab hostibus non esset* (Dig. 49,15,5,1); vgl. auch Cicero, Pro L. Balbo 28.29.30. – *partitio*: Da die nachfolgende Definition in einer Aufzählung besteht, wurde überliefertes *divisionem* mit H. Bornecque in *partitionem* geändert; s. o., zu § 28 ff. – Servius (Sulpicius Rufus): gest. 43 v. Chr.; Konsul 51 v. Chr., bedeutender Jurist, Schüler u. a. des C. Aquilius Gallus (s. o., § 32), Freund Ciceros (Ad familiares 4,1-6 K.), der ihn öfters erwähnt, z. B. Brutus 152. Von seinen Schriften sind nur einige Titel erhalten geblieben, doch wird er in den Digesten oft zitiert. (KlP 5,428 f., Nr. B.4). – *-liminium* ist kein Suffix wie *-timus*, sondern von *limen*, *liminis* n. (‚Schwelle‘) abgeleitet. – *-tullium* hängt mit *tellus* (‚Land‘) zusammen; *meditullium* ist ein selten verwendetes Wort (z. B. bei Seneca, fr. 45 p. 428 H.).

37 (Q. Mucius) Scaevola (Pontifex): Sohn des P. Mucius Scaevola; s. o., § 24 und § 29. – *limen*: eigtl. ‚Schwelle‘, dann auch ‚Aufenthaltsort (hinter der Schwelle)‘. Die von Scaevola vertretene Etymologie ist grundsätzlich richtig. –

(C. Hostilius) Mancinus: Konsul 137 v. Chr. Als Heerführer
in Spanien schloß er mit den Numantinern einen sog. Feld-
herrnvertrag (Konvention), den der röm. Senat jedoch nicht
ratifizierte. Mancinus sollte daraufhin den Numantinern
ausgeliefert werden; diese weigerten sich aber, ihn anzunehmen. (KlP 2,1237; Nr. 11). Cicero handelt davon auch in De
oratore 1,181.238; 2,137. – Schenkung/Annahme: vgl. Paulus, Ad edictum XLIX: *Non videntur data, quae... acci-
pientis non fiunt* (Dig. 35,17,167). Vgl. die Argumentation
o., § 21.

38 in Beziehung zu: Nach dem Abschluß der Topoi *ex
toto* (§§ 26–27), *ex partibus* (§§ 28–34) und *ex nota*
(§§ 35–37) folgt die vierte und umfangreichste Gruppe *ex eis
rebus, quae quodam modo adfectae sunt ad id, de quo agitur*
(hier: *ambigitur*); vgl. § 11. – *coniugatio*: Verwandtschaft (sc.
von Wörtern). Daß eine gewisse Nähe zur Etymologie
(*notatio*, s. o., § 35–37) besteht, ergibt sich aus dem mehr
philosophischen Charakter des Topos. – *syzygía*: wörtl.
‚Zusammenspannung (unter ein Joch)‘, und zwar paarweise:
Aristoteles, Topika 2,7.113a12 (*s. tôn enantiôn*; syn. *sym-
plokḗ*); bei späteren Grammatikern auch Bezeichnung für
‚Konjugation‘ (Apollonios Dyskolos, De adverbiis 161,28)
und für ‚Deklination‘ (ibidem 198,6); s. Liddell-Scott 1670
III. Vgl. auch Martianus Capella, Nupt. 3,311. *coniugatio* ist
im übrigen Übersetzung von griech. ‚*syzygía*‘ (*iugum* –
zygón: ‚Joch‘). – *pluvia/pluere* entspricht dem Wortpaar
compascuus/compascere (s. o., § 12) auch hinsichtlich der aus
ihm gezogenen juristischen Konsequenzen. – (P. Mucius)
Scaevola: s. o., § 24; er war u. a. auch Spezialist für Wasser-
streitigkeiten. – Regenwasser: s. o., §§ 23.24, wo P. Mucius
Scaevola als Autorität beigezogen ist. Möglicherweise ist der
hier behandelte Schluß in den Zusammenhang des *ambitus
aedium* (s. o., § 24) zu stellen. Zum Wasserrecht s. Ulpianus,
Ad edictum LIII: *Aquam pluviam dicimus, quae de caelo
cadit atque imbre excrescit, sive per se haec aqua caelestis
noceat, ut Tubero ait, sive cum alia mixta sit. Haec autem*

actio locum habet in damno nondum facto, opere tamen iam facto (Dig. 39,3,1 pr. 1).

39 Gattung: s. o., § 13 (*genus*). – Begriffspyramide: im vorliegenden Fall beginnend bei *aqua pluvia de caelo veniens* → *crescens* bzw. bei *nocens* → *nocens loci vitio/manu*. – Den Juristen interessiert, ob ein Schaden entstehen kann (s. o., Dig. 39,3,1); daher genügt ihm der Definitionsansatz bei *nocens*. – *genus/forma*: s. o., §§ 13.14.31. – Schiedsmann: ein von den streitenden Parteien durch besondere Übereinkunft (*compromissum*) gewählter *arbiter*, dessen Spruch (*sententia*) diese sich zur Entscheidung ihres Rechtsfalles unterwerfen. Ursprünglich bezeichnet *arbiter* den Richter in den *bonae fidei iudicia*, im Gegensatz zum *iudex* als dem Richter in den *iudicia stricti iuris*. Daneben kommt die Bezeichnung *arbiter* hauptsächlich vor a) in den eigentlichen *arbitrariae actiones* (z. B. in der *actio quod metus causa*: Dig. 4,2,14,4; in der *actio aquae pluviae arcendae*: Dig. 39,3,24); b) bei solchen Rechtsstreitigkeiten, zu deren Entscheidung nicht nur Rechts-, sondern auch gewisse Sachkenntnisse nötig sind (z. B. bei Abschätzungen, Berechnungen, Teilungen, so etwa in der *actio finium regundorum*: Dig. 10,1,1). Einiges aus diesen Bereichen findet sich in den von Cicero gewählten Beispielen. – abzustellen: bezieht sich auf die durch Eingriffe von Menschenhand (*manu*) entstehenden Schäden.

AQUA PLUVIA manu nocens est, quae in loco aliquo excipitur, ut inde profluens vicino noceat, si locus is non sit naturaliter talis, sed manu hominis excipiendae aquae fuerit apparatus. (ex commentario Boethii. Orelli, p. 513)

40 Gattung: zum Argumentationstypus *ex genere* s. o., §§ 11.13.31.39. – vom Ganzen zu den Teilen: Rückgriff auf § 8: *ex toto/ex partibus eius.* – Arglist: „Das durch Arglist (*dolo malo*) herbeigeführte oder beeinflußte Rechtsgeschäft... ist nach dem *ius civile* gültig, doch gewährt der Prätor... auf Anregung des Juristen C. Aquilius Gallus (s. o., § 32) dem Beeinträchtigten gegen den Täter... die *actio de dolo* als Strafklage auf den einfachen Schadensbetrag. Auch sie ist eine *actio arbitraria*"; s. o., § 39. (M. Kaser, RPrR, S. 56); vgl. Ulpianus, Ad edictum IV: *Dolus malus fit calliditate et fallacia: et, ut ait Pedius, dolo malo pactum fit, quotiens circumscribendi alterius causa aliud agitur et aliud agi simulatur* (Dig. 2,14,7,9). – wenn man etwas anderes tut als...: s. o., Ulpianus, Ad edictum IV. – aufzuzählen: s. o., §§ 28–34 (*partitio*). – einzubeziehen: Hiermit ist ein Schlußverfahren angedeutet, dessen Schritte sein können: a) Definition, b) Aufzählung der Bestandteile, c) Subsumption des aktuellen Falles, d) Schlußfolgerung ‚d = a' (positive Wendung des Schlusses von § 10). – besonders wirksam und in Prozessen wohl auch vorzugsweise angewendet.

41 Ähnlichkeit: s. o., §§ 11.15 (*similitudo*). – als für euch sc. Rechtsgelehrte; vgl. o., §§ 27.32. – bieten sich... reichlicher an: In den ‚zweiten Durchgang' fließen bereits Hinweise auf die Anwendbarkeit (ab § 79) ein; s. auch o., § 40 (a. E.) – die Fälle selbst: Das Verfahren ist zwar als *sine ullo errore* angepriesen (s. o., § 2), doch setzt es – wie jedes – auch den entsprechenden Kopf voraus. – die verschiedenen Arten: Cicero verwendet in seinen Topica das Substantiv *genus* nicht nur als den Arten übergeordneten Begriff („Gattung"), sondern auch zu Gliederungszwecken; vgl. das Wortregister s. v. *genus*.

42 Vergleichsstufen: Die Mehrzahl der prinzipiell gleichgearteten Stufen wird durch eine Reihung von Kondizionalsätzen geschaffen: *si...*, *si...*, *si...* – Vormund: s. o., §§ 27.33. – zu seinem Wort stehen: Der Ausdruck *fidem praestare* ist geläufig; zum vorliegenden Gebrauch s. z. B. Pomponius, Ad Q. Mucium XVI: *Qui pro tutore negotia gerit, eandem fidem et diligentiam praestat, quam tutor praestaret* (Dig. 27,5,4). – Geschäftspartner: Gemeint ist der Teilnehmer an einer durch Vertrag begründeten Gemeinschaft von Vermögensobjekten (*societas*); vgl. den Fall der *duo argentarii socii* (Dig. 2,14,25 pr.; 27 pr.). Vgl. u. a. H. Honsell, RR, S. 97 ff. – dem man etwas anvertraut hat: Gemeint ist ein Auftrag (*mandatum*). „Auftrag (*mandatum*)

ist die unentgeltliche Tätigkeit in fremdem Interesse... Es handelt sich ... um einen unvollkommen zweiseitig verpflichtenden Vertrag im Sinne des gemeinen Rechts" (H. Honsell, RR, S. 100f.). Vgl. z. B. Gaius, Ad edictum provinciale X: *Si tibi polienda sarciendave vestimenta dederim, si quidem gratis hanc operam te suscipiente, mandati est obligatio; si vero mercede data aut constituta, locationis conductionisque* (Werkvertrag) *negotium geritur* (Dig. 19,5,22). – auf Treu und Glauben (anvertraut): „Die Treuabrede, das *pactum fiduciae*, ... wird entweder mit einem Gläubiger abgeschlossen, dem die manzipierte Sache als pfandmäßige Sicherheit dienen soll (*fiducia cum creditore contracta*) ... oder die Sache wird einem Vertrauensmann zu anderen Zwecken manzipiert (untechnisch: *fiducia cum amico contracta*; Gaius 2,60)" M. Kaser, RPrR, S. 114); vgl. z. B. Ulpianus, Ad edictum XXX: *Si post distractum pignus debitor, qui precario rogavit vel conduxit pignus, possessionem non restituat, contrario iudicio tenetur* (Dig. 13,7,22,3). – Geschäftsführer: „Der *procurator* ist ein Vermögensverwalter, wie ihn sich reiche Römer zu halten pflegten, und zwar in älterer Zeit regelmäßig ein eigener Freigelassener, der als solcher zunächst einer unmittelbaren Befehlsgewalt seines Patrons unterstand... Dagegen hat man die selbständigen Prokuratoren in gehobener sozialer Stellung, die seit der späten Republik eingesetzt wurden, schon von vornherein als Mandatare (d. h. Rechtsanwälte) behandelt" (M. Kaser, RPrR, S. 211); vgl. z. B. Ulpianus, Ad edictum IX: *Procurator est, qui aliena negotia mandatu domini administrat* (Dig. 3,3,1 pr.). – Induktion: Beweisführung durch Nennung ähnlicher Beispiele und Fälle, z. B. Cicero, De inventione 1,51; Quintilian, Institutio oratoria 5,10,73 (Alternative: *ratiocinatio*); zugrundeliegend: Aristoteles, Topika 1,12.105a13; Rhetorika 1,2.1356b3. – Sokrates: athenischer Philosoph, u. a. Begründer der sog. Mäeutik („Hebammenkunst'); 470–399 v. Chr.

FIDUCIAM accepit, quicumque res aliquas mancipatur, ut eas mancipanti remancipet: velut si quis tempus dubium timens amico potentiori fundum mancipet, ut ei, cum tempus, quod suspectum est, praeteriit, reddat. (ex commentario Boethii. Orelli p. 513)

43 Vergleich: vgl. o., §§ 11.23 sowie u., §§ 68–71; auch: Quintilian, Institutio oratoria 5,11,23. – Streit um Grundstücksgrenzen: s. o., §§ 23 (*de finibus regundis*); s. auch Quintilian, Institutio oratoria 1,10,36: *de terminis mensurisque sunt lites.* – Abwehr des Regenwassers: s. o., §§ 23.24.38.39; Ulpianus, Ad edictum LXXXI: *Idem Servius putat, si controversia aquae insulam subverterit, deinde stipulatoris aedificia ceciderint, nihil eum ex stipulatu consecuturum, quia id nec operis nec loci vitio factum est. Si autem aqua vitiet fundamenta et sic aedificium ruisset, committi stipulationem ait.* (Dig. 39,2,24,5) – Schiedsmann: s. o., § 39 (*arbiter*); vgl. auch Cicero, Pro Q. Roscio comoedo 25; Pro M. Aemilio Scauro 45(n). –
Das Schlußverfahren beruht auf einem Vergleich *par pari*:
(F = *fines*; FU = *fines urbis*; AA = *arbiter est adducendus*; + = „*zutreffend*"; – = „*nicht zutreffend*"; ǂ = „nicht gleich"; → = „wenn … dann"; ⌐ = „nicht")

si	F = FU → AA+	In der Schreibweise	p → q	
(at)	F ǂ FU	der Aussagenlogik	⌐ p	
(igitur)	AA–		⌐ q	

REGENDORUM FINIUM ARBITRI esse dicuntur, qui finalia litigia discernunt, ut, si fuerit de finibus orta contentio, eorum dirimatur arbitrio. Sed fines in agrorum tantum limitibus esse dicuntur: arbitri autem finium regendorum in civitate esse non possunt.
Item arceri aquam in agris tantum dici solet, ubi, si ex aliquo loco aqua pluvia colligatur et defluens in campos vicini pascua frugesve corrumpat, arbitri arcendae aquae a magistratibus statuebantur. (ex commentario Boethii. Orelli p. 513)

44 Beispiele anführen: Damit greift Cicero wieder auf Fragen der Anwendung voraus; vgl. o., §§ 40.41. – (L. Licinius) Crassus: 140–91 v. Chr.; Konsul 95 v. Chr., zusammen mit seinem Schwiegervater Q. Mucius Scaevola (s. o., §§ 29.37); der bedeutendste Redner seiner Epoche (KlP 1,1329, Nr. 1). Cicero erwähnt ihn oft, z. B. Brutus 160–164; in De oratore ist er Hauptdialogpartner. – *causa Curiana*:

ein Erbschaftsprozeß, den M'. Curius (KlP 1,1344, Nr. 3) im
Jahre 93 v. Chr. gegen M. Coponius (KlP 1,1303, Nr. I.3)
führte. Crassus übernahm die Verteidigung und machte
dabei die „formaljuristische Argumentation" (H. Merklin,
S. 25) seines Amtskollegen zur Zielscheibe seines Spottes.
Cicero erwähnt diesen Prozeß mehrfach: De inventione
2,122; De oratore 1,80.238.242f.; Brutus 144.194.195.
197.198.256. Vgl. hierzu auch die Ausführungen von K.-J.
Mette, Der junge Zivilanwalt Cicero, in: Gymnasium 72
(1965) 10–27. – Testament: s. o., §§ 10.21.29 (testamentum).
– Erbe: s. o., §§ 15.21 (heres). – binnen zehn Monaten: „Daß
das Kind ehelich, das bedeutet: in der Ehe erzeugt ist, wird
angenommen, wenn es frühestens im 7. Monat nach der Eheschließung und spätestens im 10. Monat nach Beendigung
der Ehe geboren ist" (M. Kaser, RPrR, S. 281). – das Erbe
erhalten: s. z. B. Dig. 28,3,4 (hereditatem obtinere). – ehe er
mündig würde: Der Ausdruck in suam tutelam venire (oder
suae tutelae fieri) bezeichnet den Eintritt der Mündigkeit. –
bei euren Rechtsauskünften: vgl. o., §§ 27.32.41.

45 von euch: s. o., §§ 27.32.41.44. – erfundene Analogiefälle: ficta exempla similitudinis waren auch in Prozeßreden
zulässig; vgl. auch u., § 99 (peroratio). – förmlich übereig-
nen: s. o., § 28 (abalienatio). Den angezogenen Fall könnte
man sich so vorstellen: Entweder ist eine res mancipi ohne
den vorgeschriebenen Formalakt übereignet worden oder
eine res mancipi, bei der – wie z. B. bei Geld – eine traditio
genügt hatte, wurde (unnötigerweise) mit dem bei einer res
mancipi notwendigen Formalakt übereignet. Wieso letzterer
Rechtsakt anfechtbar sein sollte, ist freilich nicht zu erkennen. Er wird nach dem ius civile (zunächst) Bestand haben,
doch wird der Prätor ggf. eine actio zulassen, durch die die
Rechtsfolgen für die Beteiligten (qui accepit – qui mancipio
dedit) geklärt werden. Es ist nicht deutlich genug erkennbar,
woran Cicero hier gedacht hat. – zu se obligare s. auch
Cicero, Pro L. Murena 3. – mancipio dare: s. o., § 28. – zum
Aufbauschen: s. u., § 99 (amplificatio). – hyperbolē: s. Aristo-

teles, Rhetorik 3,11.1413a29; Quintilian, Institutio oratoria
8,4,29 u. ö. (definiert: 8,6,67). Cicero verwendet das griechi-
sche Wort (‚Übertreibung‘) sonst nur im Brief (Ad Atticum
7,23). – Argumente beziehen: wieder ein Vorgriff auf die
Anwendungsmöglichkeiten, die u., §§ 79–99, behandelt
werden; zugleich ein Indiz dafür, daß die Teile des Werkes
nicht mechanisch aneinandergeklebt sind.

46 Unterschied: s. o., §§ 11.16 (*differentia*). – entgegengesetzt: Unter den Argumentationsmustern *quae quodam
modo adfectae sunt* lassen sich paarweise Gruppierungen
erkennen, worauf Cicero hier selbst hinweist. – vom gleichen Kopf: zu dieser Voraussetzung vgl. auch o., § 41 (*ubi
autem eis utare*...). – Frau: hier wohl nicht die Ehefrau. –
schulden: *debere* bedeutet hier „aus einem obligatorischen
Verhältnis zu etwas verpflichtet sein, etwas zu leisten schuldig sein, etwas schulden". Ulpianus, Ad Sabinum XLV: *Hoc
verbum ‚debuit‘ omnem omnino actionem comprehendere
intellegitur, sive civilis sive honoraria sive fideicommissi fuit
persecutio* (Dig. 50,16,178,3). – Vormund: s. o., § 4 (*tutor*),
§§ 27.33.44 (*tutela*). – zurückzahlen: *solvere* (im Gegensatz
zu *satisfacere*) bedeutet ‚das Schuldige leisten, zahlen‘. Marcianus, Liber singularis ad hypothecariam formulam: *Solu-
tam pecuniam intellegimus utique naturaliter, si numerata sit
creditori. Sed et si iussu eius alii solvatur, vel creditori eius vel
futuro debitori vel etiam si cui donaturus erat, absolvi
debet... Tutori quoque si soluta sit pecunia vel curatori vel
procuratori vel cuilibet successori vel servo, proficiet ei solutio*
(Dig. 46,3,49). – Mündel: *pupillus* ist zunächst gleichbedeutend mit *impubes*, dann im engeren Sinn ein nicht mehr
unter väterlicher Gewalt, sondern unter Vormundschaft Ste-
hender. Pomponius, Liber singularis enchiridii: *Pupillus est,
qui, cum impubes est, desiit in patris potestate esse aut morte
aut emancipatione* (Dig. 50,16,239 pr.). Aufgabe des Tutors
ist es, die Interessen des Mündels wahrzunehmen. Paulus,
Ad edictum XIV: *ut rem salvam fore pupillo caveat* (Dig.
2,8,8,4). – Das Beispiel ist klar auf einem unterscheidenden

Merkmal (*differentia*) aufgebaut: *mulier – pupillus/pupilla*.
MULIERES antiquitus perpetua tutela tenebantur; pupilli item sub
tutoribus agunt; sed mulieribus si quid debitum fuisset, sine tutoris
auctoritate poterat solvi, pupillis vero minime. (ex commentario
Boethii. Orelli p. 514)

47 vom Gegensatz her: Sich ausschließende Begriffe oder
Aussagen stehen zueinander im Verhältnis des Gegensatzes;
s. auch o., §§ 11.17 (*e contrario*). – mehrere Arten von
Gegensätzen: Die von Cicero aufgeführten Gegensätze entsprechen den meist unterschiedenen vier Hauptgruppen:

t.t.	Kennzeichen	Beispiele	Topica
kontradik- torisch (Widerspruch) *negantia* *apophatiká*	uneingeschränkte Aus- schließung (komplemen- tär entgegengesetzt) (Ein Mittleres ist *nicht* zugelassen.)	Sein – Nichtsein *si hoc est,* *illud non est.*	§ 49 (2)
konträr *adversa* ⟨*enantía*⟩	Ausschluß innerhalb derselben Gattung, inner- halb von gleichartigen Aussagen (positiv entgegengesetzt, Extreme) *in eodem genere* (Ein Mittleres ist zuge- lassen.)	Freude – Trauer; schwarz – weiß *sapientia –* *stultitia*	§ 47
privativ *privantia* *steretiká*	zwischen Vollkommen- heit und deren Nicht- bestehen (auch relativ) *in-* (bzw. *alpha*) *privativum*	Vernunft – Nichtvernunft *dignitas –* *indignitas*	§ 48
relativ ⟨*prós ti*⟩	innerhalb einer Ganzheit; Aspekte eines Ganzen *velut ea, quae cum* *aliquo conferuntur*	Vater – Sohn *duplum –* *simplum;* *multa –* *pauca*	§ 49 (1)

Vgl. hierzu Aristoteles, Topika 2,2.109b17ff.; 2,7.112b27ff.;
2,8.113b15; Kategoriai 10.11b16ff. Hinzuzunehmen wären

die sog. polaren Gegensätze (z. B. Nord – Süd). – Schwäche: Der konträre Gegensatz wäre ‚Stärke‘.

48 andere Gegensätze: Negierung (‚Privation‘) durch das Präfix *in-* (dt. ‚un-‘). – *sterētiká*: verneinte Aussagen, s. Aristoteles, Rhetorike 3,6.1408a7; Kategoriai 10.12a26. – in konträrem Gegensatz stehend: s. o., §47 (*adversa*).

49 andere Arten von Gegensätzen: s. o., zu §47. Cicero weist hier auf den Topos ‚Vergleich‘ (*comparatio*, s. u., §§ 68 ff.) voraus. Freilich liegt jedem Gegensatz letztlich ein Vergleich zugrunde. – verneinende (Gegensätze): Gemeint sind die kontradiktorischen Gegensätze. „Wenn dies ist, ist jenes nicht“ u. ä. gehört in den Bereich der sog. Aussagenlogik (im Ggs. zur Prädikatenlogik), was mit *contra aientibus* ausgedrückt ist. In der Aussagenlogik verwendet man für die miteinander in Beziehung gesetzten Aussagen die Symbole p und q, für „wenn…dann“ das Zeichen →, und für „nicht“ das Symbol ⌐. Man könnte also für *Si hoc est, illud non est* schreiben p → ⌐ q; vgl. dazu u., §§ 53 ff. – man muß begreifen…: Statt weiterer Beispiele folgt ein Appell an die Intelligenz des Anwenders; vgl. dazu o., §§ 41.46.

50 Analogiefälle: s. o., §§ 11.18 (*adiuncta*). – Beispiel: s. o., §8 (*paulo ante*). – Besitz: *possessio* ist hier nicht ein konkretes Besitztum, sondern das Rechtsinstitut Besitz, die rechtlich geschützte tatsächliche Verfügungsmacht (M. Fuhrmann). „Den Tatbeständen der *possessio* ist…gemeinsam, daß jemand die tatsächliche Gewalt über eine Sache hat, mag er sie selbst ausüben oder durch andere. Die römischen Juristen fassen darum ‚Besitz‘ nicht als Recht, sondern als Faktum auf und stellen ihn dem ‚Eigentum‘ als der rechtlichen Vollherrschaft gegenüber“ (M. Kaser, RPrR, S. 93). Ulpianus, Ad edictum LXX: *Naturaliter videtur possidere is, qui usum fructum habet. Nihil commune habet proprietas cum possessione; et ideo non denegatur ei interdictum ‚uti possidetis‘, qui coepit rem vindicare: non enim videtur possessioni renuntiasse, qui rem vindicavit* (Dig. 41,2,12,1); s. auch

Dig. 43,17,1,2. – Prätorenedikt: „Der Besitz nach dem *ius praetorium* ist dadurch gekennzeichnet, daß er gegen eigenmächtige Einziehung oder Störung durch *interdicta* geschützt ist, also durch prätorische Klagen, die in einem prozessualen Sonderverfahren durchgeführt werden... Dieser ‚Interdiktenbesitz' heißt einfach *possessio*" (M. Kaser, RPrR, S. 95). *bonorum possessio* bezeichnet geradezu den vom Prätor erteilten und geschützten Nachlaßbesitz, *bonorum possessor* den, dem dieser Besitz erteilt ist: prätorische Universalsukzession im Gegensatz zum zivilen Erbrecht (*hereditas*). – den Testamentsbestimmungen folgend: s. o., §§ 10.21.29.44 (*testamentum*). – Zum Verfahren der *bonorum possessio secundum tabulas*: „Der Prätor verzichtet auf den zur sinnlosen Förmlichkeit herabgesunkenen Manzipationsakt und verheißt die *bonorum possessio* jedem, der eine (gültig errichtete) Testamentsurkunde vorweist, in der er als Erbe eingesetzt ist, sofern die Urkunde von nicht weniger als sieben Zeugen gesiegelt ist. Seit Antoninus Pius (138–161 n. Chr.) ist diese *bonorum possessio* unangreifbar" (M. Kaser, RPrR, S. 313). Ulpianus, Ad edictum XXXIX: *Hereditatis autem bonorumve possessio, ut Labeo scribit, non utique rerum possessio accipienda est: est enim iuris magis quam corporis possessio... Bonorum igitur possessionem ita recte definiemus ius persequendi retinendique patri-monii sive rei, quae cuiusque cum moritur fuit* (Dig. 37,1,1,2); vgl. auch 38,15,2,2. – kein Recht, ein Testament zu errichten: zur Testierbefugnis s. o., § 18 (*testamentum*). – Prozeßfälle vor Gericht: s. u., § 92 (*causae coniecturales, definitivae, iuridiciales*). – Mutmaßung: s. u., § 82 (*coniecturae ratio*). Das Beispiel erläutert, was gemeint ist.

51 sieht so aus ...: Damit schließt eigentlich § 50 ab. Es folgt eine Abschweifung, die außerhalb der Interessen des Trebatius liegt. – *quid ante rem...*: Cicero läßt Gallus sogleich Einspruch erheben: Dieses Thema habe mit dem Recht (im Sinne der *iuris consulti*) nichts zu tun, es sei Sache des *iudex*, sich mit derlei Fakten auseinanderzusetzen. –

(C. Aquilius) Gallus: s. .o., § 32. – Du wirst es dennoch ertragen: Cicero verteidigt seine Digression: Sie mag dem Trebatius lästig sein, das System fordert sie jedoch.

52 ante rem: Was in § 51 angekündigt und gerechtfertigt wurde, wird nun anhand von Beispielen, sichtlich aus einem Mordprozeß, ausgeführt. Der rechte Ort hierfür wäre in der *argumentatio* einer Rede, wie sie in §§ 79–99 implizit behandelt wird. – Vergleichbares z. B. in Cicero, Partitiones oratoriae 114; Quintilian, Institutio oratoria 5,9,1.

53 Logiker: s. o., § 6 (*dialektikē*). – aus den Folgen, Voraussetzungen und Widersprüchen: vgl. o., §§ 11.19.20.21 (in der richtigen Reihenfolge *antecedentia, consequentia, repugnantia*). – Analogiefälle: s. o., §§ 50 f. (*paulo ante*). Überliefertes *coniuncta* wurde von Manutius zu Recht in *adiuncta* geändert. – nicht immer/immer: eine statistische Feststellung des Praktikers. Cicero bewegt sich bei seinem ‚zweiten Durchgang' näher an die Verwertbarkeit seiner *loci* heran; s. hierzu u., §§ 79 ff. – einfach/dreifach: Diese gewissermaßen scholastische Gliederung – sie erinnert an Ciceros Vorgehen in De inventione und in den Partitiones oratoriae – ist für die Anwendung in der Praxis bedeutungslos, wie die nachfolgenden Beispiele erkennen lassen. – Bargeld/Silber: vgl. dazu o., § 13 (*pecunia numerata – argentum*), dort allerdings im Zusammenhang der Topoi *genus/forma*. – Die Schlüsse (1) und (2) sind jeweils aus Voraussetzung (*si…*), Feststellung (*autem…*) und Folgerung (*igitur…*) aufgebaut. Schluß (3) ist in der von Cicero gebotenen Form unzulässig. Zu den *septem modi conclusionis* s. die Zusammenstellung u., § 54.

54 Logiker: s. o., § 53. – Schlußweisen: Es folgt eine Vorstellung der *septem modi conclusionis*. Mit *primum/adnexum* sind die beiden in der *propositio* genannten Aussagen gemeint.

(A, B = „Aussagen", ebenso W, X, Y, Z im Schlußmodus 3; + = „zutreffend"; – = „nicht zutreffend". – p, q = Aussagen im System der Aussagenlogik; → = „wenn … dann"; ⌐ = „nicht"; | = „nicht beide"; ∧ = „und"; ⟩⟨ = „entweder … oder")

(1)	*si* A+, →B+	in der Schreib-	p → q		*hypothetisch*
	autem A+	weise der Aus-	p		*kondizional*
	igitur B+	sagenlogik:	q		(ponendo ponens)

(2)   *si* A+, →B+   p → q   (tollendo
        autem A–   ⌐p   tollens)
        igitur   B–   ⌐q

(3)   *non et* W+ *et* X+ *et* Y+ *et* Z+   so nicht zulässig; bei
        autem W+ *et* X+ *et* Y+   Reduktion auf zwei Aus-
        igitur   Z–   sagen: = Nr. 6

(4)   *aut* A+ *aut* B+   p >< q   *hypothetisch*
        autem A+   p   *disjunktiv*
        igitur   B–   ⌐q   (ponendo
                                              tollens)

(5)   *aut* A+ *aut* B+   p >< q   (tollendo
        autem A–   ⌐p   ponens)
        igitur   B+   q

(6)   *non et* A+ *et* B+   p | q   *Exklusion*
        autem A+   p
        igitur   B–   ⌐q

(7)   *non et* A+ *et* B+   p | q
        autem A–   ⌐p
        igitur   B+   q

Zu den Schlußmodi vgl.:

Quintilian, Institutio oratoria 5,8,4	(4 *modi*)	1. Jh. n. Chr.
Sextus Empirikus, Pyrrh.hyp. 157–158	(5 *modi*)	2. Jh. n. Chr.
Diogenes Laertius, Zenon 7,71–78	(8 *modi?*)	3. Jh. n. Chr.
Diogenes Laertius, Chrysippos 7,79–81	(5 *modi*)	
Martianus Capella, Nupt. 4,420	(7 *modi*)	4. Jh. n. Chr.
Cassiodorus, Institutiones 2,13	(7 *modi*)	5. Jh. n. Chr.

55 Rhetoren: s. o., §§ 2.3 – Enthymem: Das *enthýmēma* ist im engeren Sinn ein verkürzter Syllogismus, etwa nach dem Muster „Kinder können das! Männer sollten das nicht

können?", im weiteren Sinn aber jeder Satz (*omnis senten-tia*). Dieses Problem könnte zur Zeit der Abfassung der Topica aktuell gewesen sein: vgl. dazu auch Quintilian, Institutio oratoria 5,10,1; 5,14,24. In der juristischen Literatur kein Beleg. – Homer: Unter *poeta* (*poiētēs*) verstand man ,Homer', wie unter *philosophus* ,Aristoteles'; ähnlich im lateinischen Sprachgebrauch: *poeta* soviel wie ,Vergil', der ,Dichter schlechthin' (Metonymie). Vgl. Quintilian, Institutio oratoria 8,5,9. – Das Dichterzitat: Ribbeck, Trag.[2] inc. inc. 200.201.204; vgl. auch Cicero, Orator 166; Ad Atticum 12,56,3 K.; 14,21,3 K. Es handelt wahrscheinlich von einer Auseinandersetzung um Medea: Jasons Haltung wird kritisiert. –

Aus Gegensätzen gebildet:

metuere	*in metu non ponere*
non accusare	*damnare*
(bene) mereri	*male mereri*
scire	*nescire*
(nihil) prodesse	*obesse*

56 **eure Gedankenführung:** Gemeint ist die der Rechtsgelehrten (*iuris consulti*); vgl. o., §§ 28.32.41.44.45. – **Rechtsauskünfte:** Das *ius respondendi* wurde in der Kaiserzeit zum ,Juristenmonopol'; in der Republik gehörte es zu den selbstverständlichen Rechten und Pflichten des politisch Tätigen, solche Auskünfte zu erteilen, denn nur so konnte er eine Klientel gewinnen oder erhalten. Vgl. o., §§ 24.44; auch Institutiones 1,2,3.8. – **Philosophen:** s. o., §§ 3.41.45.51; *dialectici* §§ 53.54. – **Rhetoren:** s. o., §§ 2.3.55 – **Redner:** s. o., §§ 32.41.45 (*orator*). – Zur Bezugnahme auf verschiedene Adressatengruppen s. §§:

philosophus	03.	41.	45.51.	56.	65.66.67.	78.
dialecticus/-ce	06.			53.54.56.57.		
iuris consultus/						
peritus		28.	51.		65.66.	
vos		27.	41.44.45.			
vester/vestri		32.	45.	56.	64.65.	72.

orator		32. 41. 45.	56. 65.66.67. 78.	
oratorius		34. 45.51.		92.
oratio		26.	77.	86.89. 97.98.
rhetor	02.03.		55.56.	
historicus				78.
poeta		32.	55.	67. 78.

Disjunktionen: Aussagen, die sich gegenseitig ausschließen, s. Zusammenstellung bei § 54. Vgl. Cicero, Libri Academici 2,91.97; De natura deorum 1,70; De fato 37. Zur Anwendung in der Jurisprudenz: Proculus, Epistulae II: *Haec verba ,ille aut ille' non solum disiunctiva, sed etiam subdisiunctivae orationis sunt. Disiunctivum est, velut cum dicimus ,aut dies aut nox est', quorum posito altero necesse est tolli alterum, item sublato altero poni alterum. Ita simili figuratione verbum potest esse subdisiunctivum. Subdisiunctivi autem genera sunt duo: unum, cum ex propositis finibus ita non potest uterque esse, ut possit neuter esse, velut cum dicimus ,aut sedet aut ambulat': nam ut nemo potest utrumque simul facere, ita aliquis potest neutrum, veluti is, qui accumbit. Alterius generis est, cum ex propositis finibus ita non potest neuter esse, ut possit utrumque esse, veluti cum dicimus ,omne animal aut facit aut patitur': nullum est enim, quod nec faciat nec patiatur: at potest simul et facere et pati* (Dig. 50,16,124).

57 Verneinung von Schlußgliedern: vgl. die Zusammenstellung bei § 54. – Schlußweisen (*conclusio*): vgl. Quintilian, Institutio oratoria 1,10,37; 5,10,2 f.; 5,13,60; 5,14,1.10 f., 17 f., 30 f.; 7,3,14; 8,5, 13; 12,2.15; Boethius, De differentiis topicis PL 64,1183a–1184d; Aristoteles, Analytika protera 1,1.12b18–20. – unzählige Schlüsse: Der praktische Nutzen wird allerdings sogleich in Frage gestellt, selbst für den vorliegenden Zweck. Vgl. zu diesem Exkurs o., § 51 (*de facto quaerere*); zur Sache: Cicero, De finibus 4,9 (*varietas argumentorum ratione concludentium*). – beinahe die gesamte Dialektik: vgl. § 6: *Iudicandi enim vias diligenter persecuti sunt ⟨Stoici⟩ ea scientia, quam dialektikḕn appel-*

lant. In §§ 53–57 könnte die Stelle markiert sein, an der Cicero vorhatte (§ 7: *si erit otium*), die Dialektik einzubauen.

58 bewirkende Ursachen: vgl. o., §§ 11.22 (*causae*). – bewirkte Dinge: s. o., §§ 11.23 (*effecta*). – weiter oben: s. o., § 22. – Rechtsordnung: s. o., § 9 (*ius civile*). – zwei Gruppen von Ursachen: durch eigene Kraft (*vi sua*) oder nicht ohne sie (*sine qua non*). Gemeint sind die ‚unmittelbaren‘ Ursachen (*causae principales*) und die ‚mitwirkenden‘ Ursachen (*causae adiuvantes*). Vgl. Cicero, De fato 41: *Causarum . . ., inquit Chrysippus, aliae sunt perfectae et principales, aliae adiuvantes et proximae. . . . sequi illud quidem, ut omnia causis fiant antepositis, verum non principalibus et perfectis, sed adiuvantibus et proximis*; s. auch De fato 36.42.44; Timaeus 50. Nach klassischer Einteilung unterscheidet man innere Ursachen (Stoff und Form) und äußere Ursachen (Wirk-Ursache und Ziel bzw. Zweck). – Bronze: nach Aristoteles *causa materialis (tò ex hû gígnetai)* Metaphys. 1032a17.

59 ruhig . . . beibringen: Untergliederung der *causae, sine quibus non* (s. o., § 58), zugleich Präzisierung des dort Gemeinten. – untätig: vgl. aber Cicero, Libri Academici 2,25: *nihil agens ne cogitari quidem potest, quale sit.* – von Ewigkeit her: von Cicero in der Auseinandersetzung mit den Epikureern diskutiertes Problem, z. B. De fato 27: *nisi ex aeternitate causa causam serens hoc erit effectura*; De natura deorum 3,14: *quod semper ex omni aeternitate verum fuerit, id esse fatum*; De divinatione 2,19: *si . . . omnia, quae fiunt quaeque futura sunt, ex omni aeternitate dicis esse fataliter . . .* – zwei Gruppen: Untergliederung der *causae (vi sua) efficientes* (s. o., § 58). – ist der Weise glücklich? ein von Cicero öfters behandeltes Problem, z. B. De finibus 1,61: *neque stultorum quisquam beatus neque sapientium non beatus* (Epikur); De finibus 5,80: *Hoc dixerit Epicurus, semper beatum esse sapientem*; Tusculanae disputationes 5,29: *Quid potest praestare semper sapientem beatum fore?* („Mit der peripatetischen Drei-Güter-Lehre ist diese These, der

CAUSARUM GENERA (§ 58–60)

Causarum duo genera sunt (§ 58):

unum, quod
vi sua id, quod sub ea subiectum est, certo efficit (§ 58)
efficientium ⟨causarum⟩ genera (§ 59)
causa efficiens aliquid necessario (§ 60)
illud genus causarum, quod habet vim efficiendi necessariam (§ 60)

— sunt enim aliae causae, quae plane efficiant nulla re adiuvante (§ 59)
— aliae ⟨causae⟩, quae adiuvari velint (§ 59)

ex hoc genere causarum ex aeternitate pendentium fatum a Stoicis nectitur (§ 59)

alterum, quod
naturam efficiendi non habet, sed sine quo effici non potest. (§ 58)
earum causarum, sine quibus effici non potest, genera (§ 59)
causa talis, ut in ea non sit efficiendi necessitas (§ 60)
hoc ⟨genus⟩, sine quo non efficitur (§ 60)

— alia sunt quieta, nihil agentia, stolida quodammodo (§ 59)
— alia praecursionem quandam adhibent ad efficiendum et quaedam adferunt per se adiuvantia, etsi non necessaria (§ 59)

locus
tempus
materia
ferramenta
cetera (§ 59)

Vgl. Partitiones oratoriae 93 f.

Weise sei stets glücklich, unvereinbar." O. Gigon zu Tusc. 5,30f., S. 561). In den Paradoxa ad M. Brutum 6 lautet die These *Hóti mónos ho sophòs plúsios*. Vgl. auch Paradoxon 2 (Autarkie der Tugend bez. der Eudaimonie).

60 von der Ursache auf die Wirkung schließen: ein Aspekt der Anwendung dieses Topos. – zwingender Schluß: gegeben bei einer *causa efficiens aliquid necessario*, ausgeschlossen bei einer *causa, in qua non sit efficiendi necessitas.* Kriterium ist somit die Wirknotwendigkeit (*efficiendi necessitas*): Ein zwingender Schluß setzt eine zwingende Ursache voraus. – wenn es keine Eltern gibt: Das Beispiel ist schlagend, aber allenfalls als Analogie verwendbar.

61 O wären nie...: Dieses Beispiel aus der Medea des Ennius (Ennius, scen. 246, nach Euripides, Medea 3) verwendete Cicero öfters: De inventione 1,91; De finibus 1,5; De natura deorum 3,75; De fato 35; vgl. auch Ad Herennium 2,34. Hier Steigerung zu *Utinam ne esset mons Pelius.* – Pelion: Berg in Thessalien, von wo aus die Argonauten ihre Fahrt antraten. – Argo: das Schiff der Argonauten, das neben dem Goldenen Vlies auch die aus ihrer Heimat Kolchis geflohene Medea mitbrachte. – keine notwendige Wirkursache: vgl. o., § 58 (*aes*). – Aias aus Lokris, Sohn des Oileus, zum Unterschied von Aias, dem Sohn des Telamon, der ‚kleine Aias' genannt. Bei der Plünderung Troias riß er Kassandra vom Bild der Göttin Athene, zu dem sie geflüchtet war, weg und vergewaltigte sie. Dafür bestrafte ihn Athene bei der Heimfahrt. – der zackende Feuerblitz: Zitat (Ribb., trag. inc. inc. 36).

62 Unterschied zwischen den Ursachen: eine zweite Untergliederung der *causae*, hier unter dem Aspekt der Unabhängigkeit von menschlichem Wirken, der Abhängigkeit vom Menschen und vom Zufall, sichtlich parallel zu der Differenzierung in §§ 58–61 (und zur weiteren Untergliederung u., § 63):

CAUSARUM DISSIMILITUDO (§ 62)

Causae, quae

- sine ulla appetitione animi
- sine voluntate
- sine opinione

  suum quasi opus efficiant

- aut voluntate
- aut perturbatione animi
- aut habitu
- aut natura
- aut arte
- aut casu

  efficiunt

Entwicklung unserer gegenwärtigen Politik: Juli 44 v. Chr. Alles treibt einer Entscheidung zwischen Pro- und Anticaesarianern zu, die im Herbst 42 v. Chr. bei Philippi fallen wird. Cicero wird diesen Tag nicht erleben. – durch Zufall: das Mißtrauen des Römers gegenüber dem Meer. Die Einreihung des *casus* unter die *causae* nimmt dem Begriff die Bedeutung der Ursachenlosigkeit. Cicero diskutierte dieses Problem des öfteren, z. B. De divinatione 2,6: *quas... res tum natura, tum casus adfert* (Natur und Zufall); Tusculanae disputationes 4,64: *sive casu accidit sive consilio* (Zufall und Zutun); De natura deorum 2,88: *casune ipse (sc. mundus) sit effectus aut necessitate aliqua an ratione ac mente divina* (Zufall, Notwendigkeit, göttliches Wirken); De fato 6: *si... forte casu aut pleraque fierent aut omnia* (Problematisierung). – nichts (ist) ursachenlos: Mit *nec quicquam omnino (sine causa)* stellt sich Cicero auf die Seite der Stoiker; vgl. auch u., § 63. – Zur Bedeutung des *casus* in der Rechtswissenschaft:

a) ein Ereignis, das nicht durch menschliche Willkür herbeigeführt wird, z. B. Paulus, fideicommissa III: ⟨condicio, quae⟩ *in aliquo casu consistit*, eine Bedingung, die vom menschlichen Willen unabhängig ist (Dig. 40,5,33,1), auch *condicio casualis* genannt, im Gegensatz zur *potestativa* oder *in potestate posita* (Cod. Iustinianus 6,51,1,7).

b) in der Lehre vom Tragen der Gefahr und vom Schadensersatz bedeutet *casus* ein schadenbringendes Ereignis, das weder dem Geschädigten noch dem, der ihm sonst zu Schadenersatz verpflichtet ist, zur Schuld angerechnet werden kann, z. B. Ulpianus, Ad edictum IV: *naufragium, ruina, incendium vel alius similis casus* (Dig. 2,13,6,9); Gaius, Ad edictum provinciale IX: *ita, ut tantum eos casus non praestet, quibus resisti non possit, velut mortes servorum, quae sine dolo et culpa eius accidunt, latronum hostiumve incursus, piratarum insidias, naufragium, incendium, fugas servorum, qui custodiri non solent* (Dig. 13,6,18 pr.); vgl. auch M. Kaser, RPrR, S. 173.

63 Ursachen in ihrer Gesamtheit: eine dritte Untergliederung der *causae* unter dem Aspekt der Beständigkeit (*constantia*), mit weiterer Differenzierung:

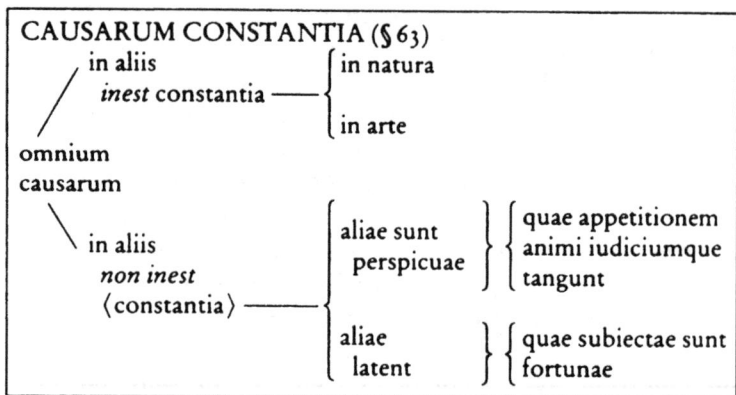

CAUSARUM CONSTANTIA (§ 63)

in aliis *inest* constantia — in natura / in arte

omnium causarum

in aliis *non inest* ⟨constantia⟩ — aliae sunt perspicuae } quae appetitionem animi iudiciumque tangunt

aliae latent } quae subiectae sunt fortunae

nichts ohne Ursache: Wiederholung von o., § 62. – Schicksal: vgl. Cicero, De divinatione 1,35: *latet ⟨causa⟩ fortasse obscuritate involuta naturae.* Vgl. auch den Kommentar des Boethius (s. u.). – das, was man tut: Vorgriff auf die Wirkungen (*effecta*), die in § 67 abgehandelt werden. Die Stelle berührt sich mit der Digression *de facto* (o., § 51) und weist auf die *depulsio criminis* (§§ 93 ff.) voraus. –

CAUSARUM IGNORATIO (§ 63)

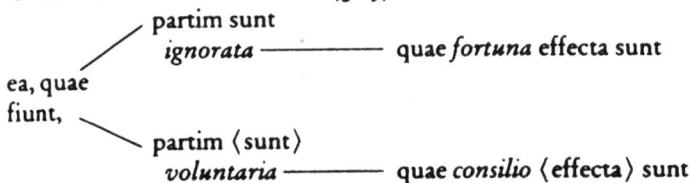

```
                partim sunt
                ignorata ───────── quae fortuna effecta sunt
ea, quae
fiunt,
                partim ⟨sunt⟩
                voluntaria ───────── quae consilio ⟨effecta⟩ sunt
```

CUM OMNIA CERTIS DE CAUSIS FIANT, quorum ratio cognoscitur, eorum eventus casu fieri non putatur; sed putatur aliquid casu fieri eorum, quorum causa nulla ratione cognoscitur. Ex quo evenit, ut fortunae sit eventus, qui latentibus causis efficitur. (ex commentario Boethii. Orelli p. 518)

64 ein Geschoß schleudern – treffen: ein Problem, das auch in Justinianischer Zeit eine Rolle spielt, z. B. Marcianus, De publicis iudiciis II: *Delinquitur autem aut proposito aut impetu aut casu. Proposito delinquunt latrones, qui factionem habent; impetu autem, cum per ebrietatem ad manus aut ad ferrum venitur, casu vero, cum in venando telum in feram missum hominem interficit* (Dig. 48,19,11,2). Vgl. auch M. Kaser, RPrR, S. 169: Vorsatz (*dolus*)/Fahrlässigkeit (*culpa*). – wenn das Geschoß: Zwölftafelgesetze 8,24 a: *Si telum fugit magis quam iecit* (hier in den Topica überliefert, ferner in Pro M. Tullio 51; dort eingeleitet mit dem Satz: *Tamen huiusce rei veniam maiores non dederunt*). Die Zwölftafeln waren Gegenstand des Schulunterrichts (Cicero, De legibus 2,59, wo Cicero allerdings beklagt „quas ⟨tabulas⟩ iam nemo discit'). – den Sturmbock ansetzen: Ausdruck aus der Militärsprache. Mittels des *aries* (wörtl. ‚Widder') wurden Mauern und Tore eingerammt. In Verbindung mit *subicere* ist das Wort bei Caesar und auch bei Cicero sonst nicht zu finden. – Unbewußtheit und Unbedachtheit: Modifikation der o., §§ 62.63 gegebenen Schemata. Es geht eher um mildernde Umstände als um Schuldausschlußgründe, zu denen nach heutigem Recht Unzurechnungsfähigkeit (§ 52 StGB), unvermeidlicher Verbotsirrtum (§ 359 StGB) und entschuldigender Notstand (§ 52.54 StGB) gehören; s. dazu auch o., Pro M. Tullio 51.

Zum juristischen Sprachgebrauch:
ignoratio: Paulus, liber singularis: *Regula est, iuris quidem ignorantiam cuique nocere, facti vero ignorantiam non nocere; sed facti ignorantia ita demum cuique non nocet, si non ei summa neglegentia obiciatur* (Dig. 22,6,9 pr.). – Papinianus, Definitiones II: *Heres... ignoratione sua defuncti vitia non excludit, veluti cum sciens alienum clam ille vel precario possedit...* (Dig. 44,3,11). – *imprudentia*: Paulus, Ad edictum IV: *Fere in omnibus poenalibus iudiciis et aetati et imprudentiae succurritur* (Dig. 50,17,108). – *voluntarius*: Paulus, Ad edictum XXIX: *Sicut autem voluntatis et officii magis quam necessitatis est commodare* (ausleihen), *ita modum commodati finemque praescribere eius est, qui beneficium tribuit* (Dig. 13,6,17,3). Paulus, Ad Sabinum VII: *Is, qui putat se necessarium* (sc. *heredem*), *cum sit voluntarius, non poterit repudiare: nam plus est in opinione quam in veritate.* (Dig. 29,2,15); *idem: Et e contrario, qui se putat necessarium, voluntarius exsistere non potest* (Dig. 29,2,16). – *motus*: Callistratus, De cognitionibus I: *Id non est constantis et recti iudicis, cuius animi motum vultus detegit* (Dig. 1,18,19,1). – *necessarius*: Paulus, Ad edictum XXIII: *Adiudicatio* (Zuteilung in einem Erbteilungsprozeß) *enim necessaria est, emptio voluntaria* (Dig. 10,2,29).

VOLUNTATEM vero a fortuitis eventibus uno eodemque aptissimo secrevit exemplo. (ex commentario Boethii. Orelli p. 518)

65 der gesamte Komplex: Zum Abschluß greift Cicero auf die Verwendbarkeit des Topos voraus; vgl. o., § 53 und § 79 ff. – *bei euren Fällen:* Die Rechtsgelehrten (vgl. die Zusammenstellung o., § 56) erscheinen als mit den Rednern (*oratores*) und Philosophen (*philosophi*) in eine Reihe gestellt, in gewisser Weise sogar über sie. Hierin wird sich ein Ziel der Topica offenbaren: Nach Heilung des Risses zwischen Rednern und Philosophen scheint Cicero mit dem Gedanken zu spielen, durch Einbindung der Rechtsgelehrten (*iuris consulti*) solle eine Trias der geistigen Elite gebildet werden. – *in Privatsachen:* Zivilsachen (*lites*) sind:

a) *privata delicta*, Privatdelikte, die nicht von Staats wegen verfolgt werden (Dig. 47,1 tit.), sondern auf dem Wege der *privata iudicia* (Dig. 48,1,7) geregelt werden (*veluti furti, vi bonorum raptorum, iniuriarum*). Vor allem aber zählen hierzu die „Zivilsachen par excellence": Streitigkeiten, die aus Verträgen erwachsen, insbesondere die alsbald erwähnten *bonae fidei iudicia*. (nach M. Fuhrmann).
b) *privata crimina* (Dig. 48,19,1,3) sind demgegenüber unwichtig. –
sie sind viel anwesend...: Diese Bemerkung gibt Einblick in die Alltagstätigkeit eines *iuris consultus*. – liefern... Waffen: Wieder ein Bild aus dem militärischen Bereich; s. z. B. Caesar, De bello Gallico 3,25: *lapides telaque sumministrare*. Vgl. die moderne Metapher vom ‚Büchsenspanner'. – Anwälte: *patronus* bedeutet a) soviel wie *advocatus*, z. B. *patronus causae* (M. Kaser, RPrR, S. 73.84.368); b) den Freilasser und damit Schutzherrn einzelner (Personen) oder ganzer Städte und Provinzen vor Gericht bzw. gegenüber dem Senat. – Beratung: *consilium* ist eine beratende Versammlung. Cicero denkt hier an private Beratungen (nach M. Fuhrmann).

66 auf Treu und Glauben: „Zwei Schöpfungen des *ius honorarium*... haben besonders weittragende Bedeutung erlangt: Erstens das fortschrittliche Gerichtsverfahren des Formularprozesses... Zweitens die (nur in Formularprozessen geltendzumachenden) *bonae fidei iudicia*, eine Gruppe der wichtigsten Schuldverhältnisse, deren Klagbarkeit nicht auf Gesetz beruhte, sondern von den Juristen und den Prätoren auf die ‚gute Treue' (*oportere ex fide bona*) gestützt wurde. Zu ihnen zählen besonders der Kauf, ferner Miete und Pacht mit Dienst- und Werkvertrag, Gesellschaft... Auftrag, *fiducia*, Tutel, Geschäftsführung ohne Auftrag, alsbald auch die Verwahrung, die Klage auf Herausgabe der Mitgift (*actio rei uxoriae*) und die Klagen aus den Vorläufern der Innominatkontrakte (unbenannte Kontrakte)". (M. Kaser, RPrR, S. 19.157; s. auch S. 213). Vgl. Institutiones

4,6,30: *In bonae fidei iudiciis libera potestas permitti videtur iudici ex bono et aequo aestimandi....* Vgl. auch Cicero, De officiis 3,61.66.67.70.87. – unter Ehrenmännern: Die Formel *ut inter bonos bene agier oportet* zitiert Cicero auch in De officiis 3,61 (mit Topica 66 fast textgleich) und 3,70, sowie in einem Brief an Trebatius aus dem Jahre 53 v. Chr. (Ad familiares 7,14,2 K.). – Mitgiftstreitigkeiten: zur *res uxoria* s. o. bei den Gegenständen der *bonae fidei iudicia.* Sie gehören zu den Begleiterscheinungen von Scheidungen. – am gerechtesten und billigsten: Die Rechtsformel *quod* (oder *quantum*) *aequius melius* (oder *melius aequius*) fordert billiges Ermessen bei der richterlichen Beurteilung (K. E. Georges 1,194 II.2.b, gg. Ende; vgl. M. Kaser, RPrR, S. 162). Gaius, Ad edictum provinciale IX: *in quantum ex bono et aequo res patitur* (Dig. 14,5,1). Vgl. auch Cicero, De officiis 3,61. – arglistige Täuschung: s. o., § 40 (*dolus malus*). – Treu und Glauben: s. o. (zu *bona fides*). – billig und gut: s. o. (zu *aequius melius*). – socius: zur ‚Gesellschaft' s. o. (*societas*). – fremde Geschäfte besorgen: s. o. ‚Geschäftsführung ohne Auftrag' (*negotia gesta*), z. B. durch einen *procurator*; s. M. Kaser, RPrR, S. 211. In der Regel freilich wird der *procurator* nicht ohne Auftrag handeln. – Verletzungen der *bona fides* kamen jedoch vor; s. z. B. Scaevola, Responsa V (Dig. 29,1,24, pr.). – dessen Geschäfte es eigentlich gewesen wären: Das ist der Geschäftsführer (*dominus negotii*). „Aus der *negotiorum gestio* entspringt die *actio negotiorum gestorum* . . . Das *bonae fidei iudicium* hatte offenbar je eine Formel für den Hauptanspruch des Geschäftsherrn (*dominus negotii*) und . . . für den Gegenanspruch des Geschäftsführers (*gestor*)." (M. Kaser, RPrR, S. 212). –
Zur juristischen Fachsprache:
negotiorum gestor: Scaevola, Responsa V: *Negotiorum gestor vel tutor vel curator bona fide condemnati appellaverunt et diu negotium tractum est . . .* (Dig. 49,1,24 pr.). – *negotia:* Dig. 3,5 tit.: *De negotiis gestis.* – *fides bona:* Paulus, Ad edictum XXXII: *Fides bona contraria est fraudi et dolo* (Dig. 17,2,3,3). – *dolus malus:* Pomponius, Ad Sabinum IX:

... aestimari oportet dolum malum eius, quem semper abesse oportet in iudicio empti, quod bonae fidei sit (Dig. 19,1,6,9). – *aequius melius*: s. o. (Dig. 21,1,42). – *res uxoria*: Codex Iustinianus 5,13, lex un.: *De rei uxoriae actione.* – *societas*: Paulus, Ad edictum XXXII: *societas coiri potest vel in perpetuum* (i. e. *dum vivunt) vel ad tempus* (Dig. 17,2,1 pr.). – Auftraggeber und Auftrag: „Das Mandat (*mandatum*) ist die vertragliche Übernahme der unentgeltlichen Besorgung eines fremden Geschäfts (Gaius 3,162)... Gegenstand des Auftrags können Tätigkeiten aller Art sein, rechtliche wie faktische, sofern sie erlaubt und nach Inhalt wie Umfang hinlänglich bestimmt sind. Das übernommene Geschäft kann im Interesse des Auftraggebers (*mandator* ,Mandant') oder eines Dritten, es darf aber nicht ausschließlich im Interesse des Beauftragten (,Mandatars') liegen." (M. Kaser, RPrR, S. 209; s. Dig. 17,1,2 pr. ff.). Ulpianus, Ad edictum X: *... quaeritur, si, cum proposuissem negotia Titii gerere, tu mihi mandaveris, ut geram an...* (Dig. 3,5,3,11). Paulus, Ad edictum XXXII: *Obligatio mandati consensu contrahentium consistit. Ideo per nuntium quoque vel per epistulam mandatum suscipi potest. Item sive ,rogo' sive ,volo' sive ,mando' sive alio quocumque verbo scripserit, mandati actio est* (Dig. 17,1,1). – Mann/Frau: Es dürften v. a. die vermögensrechtlichen Pflichten (insbesondere bei einer Scheidung) gemeint sein; s. o. (*res uxoria*). – diskutieren: Der Rechtsgelehrte hat nicht die Aufgabe, das geltende Recht zu vollziehen, sondern sich über dessen Stimmigkeit und mögliche Fortentwicklung Gedanken zu machen.

EST ENIM IURISCONSULTORUM PROVINCIA privatarum quaestio causarum maximeque in illis negotiis hic causarum locus examinabitur, in quibus BONAE FIDEI iudicia nectuntur. In his enim, qui fuerit animus contrahentium, quaeri solet, qui deprehendi vix poterit, nisi praecedentibus causis intellegatur. In his igitur iudiciis, in quibus additur, ut EX BONA FIDE iudicent, id est, ubi ita iudices dantur, ut non strictas inter litigantes stipulationes, sed bonam fidem quaerant, plurimus causarum usus est. Additur, ut INTER

BONOS BENE AGI OPORTET: considerantur mores, inquiruntur consilia; statuitur, quibus quidque de causis administratum sit. Imprimisque in iudicio uxoriae rei, quotiens post divortium de dote contentio est. Dos enim licet matrimonio constante in bonis viri sit, est tamen in uxoris iure, et post divortium velut res uxoria peti potest. Quae quidem dos interdum his condicionibus dari solebat, ut si inter virum et uxorem divortium contigisset, QUOD MELIUS AEQUIUS esset, apud virum remaneret, reliquum dotis restitueretur uxori, id est, ut, quod ex dote iudicatum fuisset MELIUS AEQUIUS ESSE, ut apud virum maneret, id vir sibi retineret; quod vero non esse MELIUS AEQUIUS apud virum manere, id uxor post divortium reciperet. In quo iudicio non tantum boni natura spectari solet, verum etiam comparatio bonorum fit, ut non tam quod AEQUUM, sed MELIUS AEQUIUSque est, id sequendum sit. Quae omnia ex praecedentibus causis investigari solent; nam si viri culpa divortium factum est, AEQUIUS MELIUS est nihil apud virum manere; si mulieris culpa, AEQUIUS MELIUS est sextans retineri. (ex commentario Boethii. Orelli p. 519)

67 durch Ursachen bewirkt: s.o., § 11 (*effecta*); §§ 23.58 (*res effectae*). – wie nämlich eine Ursache anzeigt...: vgl. o., § 60. – Redner, Dichter, Philosophen: Die *iuris consulti* sind hier ausgeklammert, weil es sich um Mutmaßungen handelt, die den Richter interessieren, nicht den Rechtsgelehrten; s.o., § 50, und u., § 93 (*status coniecturalis*).

68 Vergleich: s.o., §§ 11.23 (*comparatio*). – schon oben: s.o., § 23. – Anwendung: Cicero weist hier auf die Anwendung (*tractatio*) seiner Topoi voraus, die in der Rede, insbesondere im Teil *argumentatio* ihren Platz hat; s.u., §§ 79ff. – Anzahl: Die angegebene Gliederung wird in den §§ 69.70 näher expliziert werden.

69 Vergleich hinsichtlich der Anzahl: hier durch Attribute im Komparativ. Infolge der Verwendung des Verbums *anteponere* stehen die Vergleichsglieder im Dativ; es handelt sich hierbei um *bona* opp. *mala*. – auch denjenigen, aus denen...: Die Ergänzung (z. B. durch *eis, ex quibus pauciora bona propagantur*) bleibt, sofern das überhaupt nötig ist, dem Leser überlassen, vielleicht ein Indiz für die Skizzenhaf-

tigkeit dieser Aufzählung. Die Fassung in Relativsätze leitet
im übrigen zum ersten Vergleichspaar unter dem Aspekt
species über. – Vergleich hinsichtlich der Art: Die Vergleiche
stehen jetzt im Positiv, aber weiterhin unter Verwendung
von *anteponere* mit Dativ. – Die Vergleichsstücke stammen
aus der Güterlehre und finden sich meist auch sonst in den
Werken Ciceros, z. B. De finibus 5,47 (*propter se expete-
mus*); De finibus 4,4 (*habere etiam insitam quandam vel
potius innatam cupiditatem scientiae*); De natura deorum
2,71 (*ut eos* sc. *deos semper pura, integra, incorrupta et mente
et voce veneremur*); De officiis 3,18 (*pluris putare, quod utile
videatur quam quod honestum sit*); De finibus 1,53 (*nihil
enim desiderabile concupiscunt*); ibid. 1,47 (*qua voluptate
etiam carere possent*); Timaeus 11 (*sunt...omnia animantia
in quaedam genera partita aut inchoata, nulla ex parte perfecta*); De officiis 2,11 (*eorum autem rationis expertia sunt,
alia ratione utentia*). – notwendig: Das Adj. *necessarius*
bedeutet – je nach Gegensatz – ,notwendig' im Sinne von
,unverzichtbar' (opp. *non necessarius*) oder im Sinne von
,aufgezwungen' (opp. *voluntarius* ,dem freien Willen
anheimgestellt). – Einen besonderen stilistischen Anspruch
läßt die Aufreihung nicht erkennen; er besteht allenfalls hinsichtlich der unterschiedlichen Gestaltung der Aspektgrup-
pen. Zu solchen Vergleichen insgesamt s. Quintilian, Institutio oratoria 2,4,24.

70 Vergleich hinsichtlich der Bedeutung: durchgeführt
mittels Prädikatsnomina im Komparativ, ab viertem Glied
im Abl. comparationis. – in unserer Verfügungsmacht: vgl.
z. B. Cicero, De fato 31: *Id si verum est, nihil est in nostra
potestate; est autem aliquid in nostra potestate.* – Sicheres/
Unsicheres: vgl. z. B. De natura deorum 2,2: *De dis inmorta-
libus habere non errantem et vagam..., sed stabilem certam-
que sententiam.* – Vergleich hinsichtlich der Relation: überwiegend Relativsätze (*quae...*), zu denen das Vergleichs-
glied zu ergänzen wäre, z. B. *quae ab optimo quoque lau-
data, ⟨meliora quam quae a nullo⟩.* – Vorteile der führenden

Persönlichkeiten: eine ebenso realistische wie unkritische Feststellung aus der damaligen Gesellschaftsstruktur heraus.

71 Vergleich gleicher Dinge: s. o., §§ 11.13 (*ex comparatione parium*). – so geschlußfolgert: in die Form eines Schlusses gekleidet, der o., § 13, als *primus modus conclusionis* bezeichnet ist:

(C = *consilium*; A = *auxilium*; D = *defensio*; + = „zutreffend", hier: „*in laude ponendum*"; p, q = Aussagen; → = „wenn … dann".)

$$\frac{si\ C+\ =\ A+\ \to\ C+\ =\ D+}{at\ C+}$$ in der Schreibweise $$\frac{p\ \to\ q}{p}$$

igitur D+ der Aussagenlogik: q

zu Ende gebracht: Es folgt eine nochmalige Aufzählung (vgl. o., § 11) der *sedes argumentorum*. – keinen weiteren mehr: Cicero ist überzeugt, daß die behandelten 16 Argumentationsmuster *in ipso, de quo agitur* das Gesamtgebiet der *argumentorum inveniendorum praeceptio* abdecken.

72 von Anfang an: s. o., § 8. – von außen beiziehen: s. o., § 24. – keinerlei Bezug zu euren Erörterungen: Cicero betont erneut (vgl. o., § 51) seine Absicht, seine Darstellung nicht ausschließlich auf die Wünsche des Trebatius abstellen zu wollen. Mit den Abhandlungen sind die *disputationes* der *iuris consulti* gemeint; vgl. die Zusammenstellung o., bei § 56. – anderen Leuten: Cicero läßt die Absicht erkennen, seine Schrift zu veröffentlichen.

73 kunstlos: s. o., § 24 (*artis expers*). – Beweismittel: „Die Vorführung der Beweise ist Sache der Parteien, nicht des Richters; ihnen obliegt auch die Herbeischaffung der Beweismittel, bei der ihnen im allgemeinen … kein staatlicher Zwang gegen Dritte (Zeugen usw.) zu Hilfe kommt" (M. Kaser, RPrR, S. 375). Zu den Beweismitteln gehören Parteiaussagen, Geständnis, Zeugen, Urkunden, Augenschein, Sachverständigengutachten. – *testimonium*: Quintilian, Institutio oratoria 5,1; 5,9; 5,11,44. Arcadius (Charisius), Liber singularis de testibus: *Testimoniorum usus frequens ac necessarius est et ab his praecipue exigendus, quorum fides non vacillat. Adhiberi quoque testes possunt non solum in criminalibus causis, sed etiam in pecuniariis litibus, sicubi res postulat, ex his, quibus non interdicitur testimonium nec ulla lege in dicendo testimonio excusantur* (Dig. 22,5,1). – Begabung: Hier ist wohl nicht das Naturtalent gemeint, sondern das ‚schon ausgebildete Talent' (H. G. Zekl, Anm. 75). – öffentliche Meinung: eine für Ciceros Lebenserfahrung aufschlußreiche Bemerkung. Sie wird auch mit der politischen Situation des Jahres 44 v. Chr. zusammenhängen; vgl. auch o., § 5.

74 Überzeugungskraft: Je mehr sich die Darstellung dem Bereich der Anwendung nähert, desto schärfer kommt als Ziel die Herstellung von Vertrauenswürdigkeit (s. o., § 73: *ad faciendam fidem*) durch Überzeugen (*persuadendo*) in den Blick. – Folterung: Körperliche und psychische Folter werden ohne jeden Einwand als erlaubte Mittel der Wahrheitsfindung betrachtet: Aus so beschafften Aussagen „spricht die Wahrheit selbst" (*ea videtur veritas ipsa dicere*). Aus ‚*videtur*' kann man Ciceros Skepsis herauslesen. In der Tat beurteilt er das Mittel der Folterung unterschiedlich. In den Partitiones oratoriae 117f. betrachtet Cicero die Sache aus dem Interesse des Anklägers heraus; alle Einwände seien als lächerlich zu bezeichnen (*irridenda etiam disputatio ad infirmandas quaestiones et meditata puerilisque dicenda*), während er in der gleichen Schrift (§ 50) aus der Sicht des Verteidigers auf die Problematik verweist (*saepe etiam quaestionibus resistendum est*). Entsprechend argumentiert er z. B. als Verteidiger des A. Cluentius Habitus 66 v. Chr. (§ 177). – Nach heutigem Stand der öffentlichen Meinung ist Foltern (theoretisch) unfaßbar. Immerhin gibt es seit Augustus gewisse Einschränkungen in der Anwendung der Folter: Ulpianus, De officio proconsulis VIII: *In criminibus eruendis quaestio adhiberi solet. Sed quando vel quatenus id faciendum sit, videamus. Et non esse a tormentis incipiendum et divus Augustus constituit neque adeo fidem quaestioni adhibendam, sed et epistula divi Hadriani ad Sennium*

Sabinum continetur... (Dig. 48,18,1 pr.). Vgl. auch Quintilian, Institutio oratoria 5,4,1. Wer das römische Bürgerrecht besaß, durfte nicht gefoltert werden.

75 (C. Aelius Paetus) Staienus: 108 – ca. 66 v. Chr.; Staienus hatte sich gewissermaßen durch „Selbstadoption" in die gens Aelia eingeschlichen und es im Jahre 77 v. Chr. zum Quästor gebracht. Er wurde in einem Majestätsverfahren verurteilt (KlP 5,341); s. auch Cicero, In C. Verrem 2,79; Pro A. Cluentio Habito 20.67.72; Brutus 241. – [Pausanias: Heerführer der Spartaner, Sieger von Plataiai (479 v. Chr.); später der Konspiration mit den Persern verdächtigt, floh er in den Tempel der Athene Chalkioikos, wo ihn die Ephoren verhungern ließen (467/66 v. Chr.). Beweisstück war ein Briefwechsel mit seinem früheren Gegner Artabazos (KlP 4,568f., Nr. 1). Der Satz wurde von W. Friedrich zu Recht athetiert.]

76 Palamedes aus Nauplia, Teilnehmer am Trojanischen Krieg. Er entlarvte Odysseus als Kriegsdienstverweigerer und fiel deshalb dessen Rachsucht zum Opfer, wodurch er zum Schulbeispiel des Justizmordes wurde; vgl. z. B. Tusculanae disputationes 1,98. Als Erfinder sah man ihn in Konkurrenz mit Prometheus, Orpheus, Kadmos, Daidalos, Theut. (KlP 4,418f., Nr. 1). – zweigeteilt: Wesen (*natura*) und Leistungsfähigkeit (*industria*) als Voraussetzung bzw. Ausprägung von ‚Tugend' (*virtus*). In §73 sind Natur (*natura*) und Zeit (*tempus*) die Konstituenten der Autorität (*auctoritas*), wie man sie zur Erzeugung von Glaubwürdigkeit (*ad fidem faciendam*) braucht.

77 Orakel: Die Etymologie *orare* → *oraculum* gilt auch heute als richtig. – Zum Gesamtinhalt: Cicero vertritt hier insgesamt die stoische Position; vgl. hierzu aus De divinatione und De natura deorum:
oracula: De divinatione 1,37.38; De natura deorum 2,16. – *mundus ipse, ordo et ornatus*: De divinatione 2,148; De natura deorum 2,17.43.127. – *volatus avium atque cantus*: De divinatione 1,2.94.118; De natura deorum 2,16.70. – *aëris*

sonitus et ardores: De divinatione 1,18.35.109; De natura deorum 2,49. – *in terra portenta*: De divinatione 1,35.97.109; De natura deorum 2,16.62. – *per exta inventa praesensio*: De divinatione 1,93.109.118; De natura deorum 2,16.20.36.49.166. – *a dormientibus visa*: De divinatione 1,61; De natura deorum 2,16.120.121.122.

78 (M. Porcius) Cato: 234–149 v. Chr.; Konsul 195, Censor 184 (davon sein Beiname ,Censorius'), zur Unterscheidung von M. Porcius Cato Uticensis auch ,Cato maior' genannt (s. z. B. Ciceros Monographie ,Cato maior de senectute'). (KlP 1, 1087, Nr. 4). – (C.) Laelius (Sapiens): ca. 190–129 v. Chr.; Konsul 140 v. Chr., Freund des jüngeren Scipio, Mitglied des sog. Scipionenkreises, der für die Rezeption des Hellenismus in Rom eintrat. Der Nachwelt galt er als Musterbild des Freundes, wozu Ciceros Monographie ,Laelius de amicitia' viel beitrug. (KlP 3,445, Nr. 2). – (P. Cornelius) Scipio (Africanus maior): ca. 235–183 v. Chr.; Konsul 205 v. Chr., Sieger über Hannibal (bei Zama 202 v. Chr.). Cicero setzte ihm (KlP 5,48f., Nr. 10) und P. Cornelius Scipio Aemilianus Africanus minor, der durch Adoption aus der *gens Aemilia* in die *gens Cornelia* aufgenommen wurde (KlP 5,49, Nr. 12), im 6. Buch von De republica (Somnium Scipionis) ein Denkmal. – Redner, Philosophen, Dichter, Geschichtsschreiber: s. die Zusammenstellung o., § 56. Die *iuris consulti* sind hier nicht mit in die Reihe gestellt, obwohl z. B. P. Scaevola (o., § 24) als ,Autorität' angeführt wurde. – Glaubwürdigkeit bewirken: Das ist der Zweck der ,kunstlosen' Argumente; vgl. o., §§ 73.74.76.77 (*ad fidem faciendam*).

Zweiter Hauptteil: Anwendung
Arten der Untersuchung (quaestionum genera)
(§§ 79–86)

79 Nachdem dargestellt... sind: nochmalige Zusammenfassung des Ersten Hauptteils (§§ 8–78), dieses Mal unter Einbeziehung der *argumenta, quae sumuntur*

QUAESTIONES   §§
  quacumque de re

PROPOSITUM (infinitum, thésis)   79.80

● *cognitio* (finis: scientia)   81.82
    SIT NECNE SIT   82
      coniectura– sitne aliquid   82.87
                – unde ortum sit   82
                – quae causa id effecerit   82
                – de mutatione rei quaeritur   82

    QUID SIT   82.87
      definitio – notio   83.87
                – proprietas   83
                – divisio   83
                – partitio   83
                – descriptio (charaktér)   83

    QUALE SIT   82.84.89
      distinctio
      iuris et
      iniuriae – simpliciter: de expetendo
                              fugiendoque   84.89.90
                        de aequo et iniquo   90
                        de honesto turpique   89
             – comparate: de eodem et alio
                              (altero)   84.85.87.88.89
                        de maiore et minore   84.85

● *actio*   86
    AD OFFICIUM   86
    AD MOTUM ANIMI   86

CAUSA (definita, hypóthesis)   79.80.86.90
  certis personis, locis, temporibus,
  actionibus, negotiis cernitur
● *iudicium* (finis: ius)   91
● *deliberatio* (finis: utilitas)   91
● *laudatio* (finis: honestas)   91

extrinsecus (§§ 73–78). – Zur Gesamtaussage: In jeder Diskussion tritt (wenigstens) ein Topos auf; es eignet sich jedoch nicht jeder für jeden Zweck. Die Zuordnung zu den jeweiligen Zwecken wird im Zweiten Hauptteil (§§ 87–96) in Angriff genommen. Dabei treten neben die *loci communes* die *loci proprii*.

Arten der Untersuchung: s. obige Übersicht über die *quaestiones*. Diese Systematisierung geht auf Hermagoras aus Temnos (2. Hälfte des 2. Jh.s v. Chr.) zurück. Vgl. Cicero, Partitiones oratoriae 61 ff.; Quintilian, Institutio oratoria 7,1,4: *Quae thēmata Graeci vocant, Cicero proposita*. – *hypóthesis*: Gegenstand einer Diskussion (*argumentum disputationis*); s. z. B. Platon, Parmenides 127d7; Aristoteles, Rhetorike, 3,2.1404b15; Cicero, Ad Atticum 1,14,4, K., u. ö. – begrenzt: Quintilian, Institutio oratoria 3,5,7: *Finitae autem sunt (quaestiones) ex complexu rerum, personarum, temporum, ceterorumque; hae hypothéseis a Graecis dicuntur, causae a nostris. In his omnis quaestio videtur circa res personasque consistere*; vgl. auch ibid. 3,5,15. – *thésis*: allgemeines Thema (*universi generis quaestio*); s. z. B. Cicero, Orator 46: ... *thésis; in hac Aristoteles adulescentis ... exercuit* (auch 125). Aphthonios, Progymnasmata 13. – unbegrenzt: Cicero, De oratore 1,137: *Esse omnem orationem (didici) aut de infinitae rei quaestione, sine designatione personarum ac temporum, aut de re certa in personis ac temporibus locata*. Quintilian, Institutio oratoria 3,5,5: *Item convenit quaestiones esse aut infinitas aut finitas. Infinitae sunt, quae remotis personis et temporibus et locis ceterisque similibus in utramque partem tractantur, quod Graeci thésin dicunt, Cicero propositum, alii quaestiones universales civiles, alii quaestiones philosopho convenientes, Athenaeus partem causae appellat*.

80 Spezialfall/Generalthema: s. o., § 79; dazu Cicero, De oratore 2,133: *Constituunt ... in partiendis orationum modis duo genera causarum: unum appellant, in quo sine personis atque temporibus de universo genere quaeratur; alterum,*

quod personis certis et temporibus definiatur; Orator 45 f.; Quintilian, Institutio oratoria, 3,5,18. – Spezialfall im Verhältnis zum Generalthema: Die Disposition (s. o., § 79) stellt *causa* und *propositum* als zwei gleichrangige Hauptgebiete dar; die Praxis verlangt jedoch, daß diese schulmäßige Einteilung zurücktritt und den speziellen Fall in das Licht allgemeiner Probleme rückt; s. z. B. Cicero, Orator 45: *Orator – non ille vulgaris, sed hic excellens – a propriis personis et temporibus semper, si potest, avocat controversiam; latius enim de genere quam de parte disceptare licet, ut, quod in universo sit probatum, in parte sit probari necesse.*

81 Zur Einteilung der *quaestiones* s. o., § 79. Die Bezeichnung *quacumque de re* meint dasselbe wie *infinita (quaestio)*. – die theoretisierende Erörterung: Die *cognitio* zielt auf Erkenntnisgewinn (s. u., § 82: *cognitionis finis scientia*). Vgl. Cicero, Libri Academici 2,16: *Quaestio autem est appetitio cognitionis, quaestionis finis inventio. At nemo invenit falsa.* – auf praktische Wirkung abzielend: Die *actio* will als konkretes Verfahren den/die Richter von der Richtigkeit der vertretenen Position überzeugen. Vgl. Cicero, partitiones oratoriae 67: *Cui quidem generi (i. e. actioni) contrarium est disputandi genus.* – Der Begriff *actio* ist hier nicht gleichbedeutend mit dem letzten der fünf Hauptteile der Rede, dem ‚Vortrag' als solchem (griech. *hypókrisis*), in dem die rhetorische Theorie Stimmführung (*vox*) und Gestik (*motus*) unterscheidet. Vgl. Cicero, De oratore 3,213–227; Orator 55.86.

82 Recht von Natur aus: ein seit der griechischen Sophistik diskutiertes Problem; s. z. B. den Vorsokratiker Kritias (VS 88B25 D.) und Kallikles in Platons Gorgias (483b4ff.; 491eff.). – der Weise und die Politik: eine v. a. die Stoa, aber auch die Epikureer beschäftigende Frage; vgl. z. B. Cicero, De re publica 1,9; später auch Seneca. – Existenz...: zu den Fragen *sitne, quid sit, quale sit* vgl. Cicero, De oratore 2,110; Orator 45.121 (dort: *aut de vero aut de recto aut de nomine*); Partitiones oratoriae 62. Näheres hierzu führt Cicero u., §§ 87–89 aus. – Schlußfolgerung, Definition, Unterschei-

dung...: s. hierzu o., §§ 53–57 (*modi conclusionis*);
§§ 9.26.27 (*definitio*); die *distinctio iuris et iniuriae* wird hier
neu eingeführt, sie stellt sich zu §§ 15.41–45 (*similitudo*),
wenn man z. B. Cicero, Libri Academici 2,43 vergleicht:
*Similitudines dissimilitudines et earum tenuis et acuta
distinctio*; De fato 43: *Modo intellegatur, quae sit causarum
distinctio et dissimilitudo.* – die Methode... gliedert sich:
Cicero verfährt hier wie ein Lehrbuch. – auf vager Meinung
fußend: zuerst in Platons Menon 91aff. – Tugend durch
Naturanlage oder Unterweisung: s. z. B. Cicero, De fato 43:
Vitiosam naturam ab eo (sc. *Stilpone*) *sic edomitam et con-
pressam esse doctrina, ut* ...; auch De officiis 1,119; Laelius
6; De finibus 3,11; Tusculanae disputationes 2,13 u. ö. –
Unvermögen zu sprechen: s. Cicero, De oratore 3,142.198.

83 Begriff: s..o., §§ 27.31 (*notio*). – Definition: s. o.,
§§ 9.26.27.28–34: Der von Cicero so stark betonte Unterschied zwischen *divisio* und *partitio* (§ 30) erscheint hier als
unbedeutend. – Beschreibung: hier neu eingeführt (*descriptio*, griech. *charaktér*). Bei der Einführung neuer, insbesondere griechischer Begriffe verwendet Cicero (nicht nur in
den Topica) mit Vorliebe das Verbum *vocare*. – was dem
Mächtigeren nützt: s. o., § 70; vgl. Thrasymachos in Platons
Politeia 338c1–2. – befällt Kummer auch Tiere? Vgl. z. B.
Cicero, De officiis 1,105: *Illae* (sc. *beluae) nihil sentiunt nisi
voluptatem ad eamque feruntur omni impetu.* Das schließt
aegritudo als Gegensatz zu *voluptas* nicht aus. Es gibt auch
einfühlsamere Meinungen, z. B. bei Empedokles (VS
31A70), der auch den Pflanzen Empfindung zuspricht. – drei
Arten von Gütern: vgl. o., § 59 (zur peripatetischen Drei-
Güter-Lehre). – Beschreibung: Cicero denkt hier sichtlich
an die ‚Charaktere‘ des Theophrast: Nr. 22 (*aneleútheros*),
Nr. 2 (*kólax*). Vgl. auch Cicero, Orator 134 (*charaktér*).

84 ist Ruhm erstrebenswert? s. z. B. Cicero, Tusculanae
disputationes 5,103: *Vide, ne haec, quae expetitur, gloria
(plus) molestiae habeat quam voluptatis*; auch De re publica
6,20. – in Vergleichsform: s. o., §§ 11.23.68–71 (*comparatio;*

hier Adverb *comparate*). – ist Ruhm dem Reichtum vorzu-
ziehen? s. z. B. Cicero, De officiis 2,88: *externorum commo-
dorum comparatio sic, ut gloria divitiis, vectigalia urbana
rusticis (anteponantur)*. Im allgemeinen hat der Reichtum bei
Philosophen keine gute Presse; er zählt – wie der Ruhm – zu
den fragwürdigen Gütern; s. z. B. Cicero, De finibus 4,49:
*Qui valetudinem, vires, divitias, gloriam, multa alia bona
esse dicant, laudabilia non dicant*; auch Tusculanae disputationes 5,45; De legibus 1,55. Etwas anders Aristoteles (nach
De finibus 4,73): ⟨*M. Piso*⟩ *dicebat plus tribui divitiis a
Zenone ... quam ab Aristotele, qui bonum esse divitias fate-
retur, sed neque magnum bonum*. – einfache Fragestellungen: Im Grunde handelt es sich bei solchen Gegensatzpaaren
auch um Vergleiche. – Identität und Verschiedenheit: vgl.
Cicero, Timaeus 21 (nach Platon, Timaios 35a4f.). – Reich-
tum/Armut: s. z. B. Cicero, De officiis 3,36: *magis fugien-
dam censet mortem, paupertatem, dolorem*; ibid. 1,25: *expe-
tuntur ... divitiae cum ad usus vitae necessarios, tum ad per-
fruendas voluptates*. – sich rächen: viell. ist mit *ulscisci* hier
eher ,bestrafen' gemeint; s. z. B. Cicero, De officiis 2,18:
Ulciscamur ... eos, qui nocere nobis conati sunt; ibid. 2,50:
Cuius (sc. *rei publicae*) *inimicos ulcisci saepius non est repre-
hendendum*. Es geht nicht um das Faustrecht, sondern um
den Anspruch auf Wiedergutmachung von Schäden. – für
das Vaterland sterben: s. z. B. Cicero, De finibus 2,76: *Illa
semper tibi in ore sunt: ... omnia pericula pro re publica,
mori pro patria; haec cum loqueris, nos barones stupemus, tu
videlicet tecum ipse rides; nam inter ista tam magnifica verba
tamque praeclara non habet ullum voluptas locum ...*, was
ganz anders klingt als der viel kritisierte Horazvers ,*dulce et
decorum est ...*' (c.3,2,13).

85 Identität und Verschiedenheit: s. o., § 84 (*de eodem et
alio*). – Freund/Schmeichler: s. o., § 83. Vgl. Cicero, Laelius
98: *Nulla est igitur amicitia, cum alter verum audire non vult,
alter ad mentiendum paratus est, semper auget adsentator id,
quod is, cuius ad voluntatem dicitur, vult esse magnum*. –

König/Tyrann: Cicero, De re publica 1,68: *Sic tamquam pilam rapiunt inter se rei publicae statum tyranni ab regibus, ab iis autem principes aut populi, a quibus aut factiones aut tyranni.* Auch der bloße Titel *rex* war den Römern verhaßt, so daß für sie wohl nur ein gradueller Unterschied zwischen dem König und dem Tyrannen bestand. – Beredsamkeit/Kenntnis unseres Rechtssystems: Die Tendenz der Topica läuft darauf hinaus, die Gleichwertigkeit herauszuarbeiten. Zum *ius civile* s. o., §§ 25.58.72. – Soweit...: Die Gliederung wird hier scharf markiert (*hactenus*).

86 mit praktischer Wirkung rechnend: s. o., § 81. – Kinder: Der Ausdruck *liberos suscipere* bedeutet ‚Kinder (von einer Frau) bekommen‘; im engeren Sinn auch ‚als rechtmäßig anerkennen‘, wozu der Vater das Kind von der Schwelle des Hauses aufheben mußte; s. z. B. Cicero, Libri Academici 2,109. – Erregung von Affekten: eine Aufgabe, die der Redner v. a. in der *peroratio* wahrzunehmen hat; s. z. B. De oratore 2,185–216; Orator 128. – Die genannten Beispiele betreffen die Rede im weiteren Sinn, nicht mehr nur den zum *genus deliberativum* zählenden Vortrag. – Verteidigung der Republik: s. z. B. Cicero, De re publica 1,4: *his opponuntur ab iis, qui* (sc. *labores*) *sint re publica defendenda sustinendi.* – auf Spezialfälle übertragen: Mit den *causae* ist bereits die Gerichtsrede angesprochen.

Anwendbare Argumentationsmuster (§§ 87–90)

87 zu den Fragestellungen passen: Die Theorie der §§ 8–79 soll nun auf konkrete Fälle angewandt werden. – wie gesagt: s. o., § 79. – von der wir sagten: s. o., § 84. – eine Sonderform der Definition: Der Topos *de eodem et de altero* gehört an sich zum Punkt ‚*quale sit*‘ (*quaeritur*). Vgl. auch Cicero, Partitiones oratoriae 65; Kritisches bei Quintilian, Institutio oratoria 7,3,8: *Quamquam autem dissentire vix audeo a Cicerone, qui...*

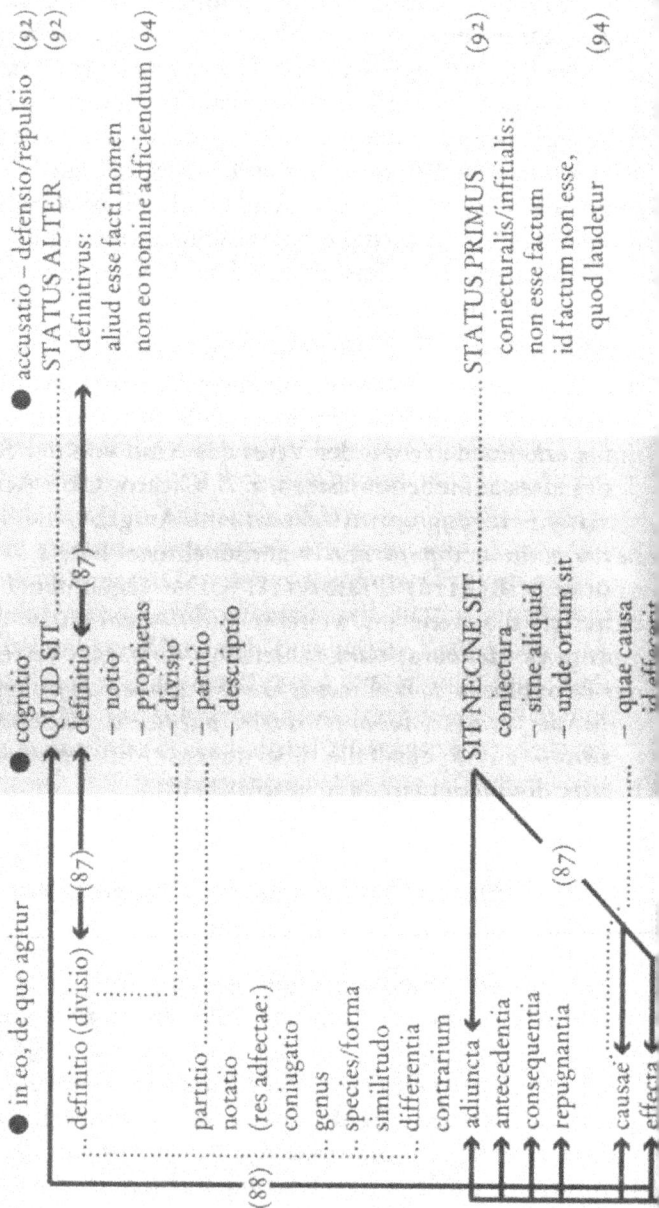

LOCI AD QUAESTIONES ACCOMMODATI (§§ 87–96)

Loci communes (§§ 6–78)	Quaestiones (§§ 79–96)	Loci proprii (§§ 79–96)
• in eo, de quo agitur	**PROPOSITUM** • cognitio	• accusatio – defensio/repulsio (92) **STATUS ALTER** (92)
definitio (divisio) (87)	QUID SIT definitio (87) – notio – proprietas – divisio – partitio – descriptio	definitivus: aliud esse facti nomen non eo nomine adficiendum (94)
partitio notatio (res adfectae:) coniugatio genus species/forma similitudo differentia contrarium		
adiuncta antecedentia consequentia repugnantia (87)	SIT NECNE SIT coniectura – sitne aliquid – unde ortum sit	**STATUS PRIMUS** (92) coniecturalis/infitialis: non esse factum id factum non esse, quod laudetur (94)
causae effecta (88)	– quae causa id effecit	

de mutatione rei ...(82)..... ALIA STATUS

legitimae disceptationes:
  non id legem dicere
  quod adversarius
  opponitur scripto
  voluntas scriptoris
  legi lex contraria adfertur
STATUS TERTIUS .... (92)
  iuridicialis: (94)
  iure/non iure factum esse
  aut animi aut externa
    commoda (89)
  aequitatis loci .... (90)
  animi bona aut mala (89)

(STATUS IURIS AUT NOMINIS) (86)
  aequitas .... (94)
  utilitas
  honestas

QUALE SIT ....
  distinctio
  – simpliciter:
    de expetendo fugiendoque ....

    de aequo et iniquo ....
    de honesto turpique ....
  – comparate:
    de eodem et alio/altero
    de maiore et minore

● actio
  AD OFFICIUM
  AD MOTUM ANIMI

CAUSA (pleraque cum
  propositis communia)
  IUDICIUM ....
  DELIBERATIO ....
  LAUDATIO .... (94)

comparatio (89)
    (88)
maiorum, minorum, parium ....
● extrinsecus adsumpta

88 eine Untersuchung dieser Art: Gemeint ist das Gebiet der *definitio.* – Zur Aufzählung der *loci* vgl. Quintilian, Institutio oratoria 7,3,28 (H. Rahn, S. 70). – Die Beispiele nennen jeweils einen Obersatz des gemeinten *modus conclusionis*, ziehen aber nicht die Schlußfolgerung:

(I¹, I² = *illa res*; H¹, H² = *haec res*; A¹, A² = *aliud*; C¹, C² = *causa*; N = Begriff/Aussage. – p, q, r: Aussagen; ← = *sequitur*; → = *antecedit*; X = *repugnat*; → *est causa*; ← = *est effectum ex*; |: Verneinung des entsprechenden Symbols.)

(1)	*si* I	sequitur	H¹	In einer an das	$p \leftarrow q^1$
	autem ⟨I⟩	non sequitur	H²	System der Aus-	$p \not\leftarrow q^2$
	⟨*igitur* H¹	non idem atque	H²⟩	sagenlogik ange-	$q^1 \neq q^2$
(2)	*si* I	antecedit	H¹	näherten, ver-	$p \rightarrow q^1$
	⟨*autem*⟩ ⟨I⟩	non antecedit	H²	kürzten Schreib-	$p \not\rightarrow q^2$
	⟨*igitur* H¹	non idem atque	H²⟩	weise:	$q^1 \neq q^2$
(3)	*si* H	repugnat	⟨N⟩		$p^1 \times q$
	⟨*autem*⟩ I	non repugnat	⟨N⟩		$p^2 \not\times q$
	⟨*igitur*⟩ H	non idem atque	I⟩		$p^1 \neq p^2$
(4)	*si* H	causa	C¹		$p \rightarrow r^1$
	⟨*autem*⟩ I	non causa	C¹, sed C²		$q \not\rightarrow r^1$
	⟨*igitur* H	non idem atque	I⟩		$p \neq q$
(5)	*si* H	effectum ex	A¹		$p \leftarrow r^1$
	⟨*autem*⟩ I	non effectum ex	A¹, sed A²		$q \not\leftarrow r^1$
	⟨*igitur* H	non idem atque	I⟩		$p \neq q$

Die von Cicero etwas flüchtig skizzierten Beispiele zielen auf die Feststellung von Identität bzw. Nichtidentität (*de eodem et alio/altero*). Sie beziehen sich auf die Topoi *consequentia, antecedentia, repugnantia, causae, effecta*, wie im ersten Satz des § 88 angekündigt.

89 kurz zuvor: s. o., § 68 ff. – Anzustrebendes/zu Meidendes: s. o., § 84. – vorteilhaft oder nachteilig für die Seele oder den Körper: Die hier eingeführten *vel commoda vel incommoda* sind nicht Beispiele, sondern Rahmen für Beispiele von *loci proprii*. Gleiches gilt für die nachfolgend genannten *animi bona aut mala*.

90 Gerechtes/Ungerechtes: s. o., § 82: *horum ... tertium iuris et iniuriae distinctione explicatur*. Es folgt eine scholastisch anmutende Unterteilung. – Zuteilung dessen, was jedem zusteht: hier dem Naturrecht zugeordnet; vgl. den berühmten Satz der Institutiones 1,1,3: *Iuris praecepta sunt haec: honeste vivere, alterum non laedere, suum cuique tribuere*. – Recht der Vergeltung: s. o., § 84. Es geht nicht um das Faustrecht, sondern um den (naturrechtlich begründeten) Anspruch auf Abwehr von Unrecht. – handelt von Gesetzen: zu *legitimus* s. u., § 95 (*legitimae disceptationes*). – Gesetze usw.: vgl. o., § 28 (*ius civile*). – Verträge: wörtl. ,Übereinkunft', vgl. ,Konvention'. Das substantivierte Partizip *conveniens* ist kein juristischer t. t. Mit *convenientes* werden Partner bezeichnet, die eine Übereinkunft treffen, z. B. Paulus, Responsa 3: *... cum inter praesentes et convenientes res actitata sit ...* (Dig. 22,4,3). – alter Brauch: Der *mos maiorum* war für den Römer Verhaltensnorm; s. z. B. Cicero, De legibus 2,23: *Erunt (leges) fere in more maiorum, qui tum ut lex valebat*. – Die hinter *vetustate firmata* folgende Einteilung der *aequitas* in drei Bezugsrichtungen (*ad superos, ad manes, ad homines*) hat Ch. G. Schütz getilgt, mit Recht. – Generalthema: zum *propositum* s. o., § 79. – *genug gesagt*: vgl. die abschließende Wendung in § 85 (*de cognitionis quaestionibus hactenus*). – Spezialfall: zur Hauptgliederung s. o., bei § 79. – das meiste hat die *causa* mit dem *propositum* gemeinsam: vgl. hiermit die Ausführungen am Ende von § 80 (*itaque propositum pars est causae*).

Die drei Arten von Fällen (genera causarum) (§§ 91–96)

91 drei Arten von (Spezial-)Fällen: die übliche Einteilung der *causae*; vgl. Cicero, De inventione 1,7; De oratore 2,333; Orator 37.69.207; Partitiones oratoriae 70. – wovon die

Bezeichnung...: implizite Anwendung des *locus notationis* (*ius → iudicium → iuridicialis* §92). – dort dargestellt: s. o., §90; dort freilich ohne Nennung von *loci communes*. – Beratung: Das Ziel des *genus deliberativum* (d. i. in der Regel die politische Rede) wird auch mit *suasio* angegeben; s. z. B. Cicero, Orator 37. – soeben vorgestellt: s. o., §84. – vorbildhaftes Verhalten: s. z. B. Cicero, De finibus 2,48: *Habes undique expletam et perfectam...formam honestatis.*

92 begrenzte Untersuchungen: s. o., §79 (*definitum est, quod hypóthesin Graeci, nos causam* sc. *appellamus*). – wesenseigene Argumentationsmuster: Cicero wendet sich nun den *loci proprii* (s. u., §97) zu; vgl. auch Cicero, Pro M. Aemilio Scauro 16. – Nach *instruuntur* wird eine Textlücke vermutet, da die Eingrenzung auf das *genus iudicii* (s. o., §91) fehlt, die im folgenden vorausgesetzt ist. – Anklage: In De inventione 1,101–105 gibt Cicero dem *accusator* allein zur Formulierung der *indignatio* (Entrüstung) 15 *loci proprii* an die Hand. – Die Argumentationsmöglichkeiten der Verteidigung entsprechen (als sog. *status*, s. u., §93) den *cognitionis quaestiones tripertitae* (s. o., §82). – in den Vorschriften für den Redner: Cicero, De inventione (ca. 85 v. Chr.), De oratore (55 v. Chr.), Brutus (Frühjahr 46 v. Chr.) Partitiones oratoriae (46/45 v. Chr.), Orator (Herbst 46 v. Chr.), De optimo genere oratorum (46 v. Chr.). In De oratore 2,175 äußert Cicero freilich noch Skepsis bez. einer kasuistischen Rezeptur und appelliert daher an die Intelligenz des Redners: *Non est artis exquisitae praescribere, sed est mediocris ingenii iudicare...*

93 Position der Verteidigung: Mit *status* (griech. *stásis* ‚Stand‘) wird die Kernfrage bezeichnet, die die Verteidigung dem Rechtsfall zugrunde zu legen gedenkt; vgl. dazu o., bei §79, die Rolle des Hermagoras bei der Entwicklung der Systematik. „Nachdem sich Aristoteles der Beweislehre und Theophrast des Stils angenommen hatte, wandte er der Gerichtsrede sein Augenmerk zu: er schuf die Lehre von den Status, den „Streitständen", eine Schablone, die, wenn man

sie über den je gegebenen Rechtsfall legte, alsbald den Punkt
hervortreten ließ, auf den es dort zuallererst ankam."
(M. Fuhrmann, Die antike Rhetorik, S. 40 f.). Vgl. z. B.
Quintilian, Institutio oratoria 3,6,3: *Statum Graeci stasin
vocant, quod nomen non primum ab Hermagora traditum
putant, sed alii ab Naucrate, Isocratis discipulo, alii a Zopyro
Clazomenio, quamquam videtur Aeschines quoque in oratione contra Ctesiphontem uti hoc verbo, cum a iudicibus
petit, ne Demostheni permittant evagari, sed eum dicere de
ipso causae statu cogant*; ibid. 7,1,4-8a. – auch in Beratungs-
und in Lobreden: vgl. hierzu o., §92 (zur vermuteten
Lücke). – Stellungnahme: Mit *sententia* wird sonst der Rich-
terspruch bezeichnet; hier ist die Einlassung der Verteidigung (bzw. die des Kritikers) gemeint. – Position der Mutmaßung: s. o., §92 (*coniecturalis*); vgl. Cicero, De inventione
1,14, wo er vier *constitutiones* unterscheidet: *coniecturalis,
definitiva, generalis* (mit den Unterabteilungen *iuridicialis,
negotialis*), *translativa* (sie entspricht griech. *metálēpsis*).
Hierzu auch De oratore 2,104-113 (*coniectura, qualitas, definitio*); Partitiones oratoriae 33 (*coniectura, definitio, ratio*).

94 Nutzen, Anstand, Billigkeit: die Ziele (*fines*) der drei
(o., §91, eingeführten) *genera causarum: ius, utilitas,
honestas.* – Standpunkte des Rechts oder der richtigen
Benennung: Gemeint sind der *status iudicii* (in §92: *quaestio
iuridicialis*) und der *status nominis* (in §92: *quaestio definitiva*). – Lobreden: s. o., §92 (zur vermuteten Textlücke).
Cicero bemüht sich, neben dem *genus iudicii*, dem das Interesse des Trebatius gilt, auch das *genus laudationis* (und das
genus deliberandi, s. o., §93) präsent zu halten, hier sogar
mit Argumentationsmustern für einen Kritiker. Deren Einteilung entspricht der (o., §92) für die *facta* getroffenen, mit
der Modifikation, daß die dritte Möglichkeit ins Negative
gewendet ist (*non iure factum*), wie es der dem Ankläger
vergleichbaren Position des Kritikers einer *laudatio* entspricht. – (C. Iulius) Caesar: 100–44 v. Chr.; der zum Zeit-
punkt der Abfassung der Topica seit vier Monaten tote Dik-

tator. – Cato: Gemeint ist die *laudatio*, die Cicero nach dem Selbstmord Catos (46 v. Chr. in Utica bei Karthago, daher ‚Cato Unticensis') auf Bitten des M. Brutus (der Catos Neffe war) in Kenntnis des enormen Risikos veröffentlicht hat (s. Brutus 35). Caesar nahm das hin, antwortete aber mit der Gegenschrift ‚Anticato'. Beide Schriften sind nicht erhalten geblieben. Hierzu auch Quintilian, Institutio oratoria 3,7,28. – schamlos: Cicero wendet sich nicht gegen die Anwendung der drei o. g. *loci proprii*, sondern gegen deren – aus seiner Sicht – ungebührliche Übersteigerung.

95 Auseinandersetzung: Der *status* (die *stásis*), auf den sich die Verteidigung zunächst festgelegt hat (s. o., § 93: *in quo primum insistit quasi ad repugnandum congressa defensio*), wird von der Anklage in aller Regel nicht hingenommen. Im Verlauf der Auseinandersetzung (*contentio*), die sich daraus entwickelt, schält sich der eigentlich strittige Punkt (*qua de re agitur*, griech. *krinómenon*) heraus. Kann die Verteidigung sich in diesem Kernpunkt nicht behaupten, so ist der Prozeß verloren (*quibus* sc. *firmamentis sublatis defensio nulla est*): Rhetorica ad Herennium 1,26: *Ex ratione defensionis et ex firmamento accusationis iudicii quaestio nascatur oportet, quam nos iudicationem, Graeci krinómenon appellant. Ea constituetur ex coniunctione firmamenti et rationis hoc modo: Cum dicat Orestes se patris ulciscendi causa matrem occidisse, rectumne fuerit sine iudicio a filio Clytemnaestram occidi. Reperta iudicatione omnem rationem totius orationis eo conferre oportebit.* Quintilian, Institutio oratoria 3,11,4: *krinómenon autem iudicatio* (H. Rahn: ‚Beurteilungsfrage'); ibid. 3,11,18: *Paulum in his secum etiam Cicero dissentit. Nam in rhetoricis, quem ad modum supra dixi, Hermagoram est secutus. In Topicis ex statu effectam contentionem krinómenon existimat, idque Trebatio, qui iuris erat consultus, adludens ‚qua de re agitur' appellat: quibus id contineatur, continentia, quasi firmamenta defensionis, quibus sublatis defensio nulla sit.* – Hauptpunkte: *continentia* (wörtl. ‚das Zusammenhaltende', H. Rahn) von *con-*

tinere; dazu Chr. G. Schütz: *continere aliquid dicitur, quod est in eo summum et praecipuum, quod valet.* K. E. Georges (1,1610III, s. v. *continens*): „Subst. = *tò synéchon,* als rhetor. t. t. ,der Punkt, der die Verteidigung wesentlich enthält, auf den sich die Verteidigung wesentlich stützt, der Haltepunkt, die Hauptsache'". Quintilian, Institutio oratoria 3,11,9: *synéchon autem, quod, ut dixi* (3,6,104) *continens alii, firmamentum alii putant, Cicero firmissimam argumentationem defensoris et adpositissimam ad iudicationem* (De inventione 1,19), *quibusdam id videtur esse, post quod nihil quaeritur, quibusdam id, quod ad iudicationem firmissimum adfertur.* – Gesetz als Beistand und Zeuge: den Topica zufolge ein *argumentum extrinsecus adsumptum.* – Auseinandersetzungen um einen Gesetzestext (*legitimae disceptationes*): s. u., § 96.

96 Zweideutigkeit eines Textes, Diskrepanz zwischen geschriebenem Wort und Verfasserwillen, einander widersprechende Texte: ausführlich behandelt in Partitiones oratoriae 132–138. – Testament: s. o., §§ 10.21.29.44.50 (*testamentum*). – Leistungsversprechungen: s. o., § 33 (*stipulatio*). – in anderen Büchern: z. B. De inventione 2,116–147.

Anwendung in der Rede
(§§ 97–99)

97 Gesamtdarstellungen: Mit *perpetuae orationes* (vgl. De oratore 2,310) sind, wie die nachfolgenden *partes orationis* zeigen, vor allem Reden gemeint. Der Zusammenhang mit den anderen seit § 79 eingeführten Arten von Untersuchungen (*quaestiones*) ist zwar locker, doch sollte er in der Übersetzung mit berücksichtigt werden. – eigentümliche/mit andern gemeinsame Argumentationsmuster: Die *loci communes* sind in den §§ 8–79 vorgestellt, die *loci proprii* schon von § 79 an einbezogen. Der Ausdruck selbst wird hier erstmals gebraucht; vgl. Cicero, Orator 126: *Quae* (sc. *aúxēsis*) *etsi aequaliter toto corpore orationis fusa esse debet, tamen in communibus locis maxime excellet; qui communes sunt*

appellati eo, quod videntur multarum idem esse causarum,
sed proprii singularum esse debebunt. At vero illa pars oratio-
nis, quae est de genere universo, totas causas saepe continet. –
Einleitungen: Cicero kommt jetzt auf die Einteilung der
Rede in Hauptteile zu sprechen: *principium/exordium,*
narratio/expositio, tractatio/argumentatio (untergliedert in
confirmatio/refutatio), *peroratio/conclusio.* Zu den im einzelnen variierenden Bezeichnungen s. Cicero, De inventione
1,20.27.31.34.78.98; De oratore 2,310.311.312.314.315:
Orator 122.124.127.130.131.210.211; Partitiones oratoriae
27.28.29.30.31.32.33.44.52–60; vgl. auch Quintilian, Institutio oratoria 4,1.2.4; 6,1.
Den einzelnen Teilen der Rede entsprechen bestimmte An-
weisungen:
Einleitung (*principium*): Ziel ist, die Hörer einzustimmen;
man will folgende Einstellungen:
benevoli: De inventione 1,20; De oratore 2,80.82.310; Orator 122; Partitiones oratoriae 28. – *dociles:* De inventione
1,20; De oratore 2,80.82; 3,323; Orator 122; Partitiones oratoriae 28. – *attenti:* De inventione 1,20ff.; De oratore
2,80.82; 3,323; Orator 122; Part.or. 28. –
Erreicht werden solche Einstellungen z. B. *docendo, conci-*
liando, permovendo: De oratore 2,310 (*permulcere, allicere*
2,315.324; *probare, conciliare, movere* 2,104ff. auch
2,178ff.); Orator 122: *auditor concilietur, erigatur, se paret*
ad discendum; Partitiones oratoriae 28.31.34.52: *impellere,*
docere. –
Sachvortrag (*narratio*): Für die Gestaltung dieses Hauptteils
gibt es ebenfalls Empfehlungen:
Die Darstellung soll sein: *plana:* De oratore 2,239. – *brevis:*
De inventione 1,30; De oratore 2,80.326; Orator 122. Partitiones oratoriae 19. – *evidens:* entsprechend De oratore
2,329 (*perspicere*). – *credibilis:* entsprechend De oratore
2,326; Orator 124. – *moderata cum dignitate:* vgl. Orator
210 (*probitas narrantis*); De oratore 2,320. – weiterhin: *dilu-*
cida (Orator 124; Partitiones oratoriae 19); *aperta* (De oratore 2,329); *iucunda* (De oratore 2,326); *perspicua* (De ora-

tore 2,329); *verisimilis* (De oratore 2,80); *probabilis* (Partitiones oratoriae 19). – Vgl. Quintilian, Institutio oratoria 4,2,31–64.

98 Glaubwürdigkeit: s. o., § 73 (*ad faciendam fidem*). – die Redelehre insgesamt: Cicero bezieht sich hier auf seine Schriften zur Rhetorik; vgl. o., zu § 92. – Schluß der Rede (*peroratio*): zu den Teilen der Rede s. o., § 97. – Steigerung: Die *amplificatio* (griech. *aúxēsis*) ist ständige Vorschrift für die Gestaltung der *peroratio*; s. De inventione 1,100ff.; De oratore 2,80; Orator 126.127.210; Partitiones oratoriae 27.52.56.57. – Zu den Wirkungen im einzelnen: *animi perturbantur*: Orator 128; vgl. De oratore 2,219 (*inflammantur*); ebenso Orator 122. – *animi tranquillantur*: vgl. De oratore 2,219 (*restinguere*); ebenso Orator 122. – *motus augentur*: De officiis 1,136 (mit Warnung). – *motus sedantur*: Tusculanae disputationes 3,17 (opp. *incitare*); Partitiones oratoriae 113. – Vgl. auch Quintilian, Institutio oratoria 6,1.

99 misericordia: De inventione 103.106; De oratore 2,189; Orator 131; Partitiones oratoriae 58; Tusculanae disputationes 4,18. – *iracundia*: De oratore 1,220 (vgl. 2,178.191); Partitiones oratoriae 58; ähnlich De inventione 15.16; Tusculanae disputationes 4,43. – *odium*: De inventione 100.103; De oratore 2,178.189; Orator 131; Tusculanae disputationes 4,20. – *invidia*: De oratore 2,185.189; Orator 131; Tusculanae disputationes 4,16. – *ceterae animi perturbationes*: Tusculanae disputationes 2,9ff.; vgl. De oratore 2,185 (*permotio animi*); Partitiones oratoriae 54 (*ad animos permovendos*). – Anleitungen in anderen Büchern: s. o., § 92; auch § 98. – deinem Wunsch entsprochen: vgl. o., §§ 2ff.

Abschluß

100 mehr als von dir erwartet: Cicero weist mehrfach darauf hin, daß er die Trebatius versprochenen Erläuterun-

gen in eine weiter gefaßte Darstellung einbettet, und recht-
fertigt dies, z. B. o., § 51 (...*ne, si nihil nisi quod ad te pertineat, scribendum putabis, nimium te amare videare*). – ein
großzügiger Verkäufer: eine der urbanen Passagen, die –
ciceronischer Humanität entsprechend – Gelenkstellen des
Werkes kennzeichnen (darunter *exordium* und *peroratio*). –
nicht niet- und nagelfest: Der Ausdruck *rutis caesis receptis*
ist ein t. t.; vgl. Partitiones oratoriae 107. Ulpianus, Ad edictum XXXII: *Si ruta et caesa excipiantur in venditione, ea
placuit ruta, quae eruta sunt, ut harena, creta et simila: caesa
ea esse, ut arbores caesas et carbones et his similia*
(Dig. 19,1,17,6).

Erläuterungen
zu Ad fam. 7,21 (19) K.

als Du bei mir warst: s. Top. § 1 (*cum enim mecum in Tusculano esses*). – einen Wunsch abgeschlagen: s. § 2 (*mecum, ut
tibi illa traderem, egisti*). – nicht weiter in Deiner Schuld: s.
§ 5 (*ut veni Veliam ... nolui deesse ne tacitae quidem flagitationi tuae*). – sogleich darangemacht ...: s. § 5 (*in ipsa navigatione conscripsi*). – inspiriert: Cicero spielt auf die große
Vergangenheit der Stadt Velia, griech. Elea, an, die einstmals
Sitz der sog. Eleatischen Philosophenschule (Parmenides,
Zenon) war. – Topica in der Art des Aristoteles: s. dazu o.,
S. 91 ff. – Regium, h. Reggio di Calabria. – zu dunkel: vgl.
§ 3 (*sed a libris te obscuritas reiecit*). – geordnete politische
Verhältnisse: vgl. § 5 (*cum inter arma versari non possem*)
und § 62 (*ut si quis eventum horum temporum timeat*). –
Quintilis: Juli. Bei ursprünglichem Jahresbeginn am 1. März
war Quintilis der fünfte Monat (*quintus mensis*) des Jahres.
Der fünfte Tag vor den Kalenden des Sextilis (d. h. vor dem
1. August) ist – bei Mitzählung der beiden Grenztage, der
28. Juli. – Tempuswahl im Brief: Im Brief werden die Tem-
pora so gewählt, wie sie sich aus der Situation des Empfän-
gers darstellen. Im Deutschen ist das nicht üblich.

VERZEICHNIS DER SACHBEZÜGE
zwischen den Topica Ciceros und den Topiká des Aristoteles

Cicero, Topica §§ 8–72		Aristoteles, Topika I–VIII	Aristoteles, Kat.; Soph. el.; Anal. pr./post; Rhet.
locus	tópos	I–VIII passim	
in ipso.…			
ex toto/ex partibus	en autō tō lógō	–	Rhet. I 2.1356a3f.
	hólon/méros	IV 5.126a26; IV 13.1520a17.33	
	kathólū	I 6.102b35	
definitio	horismós	I 5.102a5ff.; I 15.107a36; I 18.108b19ff.; II 2.109b9ff. VII 5.154a31f.	
	hóros	I 5.101b39; V 2.130b26	
partitio	kath' hékasta	III 6.120a32; VIII 1.1562a5.b15	
	méros	I 4.101b21; I 14.103b20; VI 1.139b12.17	
	kata méros	VII 3.153a=7.33	Rhet. II 23.1399a6
nota			
sýmbolon (§35)	sýmbolon	–	Soph. el. 1.1652a8
etymologia (§35)	–	–	(Kosm. 6.399a14; 400a6.7; 401a25; etýmōs)
Ex eis rebus, quae quodam modo adfectae sunt ad id,	prós ti	I 5.102a27; II 2.109b18; 8.114a13f.; IV 1.121a1; 4.124b15	
de quo quaerentur	(tò parakolūthūn hopósūn)	IV 5.125b28	
coniugata	ptóseis	I 15.106b29; III 6.119a38; IV 3.124a10; VII 1.151b30; 3.153b25 VII 4.154a13	
	sýstoicha	II 9.114a26ff.; VII 3.153b25	

genus	génos	I 5.102a31f.; 15.107a18; II 2.109b2; IV passim	
genus/forma forma/species		II 4.111z6f.25f.; IV 1.120b12f.	
	idion	I 5.102a18ff.; II 2.109b10; IV 3.123b1; V–VI passim	
	eidos	IV 2.122b25; IV 4.141b28; VI 6.144b6.10	
similitudo	homoiótes	I 17.108z7ff.; VI 2.140a12; VII 1.1561of.	
	hómoion	I 13.103z25; 18b7ff.; II 10.114b25ff. III 2.117b17.25f.	
differentia	diaphorá	I 15.107b20.34; IV 2.122b12; 5.126b13; IV 6.128a2off.: VI 6.143a29ff.	
contrarium	antíthesis	I 8.113b15ff. (tétrares)	
	enantíōsis	II 7.112b27 (tetrachōs); II 7.113a1ff.	
adversa (§ 47)	tò enantíon	I 15.107a34; II 2.109b18; 4.111a14; II 7.113a22f.; 8.114a7f.; 9.114b6f.	
	tò antikeímenon	I 14.105b33; II 3.109b17; V 6.135b7; VI 4.142a24; VIII 1.155b32	cf. Kat. 10. 11b17
privantia (§ 48)	katà stérēsin	I 15.106b21; II 2.109b18	cf. Kat. 10. 11b18
negantia (§ 49)	kat' antíphasin	V 6.135b28f. I 10.104a14.21.24.26 (ohne Präposition VIII 13.163a24)	cf. Herm. 7.13.18.24 (antiphatikōs anti- keisthai)
adiuncta	prosthéseis prosthénta proskeímena prosthékē tà prótera	VII 1.152b10 V 5.134b5 VI 3.140a33; 3.140b9 — —	Rhet. I 11.1354a14
antecedentia consequentia	tò akólouthon tò akoloúthūn	II 4.111b22; 5.112a22 IV 6.127a26	

Cicero, Topica §§8–72		Aristoteles, Topika I–VIII	Aristoteles, Kat.; Soph. el.; Anal. pr./post; Rhet.
	(háma – hýsteron	V 3.131a16)	
	(háma – hýsteron - próteron	V 4.133a12f.)	
	parakoliuthúnta	V 3.131b24f. (ex anánkēs)	
	hepómena	IV 6.127a27; VIII 1.156b27 (ex anánkēs)	
	parhepómena	III 2.117a7; IV 6.128a38;	
		V 1.128a3f. (ex anánkēs)	
repugnantia	s. o., s. v. contrarium		
apophatiká (§49)	apophatiká		An. prot. II 15.64a15 (hápax!)
sterētiká (§48)	sterētiká		An. prot. I 2.25a6
causae efficientes	aitía (hē kínūsa)		
	tò aítion		Soph. el. 5.167b21ff.
effectae res	apergasména	(V 2.130a17f.)	
	exergasména	–	
	apotelúmena	–	
	perperasména	–	
comparatio	synkrisis	I 5.102b15; III 4.119a1ff.; VIII 5.159b15	
maius-minus	hairetóera	I 5.102b16.19ff.; III passim	
	māllon/hētton	II 10.114b3ff. (téssares); II 16.119b17ff.; IV 6.127b18; V 8.137b14ff.	Rhet. II 23.1397b12ff.
maius-minus-par	–	III 6.119b17ff.	
par	isótēs	VI 5.143a16	
	tò íson	IV 5.126a1	
	homoiótēs	I 17.108a7ff.; VI 2.140a12	
	tò hómoion	II 10.114b25ff.; III 2.117b17.25f.	
	homoiōs échonta	I 13.105a25; IV 1.124a15ff.; V 7.136b33ff.; 8.138a30ff.	

extrinsecus	éxōthen	Rhet. I 1.1355a15.22 (éxō tū prágmatos);
	éxō	I 1.1355a19; I 2.1355b35ff. (mártyres, básanoi, sýngrapha); III 14.1415b5 (éxō tū lógū)
		Soph. el. 34.184a1;
artis expers	átechnos	Rhet. I 2.1355b35 (písteis)
	atéchnōs	Soph. el. 11.172a34

ZUR TEXTGESTALTUNG

Der vorliegende lateinische Text folgt im wesentlichen der kritischen Ausgabe von *W. Friedrich*, Leipzig 1912, auf deren Apparat verwiesen sei. Zum Vergleich wurden herangezogen die Textausgabe von *A.S. Wilkins*, Oxford 1903, ⁶1960 und die zweisprachige Edition von *H. Bornecque*, Paris (Les belles Lettres) 1924. ²1960, sowie die Ausgabe von *J. C. Orelli*, Zürich, Band I 1826, die auch Einblick in ältere Editionen ermöglicht. Zu den Abkürzungen s. S. 103 F.

§§	Handschriften und ältere Ausgaben	J.O. Orelli 1826	W. Friedrich 1912	A.S. Wilkins (1903) 1960	H. Bornecque (1924) 1960	Tusculum (1991)
01	explicata libris *BV.*	iis libris,	his libris,	his libris,	his libris,	his libris
		libris explicata.	libris explicata.	libris explicata.	libris explicata.	libris explicata
		eorum librorum	librorum eorum	librorum eorum	eorum librorum	librorum eorum
02		Quam tibi quum	quam cum tibi	quam cum tibi	Quam cum tibi	quam cum tibi
	ad ea *BB. (1570); Klotz*	ad eam (*OW*)	ad ea	ad ea	ad ea	ad ea
	ratione et via *La.*	rationem via	ratione et via	ratione et via	ratione et uia	ratione et via
	rationem via (*OW*)	inventa,	inventam	inventam	inuentam,	inventam
		libris illis	illis libris	illis libris	libris illis	illis libris
	facile ut *BV.La.*	facile ut	facile ut	facile ut	ut facile	facile ut
	illam *Ven. (1485)*	illa	illa	illa	illam	illa
	mei *om. BV.*	laboris mei	laboris mei	laboris mei	laboris mei	laboris mei
	quam quia *BV.La.*	quam quod	quam quia	quam quia	quam quod	quam quod
	tua id *BV.La.*	id tua	tua id	tua id	id tua	tua id
03	haec *om. Ven.*	[haec,]	haec,	haec,	haec,	haec
		Aristotelica	Aristotelia	Aristotelia	Aristotelia	Aristotelia

Line	A	B	C	D	E	apparatus
04	rebus eis	rebus iis,	rebus eis	rebus iis,	rebus iis,	etiam om.La.
	tum etiam	tum etiam	tum etiam	tum etiam	tum etiam	tamen La.
	et tamen	et tamen	et tamen	et tamen	et tamen	negare BV.
	debere	debere	debere	debere	debere	cavisses OWβ; BV.
	scripsisses	scripsisses, (A)	scripsisses,	scripsisses,	scripsisses,	eo La.
	ego	ego	ego	ego	ego	
05	quidem id mihi	id quidem mihi	quidem mihi id	quidem mihi id	id quidem mihi	quidem id mihi BV.
06	partis	partis, (OW)	partis, (vulg.)	partis,	partes,	artes Aa²; artis a'
	ea scientia	ea scientia	ea scientia	ea scientia,	ea scientia,	eam scientiam BV.
	inveniendi vero	Inveniendi uero	inveniendi	inveniendi	inveniendi vero	
07	quae et	quae et (OW)	quae et	quae et	quaeque (βW)	quaeque et A
	appellatae ab A.	appellatae ab A.	appellatae ab A.	appellata ab A.	appellatae ab A.	ab A. appellatae BV.
	eae	hae	eae	eae	hae	eae La.
08	nota	nota,	nota,	nota,	nota, (BC.)	notatione La.
	ducuntur	ducuntur,	ducuntur	ducuntur,	dicuntur,	ducuntur La.
09	quae … evolvit	quae … euoluit (O)	quae … evolvit (O)	quae … evolvit (O)	quae … evolvit	qua … evolvitur W
	utilis est cognitio;	utilis est cognitio;	utilis cognitio est;	utilis cognitio est;	utilis [est] cognitio:	
	utilis ergo est	utilis est ergo	utilis ergo est	utilis ergo est	utilis est ergo	
10	neque … nec … nec	neque … nec … nec	neque … nec … nec	neque … nec … nec	neque … neque … neque	neque … neque … neque BV.
	ulla est	nulla est	ulla est	ulla est	est ulla	ulla est BV.
	verbi vi	uerbi ui	verbi vi	verbi vi	vi verbi	
	lex	lex	lex	lex	lex	lex Aelia Sancia BV.
	iubeat	iubeat,	iubeat,	iubeat,	iubeat,	iubet La.
11	is est enim	is est enim (O)	is est enim (O)	is est enim (O)	locuples enim est	enim om.W
	L. Aelius	L. Aelius, (OW)	L. Aelius,	Aelius,	Aelius,	laelius AadVL
	ab asse	ab asse	ab aere (OW)	ab aere	ab asse	ab asse La.
	forma	forma, (OW)	forma,	forma,	forma,	formula A
12	ex adiunctis	ex adiunctis (O)	ex adiunctis, (Oc)	ex adiunctis, (Oe)	ex adiunctis,	ex coniunctis AW; BV
	ουτωγια	ουτωγια	ουτωγια	ουτωγια	ουτωγια	ουτωγια susp. Victor.
13	ea pecunia	ea pecunia	ea pecunia	ea pecunia,	ea pecunia,	ει pecunia Iu.

§§	Handschriften und ältere Ausgaben	J. O. Orelli 1826	W. Friedrich 1912	A. S. Wilkins (1903) 1960	H. Bornecque (1924) 1960	Tusculum (1993)
14	quo planius accipiatur om.La.	quo planius accipiatur,	quo planius accipiatur,	quo planius accipiatur,	quo planius accipiatur,	quo planius accipiatur
	in manum viri Iw.La.	in manum	in manum	in manum	in manum uiri	in manum
	est enim Scb.	enim est,	enim est	enim est	enim est	enim est
	hae sunt BV.Iw.	eae sunt, quae in	[]	[]	[]	del.
	[eae...convenerunt] sec.Nizolius	manum convenerunt				
	ei om.OW					
15	aedes exesae BV.Iw.	legatum ei	legatum [ei]	legatum [ei]	legatum ei (V)	legatum ei
	fecerunt (e)	aedes eae	aedes eae	aedes eae	aedes eae	aedes eae
	legatus esset (post.) BV.	fecerunt,	faciunt,	faciunt	faciunt,	faciunt
		legatus est,	legatus esset,	legatus esset	legatus est	legatus esset
16	argentum omne BV.	omne argentum,	argentum omne,	argentum omne	argentum omne	argentum omne
	[debeatur] sec. Hotman	debeatur.	[]	[]	[]	del.
17	a contrario BV.	Ex contrario	Ex contrario	Ex contrario	Ex contrario	Ex contrario
	[Ea sunt ... contraria] sec. Hammer	Ea sunt inter se contraria.	[]	[]	[]	del.
18	adiungeretur A	Adiungitur	Adiungitur	Adiungitur	Adiungitur (OW)	adiungitur
		puerulorum	puerorum	puerorum	puerulorum	puerulorum
19	factum sit BV.	factum est	factum est	factum est	factum est	factum est
20	conubii ius La.	connubium	conubium	conubium	conubium	conubium
21	legavit (post.) om.BV.	legavit	legavit	legavit	legauit	legavit
22	pugnat AW; BV.	Repugnat	Repugnat (O)	Repugnat (O)	Repugnat (O)	repugnat
	rebus om.b[1]	causis,	rebus	rebus	causis	causis
23	possit AβW	At si quis	Sed qui	Sed qui	At si quis	at qui
	fuerint BV.	posset.	posset.	posset.	posset. (O)	posset
	huiusmodi BV.	fuerint,	fuerunt,	fuerunt	fuerunt	fuerunt
	valeat in re minore OLV	eiusmodi:	huius modi:	huius modi:	eiusmodi.	huius modi
		valeat in minore:	valeat in minore,	valeat in [re] minore,	ualeat in minore, (AW)	valeat in minore

reguntur,	reguntur, (O)	reguntur, (O)	reguntur, (O)	reguntur,	regantur W	
nec aqua	nec aqua	nec aqua	nec aqua	nec aqua	neque aqua *Iu.La.*	
in minore	in re minore (*Martha*)	in minore	in minore	in minore	in minore OW	
quae par	quae par	quae par (*codd.*)	quae par	quae par	quoi par *Buecheler*	
usus auctoritas	usus auctoritas	usus auctoritas	usus auctoritas	usus auctoritas	auctoritas usus BV.	
					(at in lege aedes non appellantur) et ceterarum *Madvig*	
et sunt	et sunt	et sunt	et sunt	et sunt		
ceterarum rerum	ceterarum rerum	ceterarum rerum omnium	ceterarum rerum omnium,	ceterarum rerum omnium,	ceterarum rerum *La.*	
adsumuntur extrinsecus	adsumuntur extrinsecus,	adsumuntur extrinsecus	adsumuntur extrinsecus,	extrinsecus assumuntur,	assumuntur extrinsecus BV.	24
quod	quantum (*OBe*); (*ex Boethio*)	quod (*vulg.*)	quod	quod,	quoad *Valla*; qua W; quo d	
					ex quo in tectum eius OW	
ex quo tecto	ex quo tecto	ex quo tecto	ex quo tecto	ex quo in tectum	ex quo tecto	
in eius aedis,	in* eius aedis	in eius aedis	in eius aedis,	eius, aedes	in eius aedis	
qui	qui (*Boethius*)	qui	qui	qui	qui BV.La.	
qui sunt	qui sint	qui sunt	qui sunt	qui sunt		
argumentum repeͤriendum	argumentum repeͤriendum (O)	argumentum repeͤriendum	argumentum (W)	argumentum repeͤriendum,	reperiendum om.BV.	25
demonstratio *del.*	demonstratio [ad reperiendum]	demonstratio [ad reperiendum]	demonstratio [ad reperiendum]	demonstratio	demonstratio ad reperiendum om.O	
ergo	ergo	ergo	ergo	ergo	igitur BV.	26
habet membra	membra habet,	habet membra,	habet membra,	membra habet,	habet membra BV.	
tangive	tangive (A)	tangique (OW)	tangique (A)	tangive	tangive BV.	27
et cetera	et cetera; (O)	et cetera; (O)	et cetera,	cetera;	et om.AW	
vobis	uobis	vobis	vobis	nobis		
usus capionem	ususcapionem,	usus capionem	usus capionem,	usucapionem,		
quarum	quarum	quarum (*codd.*)	quarum	quarum	qualium A	

§§	Handschriften und ältere Ausgaben	J.O. Orelli 1826	W. Friedrich 1912	A.S. Wilkins (1903) 1960	H. Bornecque (1924) 1960	Tusculum (1993)
	[quasi] del.Prawst	quasi corpus:	[quasi] corpus,	[quasi] corpus,	[quasi] corpus,	corpus
	insita In.	insignita	insignita	insignita	insita	insignita
	intelligentia In.	intelligentiae:	intellegentia,	intellegentia (vulg.)	intellegentia, (vulg.)	intellegentia
	in intelligentia (vulg.)					
28	argumentandi La.	in argumentando	in argumentando	in argumentando	in argumentando	in argumentando
	est explicanda O	explicanda sunt.	explicanda.	explicanda est. (W)	explicanda sunt. (A)	explicanda est
	iuris om.Aa²dW	iurisperitorum	iuris peritorum	iuris peritorum	iuris peritorum	iuris peritorum
	nexo Aa²	nexu,	nexu	nexu	nexu (OW)	nexu
	sunt etiam BV.	Sunt et	Sunt etiam	Sunt etiam	Sunt etiam	Sunt etiam
29	quae sunt Iu.La.	quae sint (BV.BC.)	quae sint	quae sint	quae sunt	quae sint
	ut hoc βW	Ut hoc,	Ut haec:	Vt haec:	Vt haec (O)	Ut haec
		genera sunt	genera	genera	genera	genera
		mortuorum pecuniae	pecuniae mortuorum	pecuniae mortuorum	mortuorum pecuniae	pecuniae mortuorum
	communione BV.	communitate	communitate	communitate	communitate	communitate
		(Boethius)				
		disiuncta	diiuncta	diiuncta	disiuncta	disiuncta
	ut om.BV.	ut illud,	[ ]:	[ut illud]	[ ]:	del.
		qui inter se	inter se, qui	inter se qui	qui inter se	inter se qui
30	[autem] secl.La.	autem	autem	[ ]	[ ]	del.
	εἴδη Sch.	ἰδέας	εἴδη	εἴδη	εἴδη	εἴδη
31	quam Ern.	quod	quod	quod	quod	quod
	ante codd.; BV.	ante	animo (Hammer)	animo (Hammer)	animo (Hammer)	animo
	percepta codd.	percepta	praecepta (W)	praecepta (W)	praecepta (W)	praecepta
	forma cognitio BV.	formae cognitio,	cognitio	cognitio	formae cognitio,	formae cognitio
	formae cognitione La.					
	rei cognitio Sch.					
	igitur om.W					

#		Formae igitur sunt	Formae sunt [igitur] (W)	Formae sunt [igitur]	Formae sunt* igitur (A)	formae sunt
	formae sunt igitur BV. formae igitur sunt ObcL	hae, dividitur: per translationem	eae, dividitur; per tralationem	eae dividitur; per translationem (OeW)	eae, diiuditur, (err.typ.) per translationem (OW)	eae dividitur per translationem
32	tralatione A²abcL	cum quadam suavitate. ad quos cluderet: translatione autem (Schütz) cuique genere subiciantur: est infinitior,	cum aliqua suauitate. quos ad cluderet; tralatione enim tum cuique generi subiciuntur; [est] infinitior, (e)	cum aliqua suauitate. quos ad cluderet; translatione enim tum (OW) cuique generi subiciuntur; est infinitior,	cum quadam suauitate. quos ad* (A) cluderet; translatione autem (Schütz) cuique generi subiciuntur; est infinitior, (AW)	cum quadam suavitate quos ad cluderet translatione enim tum cuique generi subiciantur est infinitior
	ad quos OW alluderet Turneb. translatione enim Iu.La. autem om.BV.					
33	infinitior est O est om. e					
34		generis sententiarumque vocantur non fit idem. Res enim est quid videantur: videbantur (1830)	genere sententiarumve vocant non fit idem. Res est enim quid videbantur,	genere sententiarumve vocant non fit idem. (OW) Res est enim quid videbantur,	genere sententiarumque uocant non idem fit*. Res est enim quid uidebantur,	genere sententiarumve vocant non fit idem res est enim quid videbantur
	Res est enim BV. quod Iu.Ma. videantur OW videntur V	hoc idem divisionem, frena et liminium non plus P.F.	hoc quidem (O) divisionem, frenos et liminium non plus P.F.	hoc quidem (O) divisionem, (codd.) frenos et liminium non plus P.F.	hoc idem (AW) partitionem frena et liminium non plus P.filius,	hoc quidem partitionem frenos et ,liminium' non plus P. filius
35	hoc idem om.b¹					
36	frenos BC. et om.La. et non plus A²c					
37	esse putat AabcV esse putavit BV.	putat esse	putat esse	putat esse	putat esse	putat esse

§§	Handschriften und ältere Ausgaben	J. O. Orelli 1826	W. Friedrich 1912	A. S. Wilkins (1903) 1960	H. Bornecque (1924) 1960	Tusculum (1993)
	et om. BV.	in eo et	in eo et	in eo et	in eo et	in eo et
		alienata sunt,	alienata,	alienata,	alienata,	alienata
	hinc ▊ ea cum A / hinc cum BV.	dein quum	hinc ea cum (OWβ')	hinc ea cum (OW)	hinc ea cum (OW)	hinc ea cum
		videantur rediisse.	redisse videantur.	redisse videantur.	redisse uideantur.	redisse videantur
		in genere	genere	genere	genere	genere
		rediisse:	redisse;	redisse;	rediisse,	redisse
38		primus est	est primus	est primus	est primus	et primus
	ex coniunctione A abc L β	ex coniugatione,	ex coniugatione,	ex coniugatione,	ea coniugatione	ex coniugatione
	Graeci om. codd. plur.	Graeci	om.	[Graeci]	Graeci	Graeci
	ουστοχίαν Victor.	ουτχήαν	ουτχήαν	ουτχήαν	ουτχήαν	ουτχήαν
		dictum est:	dictum est;	dictum est;	est* dictum,	dictum est
		imbri	imbri	imbri	imbre	imbri
39	iugata A	coniugata	coniugata (OWβ')	coniugata (OW)	coniugata (OW)	coniugata
	superius sit BV.	Quum	Quom	Cum	Cum	Cum
		supra sit,	supra sit,	supra sit	supra sit,	supra sit
		imbri:	imbri,	imbri,	imbri;	imbri
		propiore loco,	propiore,	propiore,	propiore,	propiore
		genus est, aqua pluvia	[ ]	[ ]	[ ]	*del.*
40	alterum...alterum A	altera...altera	altera...altera	altera...altera	altera...altera (OW)	altera...altera
	quae ex forma sumitur W	quae ex genere sumitur,	quae ex genere sumitur,	quae ex genere sumitur,	quae ex genere sumitur,	quae ex genere sumitur
41	partes persequare BV.	persequare partes,	partis persequare	partis persequare	partis persequare	partis persequare
		his	iis	eis	his	eis
42	appelletur Aab'cLV	appellatur	appellatur	appellatur	appellatur (OW)	appellatur
	paragoge(n) BV.	ἐπαγωγή	ἐπαγωγή	ἐπαγωγή	ἐπαγωγή	ἐπαγωγή
43		quia...urbis,	[ ]	quia...urbis,	quia...urbis,	quia...urbis
		regundis	regendis	regendis	regundis	regundis

adicere	adigere	adigere	adigere	adigere
arbitrum non possis:	arbitrum non possis,	arbitrum non possis,	arbitrum non possis,	arbitrum non possis,
non possis arbitrum.	arbitrum non possis.	arbitrum non possis.	non possis arbitrum.	arbitrum non possis.
in Curiana causa	in causa Curiana	in causa Curiana	in Curiana causa	in causa Curiana
usus est, agens de eo.	usus est	usus est,	usus est,	usus est (agens de eo)
qui testamento sic	[ ]	qui testamento sic	[ ]	qui testamento sic
heredem instituisset,		heredes instituisset,		heredes instituisset,
ut, si filius natus		ut si filius natus		ut, si filius natus
esset in decem		esset in decem		esset in decem
mensibus,		mensibus		mensibus
isque mortuus		isque mortuus prius		isque mortuus,
prius,				prius-
quam in suam		quam in suam		quam in suam
tutelam		tutelam		tutelam
venisset,		venisset,		venisset,
secundus heres				⟨secundus heres⟩
hereditatem		hereditatem		hereditatem
obtineret.		obtinuissent.		obtinuisset.
Ficta etiam	Ficta enim	Ficta enim	Ficta enim	ficta etiam
uti etiam	uti etiam	uti etiam	uti etiam	uti etiam
et philosophis	et philosophis	et philosophis	et philosophis	*del.*
dicatur,	dicatur	dicatur	dicatur,	dicatur,
aut minuendae,	aut minuendae,	aut minuendae	quae ὑπερβολή	quae ὑπερβολή
quae ὑπερβολή	quae ὑπερβολή	quae ὑπερβολή	dicitur,	⟨Graece⟩
dicitur,	dicitur,	dicitur,	*aut minuendae,	dicitur
et multa mirabilia	multa alia mirabilia.	multa alia mirabilia.	multa alia mirabilia.	aut minuendae,
alia.				multa alia mirabilia.

44

adiicere Iu.

arbitrum non possis BV.

qui ... instituti essent Madvig

mortuus esset La.

heredem Madvig obtineret Ma.La. succederet BC.

45

uti eis BV.

[et philosophis] Sch.

Graece dicitur codd. apud Orelli

[et multa mirabilia alia] sed.Sch.

§§	Handschriften und ältere Ausgaben	J.O. Orelli 1826	W. Friedrich 1912	A.S. Wilkins (1903) 1960	H. Borneque (1924) 1960	Tusculum (1993)
	in om.codd.	et in maximis,	et [in] maximis	et [in] maximis	et in maximis (AOW)	et in maximis
	in om.V	et in minimis	et minimis [in]	et minimis [in]	et in minimis (OW)	et in minimis
46	res BV.	rei,	rei	rei	rei,	rei
	eiusdem facultatis BV.	eiusdem,	eiusdem	eiusdem	eiusdem	eiusdem
		ita quod	item, quod	item, quod	ita quod	item, quod
	aut p. aut Iu.Ma.La.	pupillo, aut	pupillo aut	pupillo aut (W)	aut pupillo aut	pupillo aut
47		a contrario	e contrario	e contrario	a contrario	a contrario
	ducitur Ma.La.	dicitur.	dicitur.	dicitur.	dicitur	dicitur
	et om.BV.La.	genera sunt	genera	genera	genera sunt	genera
	[contrariis] Ern.	[et] stultitia.	stultitia.	stultitia.	et stultitia.	stultitia
	diversa A; Gru.	contrariis	contrariis	contrariis	contrariis	contrariis
48	enim om.BV.	adversa.	adversa. (OWb^2)	adversa. OW)	aduersa. OW)	adversa
		Sunt enim	Sunt enim	Sunt enim	Sunt enim	Sunt enim
	Graece appellantur BV.	Graeci appellant	Graeci appellant	Graeci appellant	Graeci appellant	Graeci appellant
	praepositione enim	Praepositio enim	Praeposito enim	Praeposito enim	Praepositio enim	praeposito enim
	IN privant BV.	IN privat	IN privatur	‹in› privatur	‹in› priuat	‹in› privatur
		ut dignitas,	dignitas	dignitas	ut dignitas,	ut dignitas
49	vel AabcLV	velut	velut	velut	uelut (O)	velut
	etiam alia BV.	etiam illa	etiam illa	etiam illa	etiam illa	etiam illa
	etiam valde contraria					
	alia Iu.Ma.La.					
	ea om.A	Ea	ea	ea	ea (OW)	ea
	Graeci A^2	Graeci,	Graece, (A^1OW)	Graece, (A^1OW)	Graeci,	Graece
	Graeci vocant BC.					
	e contrario β	contraria	contraria	contraria	contraria	contraria
		ut: Si hoc est,	Si hoc est,	Si hoc est,	si hoc est,	Si hoc est
50		argumento	in argumento	in argumento	in argumento	in argumento
	scilicet om.BV.	multa [scilicet]	multa	multa	multa	multa

#						apparatus
	ex edicto	ex edicto	ex edicto	ex edicto	ex edicto	ex edicto praetoris La.
	locus hic	locus hic	locus hic	locus hic	locus hic	locus is BV.
	Ac	Ac	Ac	Ac	At	
51	ad ius	ad ius,	ad ius;	ad ius;	ad nos;	ad ius BV.
	si quis	si quis	si quis	si quis	si quis	si quid Aa²LVβ&W
	tale quid	tale quid	quid tale	quid tale	tale quid	tale quid Ob²
						tale quis C; om. de
	putabis	putabis,	putabis,	putabis,	putaris,	videar BV.
	videre	uideare.	videre.	videre.	videre.	
52	non modo non	non modo non	non modo non	non modo non	non modo non	nec modo non La.
	crepitus	[ ]	[ ]	[strepitus hominum.]	crepitus, strepitus (AW)	strepitus crepitus
	del.	del.			hominum	hominum O
53	et si quid	et si quid (OW)	et si quid	et si quid	et si quid	et om.Aab¹cL
	eius modi	eiusmodi;	eius modi;	eius modi;	eiusmodi.	eiusmodi est BV.
	ceteraque,	ceteraque (A²OW)	ceteraque, (A²OβW)	ceteraque (A²OW)	ceteraque,	-que om.A¹; et cet.db²β
	possunt	possunt	possunt	possunt	possunt	possint AaβW
	et repugnantibus,	et repugnantibus,	et repugnantibus.	et repugnantibus.	et repugnantibus,	
	(qui etiam	qui etiam			qui etiam	
	ab adiunctis	ab adiunctis			ab adiunctis	
	longe diversus est.)	longe diuersus est.			longe diversus est.	
54	nam adiuncta	Nam adiuncta,	Nam coniuncta,	Nam coniuncta,	Nam adiuncta,	nam coniuncta codd.
						nam adiuncta Ma.
						sequitur codd.Ox.
						apud Orelli
	sequitur	sequitur	sequitur	sequitur	antecedit	
	cohaerere numquam	numquam cohaerere	cohaerere numquam	cohaerere numquam	cohaerere nunquam	
	simplex est	simplex est,	simplex est,	simplex est,	simplex est,	est simplex BV.
	argentum omne	omne argentum	argentum omne	argentum omne	omne argentum	argentum omne om.La.
	est autem	Est autem	Est autem	Est autem	Est autem	autem om.C
	igitur est	igitur est;	igitur est; (V)	igitur est;	igitur;	et om.C
	adsumpseris	adsumpseris,	adsumpseris,	adsumpseris,	sumpseris,	assumpseris BV.Ma.

§§	Handschriften und ältere Ausgaben	J.O. Orelli 1826	W. Friedrich 1912	A.S. Wilkins (1903) 1960	H. Bornecque (1924) 1960	Tusculum (1993)
	everteris La.	negaris,	negaris,	negaris,	negaris,	negaris
	tollendum sit La.	negandum sit,	negandum sit,	negandum sit,	negandum sit,	negandum sit
		secundus	secundus is	secundus is	secundus is	secundus is
	[et his alia negatio rursus adiungitur] secl.Sch.	et his alia negatio rursus adiungitur,				⟨et his alia negatio rursus adiungitur⟩
	adiungatur La.					
	unum aut plura BV.	et ex his	et ex iis	et ex eis	et ex eis	et ex eis
		primum	unum aut plura	unum aut plura	unum aut plura	primum
		sumperis, ut	sumperis, ut,	sumperis, ut	sumperis, ut	sumperis, ut
55	sunt om. BV.	rhetorum sunt	rhetorum	rhetorum	rhetorum sunt	rhetorum
	non quin omnis b^m	non quod non omnis (β'V²)	non quod omnis	non quod omnis (O)	non quod omnis (OW)	non quin omnis
	non qui nominis A'ab'cL					
	|||dicatur A	dicatur:	non dicatur, (C)	non dicatur, (codd.)	non dicatur; (OW)	dicatur (abcLV'β)
		conficiatur,	conficitur,	conficitur	conficiatur	conficitur
	hoc W; Cicero, ep. merere a'	Hunc metuere,	Hoc metuere,	hoc metuere	Hoc metuere,	Hoc metuere
56	mereri codd.	dicis male mereri.	male merere?	male merere?	male mereri?	male mereri?
	nostras cod.Nor. apud Orelli	vestras	vestras	vestras	uestras	vestras
	magis est cod.Ox. apud Orelli	magis,	magis,	magis,	magis,	magis
		quae a dialecticis tertius modus, a rhetoribus enythmema nuncupatur.	quae a dialecticis tertius modus a rhetoribus ἐνθύμημα dicitur.	quae a dialecticis tertius modus, a rhetoribus ἐνθύμημα dicitur.	[ ]	[ ]
	non est autem hoc La.	non autem hoc:	non autem hoc;	non autem hoc;	Non autem hoc;	non autem hoc

#		modus appellatur.	modus appellatur.	modus appellatur. (codd.)	appellatur modus*.	modus appellatur

57	est *om. La.*
	hoc autem est *BV.*
	
	in quibus *BV.*
	
	sed ne hae *BV.*
	ad haec *AW*
	sunt *om. BV./In. Ma.*
	et quidem *codd.*
	igitur *OWβ*
	enim *C; BV.*
	sua vi *O*
		Non et hoc est,
		hoc autem:
		Ex his
		in quo
		  fere tota
		sed ne eae
		ad hanc
		sunt necessariae.
		et quidem
		igitur *(secl. 1830)*
			Non et hoc
			hoc autem;
			Ex iis
			in quo
			  tota fere
			Sed ne hae
			ad hanc
			necessariae.
			equidem *(OWβ)*
			[ ]
				Non et hoc
				hoc autem;
				Ex eis
				in quo
				  tota fere
				Sed ne hae
				ad hanc
				necessariae.
				equidem *(OWβ)*
				[enim]
					Non et hoc
					Hoc autem;
					Ex eis
					in quo
					  tota fere
					Se ne hae
					ad hanc *(O)*
					sunt necessariae.
					et quidem *(A)*
					[igitur]
						Non et hoc
						hoc autem
						Ex eis
						in quo
						  tota fere
						sed ne hae
						ad hanc
						necessariae.
						et quidem
						del.

58	non quod naturam *O* habeat *O;* habet *AW;* non habet *ce; BV.* et sine *A*	vi sua sub ea certo quod naturam non habet,	vi sua sub eam certe quod naturam non habet,	vi sua sub eam certe quod naturam non habet *(c)*	ui sua *(AW)* sub ea certo quod naturam *(AW)* non habet, *(e)*	vi sua sub eam certe quod naturam non habet,
59	statuae causam *Obc* materia *BV.* et *om. A* adiumenta *BV.*	sed sine causam statuae materiae, et cetera adiuvantia, attulerit, *(OWa)*	sed sine *(OW)* statuae causam *(Obc)* materia et cetera *(OWβc)* adiuvantia, attulerat,	sed sine *(OW)* statuae causam materia et cetera *(OWβc)* adiuvantia, attulerat, *(codd. det. Boeth.)*	sed sine *(OW)* causam statuae *(AW)* materia, et cetera *(OW)* adiuvantia, attulerat, *(Boethius)*	sed sine statuae causam materia et cetera adiuvantia attulerat
60	talis causa erit *BV.*	per se, *(alterum)* erit talis causa, causa fuit in parentibus	per se erit talis causa, in parentibus causa fuit *(Obc)*	per sese erit talis causa, in parentibus causa fuit *(O)*	per sese, erit talis causa, causa fuit in parentibus *(AW)*	per sese erit talis causa in parentibus causa fuit

§§	Handschriften und ältere Ausgaben	J. O. Orelli 1826	W. Friedrich 1912	A. S. Wilkins (1903) 1960	H. Bornecque (1924) 1960	Tusculum (1993)
61	in quo BV.; a quo La. certo Em.	a quo certo securibus | Caesa* accidisset abiegna ad terram trabes!	in quo certe	in quo certe	a quo certe	in quo certe
	cecidissent OW cecidisset La. concidissent d	cecidissent	accidissent(Cκ, inv.)	accidissent (AₐV)	accidissent (A)	accidissent
62	navem Aₐ aliae eiusmodi La.	navim aliae ut sine	navim aliae ut sine	navim aliae ut sine	nauim (OW) aliae quae sine	navim aliae ut sine
	ortum est Ma. efficiuntur Iu.Ma. ut qui facile BV. irascaris b¹	ortum est: efficiunt, ut facile irascatur; (AW)	ortum sit; efficiunt ut qui facile irascitur; (Oe)	ortum sit; efficiunt ut qui facile irascitur; (Oc)	ortum sit; efficiuntur ut qui facile irascitur; (O)	ortum sit efficiunt ut qui facile irascatur
63	in om. ObL; del. a hoc ipsum est fortunae, eventus,	et in arte hoc ipsum fortunae eventus,	et [in] arte hoc ipsum est fortunae (OW) † eventus	et [in] arte hoc ipsum est fortunae eventus; (O)	et in arte (AW) hoc ipsum est fortuna (Madvig) euentus qui (Madvig)	et in arte hoc ipsum est fortunae: eventus:
	obscura causa, quae latenter efficitur Iu.Cra. Gru.Em.	obscura causa, [scilicet] latenter efficitur.	obscura causa et latenter efficitur.	obscura causa et latenter efficitur.	obscura causa et latenter efficitur.	obscura causa et latenter efficitur.
	etiam ut ea... ...sint ignorata Ma. fortuna Sch.	Etiam ea, ...sunt ignorata, necessitate	Etiam ea... ...sunt ignorata necessitate	Etiam ea... ...sunt ignorata necessitate	Etiam ea... ...sunt ignorata, fortuna	etiam ea... ...sunt ignorata fortuna

Line	Apparatus		[ ]	[ ]	[ ]	del.
64	[quae autem fortuna, vel ignorata vel voluntaria] secl.Scb. cadunt enim Ma.La.	Quae autem fortuna, vel ignorata, vel voluntaria. Cadunt etiam in imprudentiam quamquam sunt in consilio: (La)	Cadunt etiam inprudentiam quamquam sunt in consilia his	Cadunt etiam inprudentiam quamquam sunt in consilia eis	Cadunt etiam in imprudentiam quamquam sunt in consilio eis	cadunt etiam imprudentiam quamquam sunt in consilia eis
65 66	quamquam sint Ma. in consilia BV. iis om.BV. est additum, primus causarum usus est BV. plurimus earum usus est Cra.(e Boetbio) vero om.OdccW	iis est additum:	est additum,	est additum,	est additum,	est additum
		ubi vero etiam, VT INTER BONOS BENE AGIER; QVOD AEQVIVS, MELIVS,	ubi [vero] etiam VT INTER BONOS BENE AGIER OPORTET QVOD EIUS MELIUS AEQVIUS,	ubi [vero] etiam VT INTER BONOS BENE AGIER OPORTET QVOD EIVS AEQVIVS MELIVS,	ubi [vero] etiam •inter bonos bene agier• •aequius melius•,	(•plurimus earum usus est); ubi inter bonos •ut inter bonos bene agier oportet' •quod aequius melius'
67	enim om.BV. argumentorum cognitis Obc quid sit effectum BV.La.	parati esse Illi [enim] dolum cognitis argumentorum torum locus ille effectum	parati esse Illi dolum argumentorum cognitis ille locus quid sit effectum	parati esse Illi dolum argumentorum cogniti(O) ille locus quid sit effectum	parati eis esse Illi enim dolum cognitis argumentorum torum AW locus ille effectum	parati eis esse illi dolum cognitis argumentorum torum ille locus quid sit effectum
68	ut plura bona BV.Ia.Ma. La. –	plura bona ut	plura bona ut	plura bona ut	plura bona ut	plura bona ut
69	malis om.La. angustis om.La.(b.loco)	mala malis angustis:	mala malis angustis,	mala malis angustis	mala malis angustis,	mala malis angustis

§§	Handschriften und ältere Ausgaben	J. O. Orelli 1826	W. Friedrich 1912	A. S. Wilkins (1903) 1960	H. Bornecque (1924) 1960	Tusculum (1993)
	faciant, angustis *La.* / faciant contrariis *Sch.*	et faciant.	et faciant.	et faciant. (*codd.*)	ut faciant. (*Boethius*)	ut faciant
	et adventiciis / *A ad Lβє*	et adventiciis,	atque adventiciis,	atque adventiciis,	atque aduenticiis, (*OW*)	atque adventiciis
70	se ipsa *A*	se ipsis	se ipsis (*OeW*)	se ipsis (*OeW*)	se ipsis (*OW*)	se ipsis
		quae his	quae iis	quae eis	quae eis	quae eis
71	comparentur *A*	comparentur:	comparantur; (*OLbW*)	comparantur; (*OLbW*)	comparantur; (*OW*)	comparantur
	et quod *A*; atqui *Boeth.*	At, quod	et quod (*A*)	at quod (*ObW*)	At quod (*OW*)	at quod
	primus est *BC.BB.*	primum, est:	primum, est;	primum, est;	primum est.	primum, est;
72	ambigetur *Aab'L*	ambigitur,	ambigitur,	ambigitur	ambigitur (*OW*)	ambigitur
	dictum est *BV.La.*	est dictum,	est dictum,	est dictum,	est dictum,	est dictum
	de his *BV.*	de his	de iis	de eis	de eis	de eis
73	dicimus esse *BV.*	dicimus omne,	dicimus omne,	dicimus omne	dicimus omne	dicimus omne
	externa re *BV.La.*	re externa	re externa	re externa	re externa	re externa
	faciendum *Victor.Ma.*	faciendam	faciendam	faciendam	faciendam	faciendam
	qualiscumque est *BV.*	qualiscunque	qualiscumque est	qualiscumque est	qualiscunque est	qualiscunque est
	ad fidem enim	ad faciendam enim	ad fidem enim	ad fidem enim	ad fidem enim	ad fidem enim
	faciendam *BV.La.*	fidem	faciendam	faciendam	faciendam	faciendam
	est *OW*	inest	est	inest (*codd.*)	inest (*A*)	inest
	maxime *O*	maxime:	maxima;	maxima;	maxima; (*AW*)	maxima
		fortuna, ars,	[fortuna] ars	[fortuna] ars	fortuna, *forma*, ars (*Boethius*)	forma, ars
74	fortuitarum rerum *BV.*	rerum fortuitarum.	rerum fortuitarum.	rerum fortuitarum.	rerum fortuitarum.	rerum fortuitarum
	rebus his *BV.*	his rebus,	rebus his,	rebus his	his rebus	rebus his
		in iis	in his	in his	in his	in his
	fides om.*La.*	fides,	fides,	fides,	fides,	fides
	fortuna aut ars *BV.*	aut ars	aut ars	aut ars	aut ars	aut ars
	quae tum *BV.*	quae quum	quae tum	quae tum	quae tum	quae tum

§						
75	ira *La.* parvi... aliquid, quod pertinet ignorari *BV.* imprudentes *A* Staieno *Grn.* Staterio *BV.* Staierio *Iu.*	a perturbationibus animi sunt, iracundia, nonnunquam verum pueri... aliquid, ad quod pertineret, ignari: imprudentes Staleno (*Rivius, Man.*)	perturbationibus animi, iracundia verum non numquam parvi... aliquid, quo id pertineret ignari, imprudentes Staieno	perturbationibus animi, iracundia verum non numquam parvi... aliquid, quo id pertineret ignari, imprudentes Staieno	perturbationibus animi, iracundia, nonnumquam uerum parui... aliquid, quo id pertineret ignari, imprudentes Staieno	perturbationibus animi iracundia nonnunquam verum parvi... aliquid, quo id pertineret, ignari imprudenter Staieno
76	Concursio...diceretur *transp. ante* cuius generis etiam (*§ 75 inc.*) *Sch.*	Huic simile... ...accepimus.	[ ]	[ ]	[ ]	*del.*
77	in *om.* OW; *BV* quaedam opera divina *BV.*	generis est fama in his opera divina quaedam:	est generis fama [in]his quaedam opera divina:	est generis fama [in]his quaedam opera divina:	generis est fama *in* his (*A*) opera diuina quaedam	est generis fama his quaedam opera divina
78	quales esse se ipsi *La.* esse tales *BV.* atque in re publica *Iu.Ma.La.*	aerii Opinio autem est, quales se ipsi tales esse, reque publica	aerii Opiniost autem qualis se ipsi esse talis, reque publica	aerii Opinio est autem qualis se ipsi esse talis reque publica	aerii Opinio autem est quales seipsi esse talis reque publica	aerii opinio autem est qualis se ipsi esse talis reque publica
79	in quam *A* in quo *b* quibusdam alios *om. W*; *Em.Sch.*	in quam (*vulg.*) alios, quibusdam alios duo sunt genera:	in qua alios quibusdam alios duo genera:	in qua (*codd.*) alios quibusdam alios duo genera:	in qua (OW) alios duo genera,	in qua alios duo genera

§§	Handschriften und ältere Ausgaben	J. O. Orelli 1826	W. Friedrich 1912	A. S. Wilkins (1903) 1960	H. Bornecque (1924) 1960	Tusculum (1994)
80	alterum definitum alterum infinitum *A*	alterum infinitum, alterum definitum,	alterum infinitum definitum alterum	alterum infinitum definitum alterum.	alterum infinitum, definitum alterum. *(OW)*	alterum infinitum, definitum alterum
	in certis *La.*	certis	certis	certis	certis	certis
	in *om. La.*	aut in omnibus,	aut in omnibus	aut in omnibus	aut in omnibus,	aut in omnibus
	in *om. La.*	aut in	aut in	aut in	aut in	aut in
	propositum autem in aliquo eorum aut *C*	propositum autem, in aliquo eorum, aut	propositum autem aut in aliquo eorum *(O)*	propositum autem aut in aliquo eorum	propositum autem aut in aliquo eorum	propositum autem aut in aliquo eorum
	propositum pars est causae *BV.* sed omnis *codd.* eorum *abL* rerum *B²*	propositum pars causae est. Sed omnis earum	propositum pars est causae. Sed omnis earum	propositum pars est causae. *(codd.)* Sed omnis earum	propositi pars est causae et omnis earum	propositum pars est causae. sed omnis earum
81	quaestionum autem propositarum *Sch.*	quibus causae continentur, Quaestionum autem, quacumque de re sint,	quibus causae continentur, Quaestionum autem ‚quacumque de re'	quibus causae continentur, Quaestionum autem ‚quacumque de re'	quibus causae continentur, *(sic)* quaestionum autem, quacumque de re,	quibus causae continentur Quaestionum autem ‚quacumque de re'
82	sint *OWA*	duo sunt	sunt duo (*d*)	sunt duo	sunt duo (*d*)	duo sunt
	genera sunt *codd.*	genera:	genera:	genera:	genera [sunt],	genera
	est finis *BV.*	finis est	est finis	est finis	finis est	est finis
	an a natura *BV.*	a naturane conditione	a naturane condicione	a naturane condicione	a naturane conditione	a naturane condicione
	contradictione *N apud Friedrich*	quum, an sit, aut Horum	aut sitne aut Horum	aut sitne aut Horum	aut sitne aut Horum	aut sit necne sit aut Horum
	prima…secunda… teria *BV.La.*	primum…secun- dum…terium …	primum…secun- dum…terium	primum…secun- dum…terium	primum…secun- dum…terium	primum…secun- dum…terium

Sitne sic:	Sitne [necne] sic:	Sitne sic: (Friedrich)	Sitne sic:	Sit, necne sit:		
equidnam sit honestum haec tantum in opinione sic quaeritur,	Ecquidnam sit honestum, (A) haec tantum in opinione sint. sic quaeritur:	ecquidnam sit honestum, haec tantum in opinione [sint]. sic quaeritur,	ecquidnam sit honestum, haec tantum in opinione [sint]. sic quaeritur,	ecquidnam honestum sit: haec tantum in opinione sint? sic: ut, quum quaeri-tur,		sit necne sit OW / sine necne sit A / ut quidnam BV. / haec sunt om.O / sint om.Ob
De commutatione quem χαραχτῆρα Graeci partitio sic: adsentator et natura et vita tria genera sunt si expetendae si fugienda	de mutatione quam Graeci χαραχτῆρα partitio sic: (OW) [sit] adsentator (OW) natura et uita (A) tria genera sunt, Si expetendae si fugienda	de commutatione quam χαραχτῆρα Graeci partitio [sic]: adsentator (O) et natura et vita tria genera sunt: Si expetendae si fugienda	de commutatione quam χαραχτῆρα Graeci partitio [sic]: adsentator et natura et vita (OW) tria genera sunt: Si expetendae si fugienda	de mutatione quam Graeci χαραχτῆρα partitio, sic: assentator, natura et vita tria genera sunt: Si expetendae si fugienda	83	quem Scb.
					84	sic om.A / sit A: om.OW / et prius om.A / sunt om.BV. / sintne expetendae La. / si om.BV. / sitne La.
et alio (, ut si quaeratur): quid duo genera cohortationes	et alio, ut si quaeratur quid duo sunt genera, cohortationes	et alio: Quid duo genera: cohortationes	et alio: Quid duo genera: cohortationes	et alio: ut, si quaeratur, quid duo sunt genera: quum fiunt cohorta-tiones	85 / 86	sunt om.BV.
ad laudem, ad gloriam	ad laudem, ad gloriam,	ad laudem, ad gloriam;	ad laudem, ad gloriam;	ad gloriam, et ad laudem:		et om.BV. / ad laudem, ad gloriam BV.
tum iracundiam restinguens	cum iracundiam restinguens,	tum iracundiam restinguens,	tum iracundiam restinguens,	quum iracundiam restinguens,		tum Scb. / iram La. / restingens cod.Nor. apud Orelli

§§	Handschriften und ältere Ausgaben	J. O. Orelli 1826	W. Friedrich 1912	A. S. Wilkins (1903) 1960	H. Bornecque (1924) 1960	Tusculum (1993)
37	in propositi *Hammer* sint *La.* illi quidem *BV.La.*	in propositis (*codd.*) accommodati sunt, quidem illi, quos supra diximus,	in propositi accommodati sint illi quidem	in propositi accommodati sint illi quidem	in propositi accommodati sint, illi quidem	in propositi accommodati sint illi quidem
	ex coniunctis et de altero *AaLW* et de alio b¹ de et *om.aO*	ad plerasque sunt ex coniunctis	ad plerasque, ex coniunctis	ad plerasque, ex coniunctis	ad plerasque ex coniunctis	ad plerasque ex adiunctis
		et altero	et de altero	et de altero	et de altero (*AW*)	et de altero
88	adiunctis *vulg.* adiuncti etiam his *ON;* hi *WB²; BV.* ei ‖‖‖ *A;* eis *B¹;* eis *B²* hanc non *La.*	adiunctis etiam duobus iis, qui	adiuncti etiam eis, qui (*B¹*)	adiuncti etiam eis qui	adiunct (*sic*) etiam is (*B¹*), qui	coniuncti etiam eis, qui
89	in id *La.* bona aut mala *BV.*	huic non In illud bona, vel mala, dirigenda oratio est. colliguntur.	huic non In illud bona aut mala oratio dirigenda est. conligentur.	huic non In illud bona aut mala oratio dirigenda est. conligentur.	huic non In illud bona aut mala oratio dirigenda est. conligentur.	huic non in illud bona aut mala oratio dirigenda est. conligentur
90	tuitionem O*ae* cuique *om.C* ulciscendi vim *Sch.* Instituta autem aequitas *Sch.* aequitati conveniens *L.* [Atque etiam ... ... nominatur] *Sch.*	tuitionem sui, ulciscendi ius. Instituto autem aequitatis, conveniens, confirmata, Atque etiam ... ... nominatur.	tributionem sui cuique (*A*) ulciscendi ius. Instituto autem aequitatis conveniens, firmata. [ ]	tributionem sui cuique (A) ulciscendi ius. Instituto autem aequitatis conveniens, firmata. [ ]	tributionem (*AW*) sui cuique ulciscendi ius. Instituto autem aequitatis conueniens, firmata. [ ]	tributionem sui cuique ulciscendi ius institutio autem aequitatis conveniens firmata *del.*

Line						
91	igitur om. O enim bL finis est ius La.	sunt igitur finis est ius: hae partes, rerum expetendarum.	sunt [igitur] finis est ius, eae partes, [ ].	sunt [igitur] finis est ius, eae partes [ ]. sect. Friedrich	sunt igitur finis est ius, eae partes [ ]	sunt finis est ius eae partes del.
92	quoque OWN; Visorius instruuntur OW quae om. OW; quae in BV. lacunam statuit Kayser	quaeque instruuntur, in accusationem	quoque instruuntur, † quae in accusationem	quaeque (codd.) instruuntur...(A) quae in accusationem	quaeque (A) instruuntur...(A) quae in accusationem	quaeque instruuntur... quae in accusationem
93	parita B^1 factum sit A	partitae. si sit factum, in qua quae Graece Latine appelletur Atque etiam in deliberationibus fore, si aut non possunt (bis)	(e.gr. ut iudiciorum) partitae; si sit factum, in qua est quoniam Graece appelletur Latine Atque in deliberationibus etiam fore, sed aut non possint (bis)	partitae; si sit factum, in qua est quoniam Graece appelletur Latine Atque in deliberationibus etiam fore, si aut (codd.) non possint (bis)	partitae; si sit factum, (OW) in qua est quoniam Graece Latine appelletur Atque in deliberationibus etiam fore, si aut non possint (bis)	partitae si sit factum in qua est quoniam Graece appelletur Latine Atque in deliberationibus etiam fore, si aut non possint (bis)
94	at codd. quae his BV. nec iure BV. omnibus om. BV.	At, quum quae his non iure Quibus omnibus vocant. vocari. haec	aut cum quae his non iure Quibus omnibus [vocant], vocare. ea	aut cum (Friedrich) quae his non iure Quibus omnibus vocant, (codd.) vocari, (codd.) ea	Aut cum quae his non iure Quibus omnibus uocant; (O) uocari. haec	aut cum quae his non iure quibus omnibus vocant vocari ea
95	appellant A vocari C haec BV. adhibeant BV. novi, sed BV.Ma.	adhibeamus. novi, qui appellantur	adhibeamus. novi, sed appellentur	adhibeamus. novi, sed appellentur	adhibeamus. noui, qui appellantur	adhibeamus novi, qui appellentur
96		differentes sententiae	sententiae differentes	sententiae differentes	sententiae differentes	sententiae differentes

§§	Handschriften und ältere Ausgaben	J.O. Orelli 1826	W. Friedrich 1912	A.S. Wilkins (1903) 1960	H. Bornecque (1924) 1960	Tusculum (1993)
	plus aut *Gru.Em.*	plus, an	plus an	plus an	plus an	plus an
		debeat.	debeant.	debeant.	debeant.	debeant
	it A¹	Ita sunt	Ista sunt (A²mOW)	Ista sunt (OA²mW)	Ista sunt (OA²W)	ista sunt
		facere possunt,	facere possint:	facere possint: (A)	facere possunt, (OWe)	facere possunt
	et om.*Iu.La.*	et scripta	scripta	scripta	scripta	scripta
97		quibus ut	[.quibus] ut	quibus ut	quibus ut	quibus, ut
		qui audiant,	qui audiant,	qui audiant,	qui audiunt,	qui audiant
	moderatae O L Vabd W; BV.	moratae,	moratae,	moderatae, (codd.)	moratae, (edd.vett.)	moderatae
98	consequitur AW	consequitur	sequitur	sequitur	sequitur (O)	sequitur
	dicendi diximus *La.*	dicendi.	dicendi.	dicendi.	dicendi.	dicendi
	et om.AO	et alia	et alia	et alia	et alia	et alia
	effectus hic BV.*Iu.La.*	effectus is	effectus hic	effectus hic	effectus is	effectus is (AW)
		si ita iam affecti	si ita iam affecti	si ita adfecti	si ita iam affecti	si ita adfecti
	sint BV.	ante sunt,	ante sint,	iam ante sint,	ante sunt,	iam ante sint,
99	adaugeat A	ut augeat	ut aut augeat (W)	ut aut augeat (W)	ut augeat (O)	ut aut augeat
	et om.AO	et iracundia,	[et iracundia]	et iracundia	et iracundia (W)	et iracundia
	concitantur *La.*	perturbantur,	perturbantur,	perturbantur,	perturbantur,	perturbantur
	in om.A¹OW; in A²B	aliis in libris,	aliis [in] libris,	aliis [in] libris,	aliis in libris, (A²)	aliis libris,
100	–	quos poteris	quos poteris	quos poteris	quod poteris (sic)	quos poteris

REGISTER

Namenregister

Wortregister

(Berücksichtigt sind nur Vokabeln, die zum Begriffsgerüst der Topica zählen. – Mit ( ) sind Vokabeln bezeichnet, die textkritisch umstritten sind; mit *v. l.* ist auf alternative Lesarten hingewiesen. – Die Vokabeln sind durch Gedankenstriche in die fünf Hauptteile des Werkes gegliedert: §§ 1 ff., 6 ff., 26 ff., 79 ff., 100.)

abalienatio 28 (*s. auch* alienare)
absconditus 7
abusus 17 (*s. auch* usus)
acceptio 37
  accipere 2. – 14.21.25. –
  42.45.(75). – 84.96 (*s. auch*
  reddere)
accusatio 92.93
  accusator 92
actio 64. – 80.81.86; actio perpetua 97; actionis exempla 82
adfectio 68.70. – 99
  adficere 94.94.98
  adfectus: res, quae quodammodo adfectae sunt ad … 8.11. –
  38 (*s. auch* 68.70)
adigere 43.43
adiungere 18.22. – 50.54
  adiuncta 11.18. – 50.53.53.71. –
  87 (*v.l.* 53.88)
adiuvare 59.59. – 97
  adiuvantia 59
adnectere 54.54.54
adsumere 8.24. – 54.69.72
adversa 47.48 (*s. auch* contrarius)
adversarius 96
aedes 15.23.23.24.24. – 27. – 100
aequalis 71
  aequalitas 71
  aequitas 9.9.23. – 28.31. –

(90).94; aequitatis loci 90;
  aequitatis partes 91
aequus 66.71. –
  82.83.84.84.84.90; aequius
  melius 66
aes 58; aes alienum 5
ager 12. – 43.43
agere 2. – 40.59.66.76. – 96;
  agere de 8. – 32.(44). – 95.95
  agens: nihil agens 59
agnatio 27
alienare 37
alter: de eodem et de altero 87
ambigere 38.72
  ambiguus 96.96
ambitus (aedium) 24
amplificatio 98
ancilla 21 (*s. auch* mancipium,
  servus)
annuus 23
ante rem 51.52
antecedere 88.88; antecedens 88
  antecedentia 11.19.19. –
  53.53.71.
  antecessio 53
appetitio 62.63
aqua 23.24.38; aqua pluvia
  38.39.(39).43.43
arbiter 39.43.43
  arbitrari 2. – 30
  arbitrium 66

ornare 100
ornate (loqui) 67

pactio 82
par 11.23.23.23.23. – 43.43.
  68.71.71.71 (s. auch maior,
  minor)
parentes 60.60
paries 22.27.75; paries communis 22.22.24
pars 6.8.11.14.14. – 31.33.38.40.
  69. – 80.82.90.90.91.91; partes
  orationis 97; partium distributio 33; partium enumeratio
  10
  partiri/-re 33.33. – 92
  partitio 28.28.30.30.33.34.71. –
  83.83 (v. l. 36)
pater 20
  paterfamilias 21 (s. auch materfamilias)
patronus 65
pecunia 13.13.14.29.29.29.29;
  pecunia numerata 13.53.53.
  53.53.53.53; p. signata 53.53
pecus, -udis 27
penus 27
perfectus 69
  perficere 71
peritus: iuris peritus 28.66
peroratio 98
persona 73. – 80.92
persuadere 74. – 98.98
perturbare 98.99
  perturbatio 62.62.64.74
pervestigare 7
philosophus 3.3. – 41.45.51.56.
  65.66.67.78
pluere 38.38
  pluvia 38; aqua pluvia
  38.39.(39).43.43

poeta 32.55.67.78
possessio 18.18.29.50
  possidere 55
postliminium 36.36.36.36.37.37
potestas 70
praeceptio (argumentorum inveniendorum) 71
  praeceptum 99; praecepta oratoria 92
  praecipere 29.31.34
praecursio 59
praestare 22. – 42.66
praetor 18
princeps 6; principes 70
principium 72. – 97
privare 48
  privantia 48
  privatus: privata iudicia 65
procurator 42
proditio 76
proponere 28.34.47
  propositum 79.80.80.86.90.90
proprie 55
  proprietas 83.83
  proprius 32.97; argumente propria 92; locus proprius 53. –
  92.97.97; proprium 29
puerulus (18)
pupillus, pupilla 46.46
publicus 32; res publica 5. – 78. –
  82.86

quaerere
  32.36.36.49.50.51.51.52.71.73.
  – 82.82.82.82.82.83.83.84.85.
  85.86.87.88.89.89.89.96; id de
  quo quaeritur 8.9.11.88
  quaestio 34.41.45.59 – 79.79.
  79.80.87.88.89; definitae
  quaestiones 92; cognitionis
  quaestiones 82.85;

Verzeichnis der in den Erläuterungen zitierten Stellen

Rechtsquellen

Griechische Wörter in Ciceros Topica

griech. Wort	§§	lat. Entsprechung	Bonitz
dialektiké	6.57	iudicandi viae	183a25
enthýmēma	55f.	ex contrariis conclusa	252a22
énnoia	31	notio	–
epagōgé	42	inductio	264a5
etymología	35	veriloquium	
thésis	79	propositum	327a46
		quaestionis genus infinitum	
krinómenon	95	qua de re agitur	–
prólēpsis	31	notio	–
stásis	93	status: depulsio criminis	698a9
syzygía	12.38	verborum coniugatio	710a42
schḗmata	34	ornamenta verborum senten-	739b13
		tiarumve	
topiké	6	inveniendi ars	766b26
hyperbolé	45	quod augendae rei causa	791b23
		dicatur	
hypóthesis	79	quaestionis genus definitum	796b41
charaktér	83	descriptio	845b32
apophatiká	49	repugnantia/contraria	
átechnos	24	sine arte	
eîdos	30	forma	s.o., S. 186 f.
sterētiká	48	repugnantia/contraria	
sýmbolon	35	nota	

Aristoteles, Topika I–VIII	Aristoteles, Soph. el.; Anal.; Rhet.
I 1.100a18; I 2.101a27.36 VIII 14.164a6	Soph. el. 2.165b3.34; 183a39 cf. An. prot. II 27.70a10 (Def.)
I 12.105a3 (Def.); I 8.103b3; 12.105a18; I 16.108b10; VIII 1.156b10ff. VIII 2.157a20	
I 11.104b19ff.35; II 1.152b18; VII 1.152b18; VIII 5.159a38	Rhet. II 25.1402a37 (kekriménon)
IV 6.127b16 (opp. kínēsis) II 7.113a12 (sc. enantíōn) (V 2.130b35: nur das Wort)	Soph. el. 4.166b10ff. (schêma léxeōs) An. prot. 4.26b33 (schêma syllogismû) Rhet. II 22.1396b21 (trópos tês eklogês). Zit. in An. pr., Rhet., Soph. el.
II 7.113a6; IV 3.123b28 (opp. éndeia); V 5.134b24	Rhet. III 11.1413a19.29
–	Rhet. pros Al. 30.143a36; An. prot. I 23.41a40.44 (logice)
–	

LITERATUR

Ausgaben älteren Datums

Editio Veneta 1485. (Editio princeps ist die Veneta 1471.)
Editio Norimbergensis 1497.
Editio Cratandrina, Basel 1528
Editio Iuntina: Petrus Victorius (Vettori), verlegt bei L. A. Junta, Venedig, 4 Bände. 1534–37 (bis 1587)
Editio Aldina: Paulus Manutius (1512–1574), Venedig, 10 Bände. 1540–46 (bis 1582)
Editio Lambiniana: Dioysius Lambinus (Denys Lambin), verlegt bei J. de Puteo, Paris, 4 Bände. 1565–66 (bis 1588)
Gothofredus (Denis Godefroy), Fortführung der Lambiniana. 1588 (bis 1660)
J. Gruter (und J. Wilhelm), verlegt bei Frobenius, Hamburg, (4 in) 2 Bänden. 1618 (bis 1747)
J. A. Ernesti, gedruckt in Leipzig, später auch in Halle. 1737–39 (bis 1827)
Chr. G. Schütz, gedruckt bei G. Fleischer, Leipzig, (zuvor R. G. Rath, Halle 1804–20). 1814–23
J. C. Orelli, gedruckt bei Fuesslin & Co., Zürich, 7 Bände. 1826–38 (bis 1858)
(Dieser Ausgabe sind die Zitate aus dem Boethius-Kommentar entnommen, gekennzeichnet mit der Sigle BC.)

Nicht verwendet sind Ausgaben in Leipzig 1510, Ingolstadt 1608. 1617, München 1622 (im Bestand der Staatsbibliothek München).

Ausgaben neueren Datums

A. S. Wilkins, M. Tulli Ciceronis Rhetorica, Bd. II: Brutus, Orator, De optimo genere oratorum, Partitiones oratoriae, Topica. Oxford (Clarendon) 1903 ... 1960.
W. Friedrich, M. Tullii Ciceronis opera rhetorica, Bd. II: De oratore libri, Brutus, Orator, De optimo genere oratorum, Partitiones oratoriae, Topica. Leipzig (Teubner) 1912.

J. Stroux, Cicero De optimo genere etc. Partitiones oratoriae. Leipzig (Teubner) 1914f. Teil III 6

H. Bornecque, Cicéron, Divisions de l'art oratoire, Topiques. Paris (Les belles lettres) 1924 … 1960 (mit Übersetzung ins Französische).

H. M. Hubbell, M. Tullius Cicero, De inventione … Topica. London (Heinemann) 1949.

H. G. Zekl, Marcus Tullius Cicero, Topik. Übersetzt und mit einer Einleitung herausgegeben (Text nach A. S. Wilkins). Hamburg (F. Meiner) 1983.

Sekundärliteratur

Zur Literatur bis 1927 s. Schanz-Hosius GdRL 1 469f.

B. Riposati, Studi sui ›topica‹ di Cicerone. Milano 1947. Die ‚conclusione‘ (a. O., S. 285–299) ist in deutscher Übersetzung abgedruckt in: Ciceros literarische Leistung, hg. von B. Kytzler. Darmstadt (WBG) 1973, S. 421–439.

E. Fraenkel, Some notes on Cicero's letters to Trebatius. JRSt 47 (1957) 66–70.

F. Sturm, Abalienatio. Essay d'explication de la définition des Topiques (Cic., Top. 5,28). Thèse de doctorat. Lausanne 1957. Milano (Giuffrè) 1958.

E. Orth, De Ciceronis Topicis. Helmantica (Salamanca) 8 (1958) 393–413.

B. Riposati, Quomodo ‚Partitiones oratoriae‘ cum ‚Topicis‘ cohaereant. Atti del 1. congresso internazionale di studi Ciceroniani. 1961.

E. Costa, Cicerone giureconsulto. Nuova edizione riv. e compl. Vol. 1.2. Bologna 1927; rist. Roma (L'Erma) 1964.

F. Wieacker, Cicero als Advokat. Vortrag vor der Berliner Juristischen Gesellschaft am 29. 4. 1964. Berlin (de Gruyter) 1965.

H. J. Mette, Der junge Zivilanwalt Cicero. Gymnasium 72 (1965) 10–27.

M. Kaser, Grundlinien des römischen Zivilprozesses zur Zeit Ciceros. In: Cicero – ein Mensch und seine Zeit. Acht Vorträge zu einem geistesgeschichtlichen Phänomen, hrsg. von G. Radke. Berlin (de Gruyter) 1968, S. 21–37.

G. Crifò, L'argumentum ex contrario in Cicerone e Boezio con particolare riferimento a Cicerone, Top. 3,17. Hommage à M. Renard, 1,280–292. Brüssel 1969 (Coll. Latomus 101–103).

G. Crifò, Ex iure ducere exempla. G. Trebazio Testa ed il ‚Topica‘ ciceroniani. Studi in memoriam di Carlo Esposito. Padova (Milani) 1970, S. 3–23.

J. Kaimio, Cicero's Topica. The preface and sources. Turku 1976 (Annales univ. Turkuensis. Series B. 141.

N. J. Green-Pedersen, Nogle overvejelser over Ciceros Topica. Museum Tusculanum 32–33 (1978) 43–54.

Testi dal Lucullus, dal De fato, dai Topica con introduzione e traduzione, commendata a cura di M. Baldassari. Como (Noreda) 1985.

B. Price Wallach, Cicero's pro Archia and the topics. RhMus 132 (1989) 313–331.

W. Görler, Cicero und die ‚Schule des Aristoteles‘. Cicero's knowledge of the Peripatos. ed. by W. Fortenbaugh and P. Steinmetz. New Brunswick – London 1989, S. 246–263.

H.-O. Kröner, Rhetorik in mündlicher Unterweisung bei Cicero und Plinius, 63–79. In: Vogt – Spira (Hrsg.): Strukturen der Mündlichkeit in der römischen Literatur. Tübingen (Narr) 1990.

Zur antiken Rhetorik

M. Fuhrmann, Die antike Rhetorik. Eine Einführung. München – Zürich (Artemis Einführungen Band 10) 1984. – Dort weiterführende Literatur S. 153 ff.

Zum römischen Recht

W. Kunkel, Römische Rechtsgeschichte. Willsbach – Heidelberg (Scherer) 1947.

A. Söllner, Einführung in die römische Rechtsgeschichte. München (Beck) ²1980.

M. Kaser, Römische Rechtsgeschichte. Göttingen (Vandenhoeck & Ruprecht) ²1986.

H. Honsell, Römisches Recht. Berlin – Heidelberg – New York – London – Paris – Tokyo (Springer) 1988.

M. Kaser, Römisches Privatrecht. München (Beck) 1989.

D. Liebs, Lateinische Rechtsregeln und Rechtssprichwörter. München (Beck) 1981.

Das unent-
behrliche
Nachschlage-
werk zu über
2000 Autoren
– von Homer
bis zu den
Frühhuma-
nisten

TUSCULUM - LEXIKON

Griechischer und lateini-
scher Autoren des Altertums
und des Mittelalters.

Wolfgang Buchwald / Armin
Hohlweg / Otto Prinz

3. neu bearbeitete und erweiterte Auflage,1982. XXII,
862 Seiten, Ganzleinen

Das 1948 erstmals erschienene Tusculum-Lexikon
wurde bald das klassische Hilfsmittel zum Verständnis griechischer und lateinischer Autoren. Für
die 3. Auflage wurde es völlig neu bearbeitet und
ist dadurch gegenüber der 2. Auflage um mehr als
ein Drittel gewachsen. Die notwendige Ausweitung
ergab sich vor allem aus der Aufnahme neuer Stich-
wörter, der Ergänzung der Angaben zu führenden
Textausgaben bzw. Übersetzungen und aus der
Aufarbeitung der bibliographischen Angaben. Das
Lexikon bietet dadurch Fakten zu über 2000 Autoren und Begriffen: Namen, biographische Daten,
Werkausgaben, literarische Bedeutung und biblio-
graphische Hinweise.
Der Benutzer gewinnt einen umfassenden Überblick über alle Schriftsteller der antiken Tradition
von Homer bis zu den Frühhumanisten, die maß-
geblich zu den Grundlagen unserer geistigen Welt
beigetragen haben.

Das reich illustrierte Lexikon zu über 400 Persönlichkeiten der Antike – von Accius bis Zenon

German Hafner

BILDLEXIKON ANTIKER PERSONEN

2. überarbeitete und erweiterte Neuausgabe 1993. 304 Seiten, mit 482 schwarzweißen Abbildungen, Ganzleinen.

Alexander der Große, Augustus, Caesar, Cicero, Kleopatra, Perikles oder Xerxes sind berühmte antike Persönlichkeiten, die uns nicht nur dem Namen nach bekannt sind. Erhaltene Statuen, Büsten, Mosaiken oder Münzen vermitteln auch eine mehr oder weniger klare Vorstellung ihres Aussehens. Von den meisten anderen Berühmtheiten, ganz zu schweigen von heute weniger bekannten, in ihrer Zeit aber dennoch bedeutenden Persönlichkeiten des klassischen Altertums, können wir uns hingegen überhaupt kein ·Bild machen·. German Hafners Bildlexikon schließt diese Lücke. Es versammelt Abbildungen von insgesamt 417 antiken Persönlichkeiten aus Politik, Wissenschaft, Literatur und Gesellschaft, von denen ein klar zuordenbares Bildnis existiert. Zusammen mit den kunsthistorisch angereicherten biographischen Artikeln ist dieses Lexikon eine in dieser Art einzigartige Galerie des antiken Porträts. Dabei besticht die künstlerische Qualität und ganz besonders die offensichtliche Realitätsnähe der meisten Darstellungen.